21世纪全国高等院校旅游管理类创新型应用人才培养规划教材

旅游学

李瑞 主编

苏勇军 黄慧玲 张付芝 副主编

北京大学出版社
PEKING UNIVERSITY PRESS

内容简介

本书共分为8章，第1章主要阐述了旅游学科的形成与学科地位，探讨了旅游学的研究对象与研究任务；第2章主要回顾了旅游发展的三个阶段和每个阶段的特征；第3章阐述了旅游活动的概念、类型及划分标准，分析了旅游活动的特征；第4章着重分析了旅游新业态的概念、特点、形成机制与类型；第5章分析了旅游者的类型及特点，全面地阐述了旅游者形成的主客观条件；第6章详细介绍了旅游业所包括的旅行社、旅游饭店、旅游交通、旅游市场等不同性质的旅游企业的特点和发展规律；第7章介绍了不同层次旅游组织的结构特征和管理内容；第8章从经济、文化、环境方面阐述了旅游的影响，最后分析了可持续旅游发展的内涵、原则与目标，以及实施的途径与措施。本书体系完整、脉络清晰、阐述简洁、方法实用、案例多样，紧扣学科发展前沿，围绕旅游学研究的重点问题进行阐述，具有较强的系统性、科学性。

本书不仅可用作高等院校旅游管理专业的教材和教学参考书，而且对从事旅游企业经营、旅游发展规划、旅游行业管理等方面的人员也具有重要的参考价值。

图书在版编目(CIP)数据

旅游学/李瑞主编. —北京：北京大学出版社，2013.6

(21世纪全国高等院校旅游管理类创新型应用人才培养规划教材)

ISBN 978-7-301-22518-9

Ⅰ. ①旅…　Ⅱ. ①李…　Ⅲ. ①旅游学—高等学校—教材　Ⅳ. ①F590

中国版本图书馆CIP数据核字(2013)第098834号

书　　名：旅游学
著作责任者：李　瑞　主编
策 划 编 辑：刘　翯
责 任 编 辑：刘　翯
标 准 书 号：ISBN 978-7-301-22518-9/C・0904
出 版 发 行：北京大学出版社
地　　址：北京市海淀区成府路205号　100871
网　　址：http://www.pup.cn　新浪官方微博：@北京大学出版社
电 子 信 箱：pup_6@163.com
电　　话：邮购部62752015　发行部62750672　编辑部62750667　出版部62754962
印 刷 者：三河市博文印刷厂
经 销 者：新华书店
787毫米×1092毫米　16开本　15印张　360千字
2013年6月第1版　2013年6月第1次印刷
定　　价：30.00元

前　　言

从 1950 年开始，世界旅游业便以每年 7.1%的速度增长，到 1992 年，全球国际国内旅游收入超过了石油、汽车工业，成为世界上第一大产业，在过去的 60 多年中，旅游业一直处于持续发展之中，国际旅游业已经成为世界经济构成中不可或缺的一部分。自 20 世纪 70 年代末以来，中国旅游业快速增长，经过 30 多年的发展，实现了从资源大国向世界旅游大国的历史性跨越，未来还要实现从旅游大国向旅游强国迈进。在旅游业快速发展的同时，旅游高等教育和旅游学科研究也蓬勃发展，目前我国高等院校的旅游专业在专业结构、办学特色、课程设置、实践环节等方面取得了可喜的成就，已经形成了规模较大、层次齐全、形式多样的旅游人才培养体系，截至 2008 年年末，我国共有高等旅游院校及开设旅游专业的普通院校 810 所，在校生 44 万人；中等职业学校 965 所，在校生 40.46 万人。

旅游活动是当今世界参与人数最多、规模最大的社会活动，旅游业也是世界上最大的产业，而人才始终是支撑旅游业发展的重要力量，高水平的教师和高质量的教材是培养旅游专门人才的最基础条件。教材建设是旅游专业的一项基本建设任务。高等旅游院校既要有一支具有相当学术水平的师资队伍，又要有一系列有所创新、有所超前，体现时代特色的教材，专业的发展才有生命力，才能培养出为社会所欢迎的人才。

旅游学是高等院校旅游管理专业的基础专业课程。其主要任务是向学生全面介绍旅游现象的相关理论体系，使学生对所学专业的学科体系和专业知识有全面的了解和认识，为进一步学习后续专业课程打下基础。本书正是基于这一目的进行编写的，它的基本特征主要表现在以下几个方面。

第一，章节结构的系统性。通过对旅游学基础理论、旅游系统要素、旅游业构成、旅游企业特征、旅游业的影响等内容进行系统的介绍和阐述，使学生能够熟练掌握旅游学科的相关理论知识。并对旅游要素构成、旅游管理专业的课程体系与学习内容都有一个全面的了解。

第二，注重案例分析。本书结合教学内容中的难点和重点问题，精选了丰富的案例，通过案例教学培养学生运用专业知识分析、解决实际问题的能力，达到培养具有较强实践性、应用性旅游管理专门人才的目的。

第三，理论前沿性。本书以最新的学科研究成果展现旅游学科体系的理论知识和实践技巧，努力扩展学生的学术视野，在掌握基础理论知识的前提下，使学生了解旅游学科关注的热点领域和未来发展趋势。

本书由宁波大学硕士生导师李瑞博士担任主编；参加本书编写的人员包括徐州医学院张付芝老师、宁波大学苏勇军博士、南阳师范学院黄慧玲老师，具体分工如下：第 1 章和第 8 章由李瑞编写；第 2 章和第 3 章由苏勇军编写；第 4 章和第 7 章由张付芝编写；第 5 章和第 6 章由黄慧玲编写。

本书在编写过程中参考了许多国内外相关领域的专著、教材及图书资料，主要参考文献附于全书之后，在此向所有作者表示谢意！同时，本书的出版得到了宁波大学教材出版基金的资助，在此致以真挚的感谢！

由于编者水平所限，书中尚有不足之处，恳请读者批评指正！

编　者

2013 年 3 月

目　　录

第 1 章　绪　　论

学习目标

知识目标	技能目标
1. 了解旅游学的学科形成、学科研究现状与学科地位及中国旅游学的学科归属	1. 熟悉中国旅游学学科归属，并能够通过案例分析归纳出旅游学的发展趋势
2. 了解旅游学的性质，掌握旅游学的研究对象、研究任务及主要研究内容	2. 熟悉旅游学的研究对象及主要研究内容
3. 了解旅游学的学科体系	3. 了解旅游学学科体系中不同学科的理论基础、研究内容与方法

知识结构

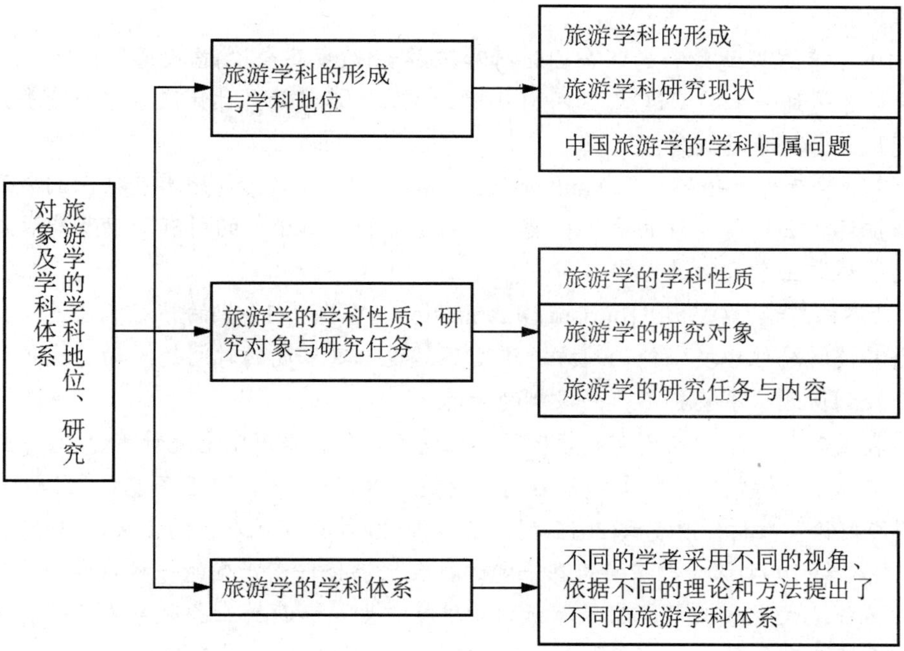

导入案例

“旅游”的学科含义和科学定义

据美国旅行资料中心(U.S. Travel Data Center)20世纪70年代初对收集到的80种研究报告统计，对于旅游及旅游者的相关定义就达43种之多[库克(Cook)，1975]。目前国际旅游学界对于旅游仍无统一的定义，国内学者曾综述过国际上32种较为流行和较有代表性的定义(张凌云，2008)。

(1) 瑞士学者汉泽克尔和克拉普夫(Hunziker and Krapf，1942)认为，旅游是非定居的旅行和短暂停留而引起的一切现象和关系的总和。这种旅行和逗留不会导致长期居住或从事任何赚钱活动。20世纪70年代这一定义被旅游科学专家国际联合会(Association Interna-tionale d'Experts Scientifiques du Tourisme)采纳，故又称为“艾斯特(AIEST)定义”。

(2) 20世纪50年代奥地利维也纳经济大学(VUEBA)旅游研究所对旅游下的定义是，旅游可以理解成是暂时在异地的人的闲暇时间活动，主要是出于修身养性，其次是获取教益、增长知识和扩大交际，再次是参加各种各样的有组织的活动，以及改变与此相关利益方的关系和作用。

(3) 1963年在罗马举行的联合国旅行和旅游会议(罗马会议)首次通过国际旅游者的定义，即旅游者是到一个国家逗留至少24小时的游客，其目的是休闲或者进行商务活动。从中也可窥见隐含的旅游概念。

(4) 美国学者马西森和沃尔(Mathieson and Wall，1982)认为，旅游包括人们离开惯常的工作和居住环境去往其他目的地的移动、人们在目的地所进行的所有活动及能满足他们这些需求的设施这三个方面的内容。

(5) 世界旅游组织(World Tourism Organization，WTO，1991)的旅游定义是，一个人旅行到一个其惯常居住环境以外的地方并逗留不超过一定限度的时间的活动，这种旅行的主要目的是在到访地从事某种不获得报酬的活动。

虽然我国对于旅游学的研究起步较晚，但发展较快，据不完全统计，近20年我国出版的各级各类以“旅游学”为核心词命名的教材达到83种之多，这还不包括未加“学”字的各种“旅游概论”教材，张凌云(2012)列出了我国20种具有代表性的定义，部分列出如下:

(1) 邓观利(1994)认为，旅游是在一定的社会经济条件下产生的一种社会经济现象，使人们离开常住地大规模流动，以寻求新的物质精神生活和新的业务联系为目的的旅行，是暂时居留而不导致定居和就业所引起的相互作用的一切现象和关系的总和。

(2) 田里和薛群慧(1994)认为，旅游是人们带有游览目的的非定居性和暂时停留中所进行的物质和精神活动的总和。

(3) 申葆嘉(2010)对艾斯特定义进行了修正：旅游是主客体在线点空间互动中导致的关系和现象的总和；这些游客不会谋求永久居留，并且不利用旅游从事任何赢利活动。

(4) 李冠瑶和刘海鸿(2005)认为，旅游是人们出于和平的目的，离开常住地到异国他乡访问的旅行并暂时居留所引起的现象和关系的总和。

(5) 李肇荣和曹华盛等(2006)认为，旅游是人们在自由支配时间内，出于移民和就业以外的原因，离开常住地到异国他乡访问的旅行访问和暂时停留，并由此所引起的现象和关系的总和。

(6) 谢彦君(2011)给出的概念性定义是，旅游是个人利用其自由时间并以寻求愉悦为目的而在异地获得的一种短暂的休闲体验。

从这些定义中，可以看出国际上关于旅游的定义分成学术定义和工作定义两大类，即概念性(conceptual definition)或学术性定义和技术性定义(technological definition)或操作性定义(主要是出于统计工作的需要)；还可以分为广义定义和狭义定义两大类，即宏观地将旅游看成一种因人际交往而产生的社会现象(由此引发的现象和关系的总和)和微观地将旅游看成一种纯个人的一种休闲方式或一项经济产业。事实上，旅游本身就具有经济属性、文化属性和社会属性等多种属性。旅游一词的概念是多义的，如何对旅游下定义，取决于学者研究的需要和研究的角度。这就是说，旅游定义还取决于下定义学者的学术背景和研究目的，这也是一种研究者的“路径依赖”。

我国学者的定义基本上是因袭西方学者的定义，多数采用艾斯特定义的范式，即“现象与关系的总和”，但有些学者是从旅游动机和旅游目的来定义的。

(资料来源：张凌云．走出混沌：旅游学科的归属与性质探索[J]．中大管理研究，2012，7(1)：13-17.)

思考：为什么关于旅游的定义有很多种？

1.1 旅游学科的形成与学科地位

1.1.1 旅游学科的形成

旅游学科形成的动因一方面是由于第二次世界大战后旅游活动规模迅速扩大，旅游业的大发展对专业人才的大量需求；另一方面是由于教育部门推动的结果。从 19 世纪中期英国人托马斯·库克(Thomas Cook)开始，人们便将旅游业作为一门全新的产业来经营，旅游业经历了 100 多年的发展，现在已成为世界上最大的产业。旅游业的发展前景十分广阔，著名的未来学家约翰·托夫勒(John Taufle)在其 1996 年出版的《第四次浪潮》中提出：人类社会的第三次浪潮是服务业革命，第四次浪潮是信息革命，第五次浪潮是娱乐和旅游业发展。伴随着旅游活动的开展，对旅游的记载、描述频频见诸各类历史文献，成为人们研究旅游的重要史料。随着人们对旅游认识的不断深化，学术界涌现出了不少理论研究成果，促进了旅游学科的建立与发展。

旅游学作为单独的科系或专业在欧美高等学校中的设置始于 20 世纪 60 年代末，并在 70 年代得到了迅速地推广和发展。20 世纪 80 年代是全球旅游教育发展最快的一个时期，虽然此时旅游教育已在世界各地得到推广和重视，但引导旅游教育和旅游研究发展潮流的依然是欧美地区。1981 年美国威斯康星大学的贾法里(Jafari)教授和加拿大卡尔加里大学的里奇(Ritchie)教授在对欧美两地的旅游教育和旅游研究发展状况进行比较和评价时指出，旅游学作为一个交叉学科研究领域的局面正在形成，但欧美两地的发展特点不尽相同。具体地讲，北美的旅游教育职业色彩较浓，而欧洲关于旅游学研究“正在朝着较具概括性的理性化方向发展”(贾法里和里奇，1981)。如果从旅游教育面向市场培养人才的角度看，注重应用型人才的培养无可厚非，而且应该加强。然而，若要培养出具有创造性潜力的高层次旅游人才，特别是要将旅游学作为一个相对独立的学科去发展和建设，则必须提高旅游研究的学术水平。贾法里和里奇的该项研究对此后旅游教育和旅游研究的发展产生了很大影响。所以，20 世纪 80 年代后，旅游教育和旅游研究的一个突出发展特点是其发展重点向提高学术水平和学术研究转移[西奥博尔德(Theobald)，1994]。尽管时下仍有人对旅游学能否成为一个相对独立的学科心存疑虑，但在当今学界特别是欧美学界，旅游学作为一个交叉学科已经存在，并且已经获得了“正统”地位(里奇，1988)。

旅游学科形成的突出标志：

(1) 旅游高等教育规模较大，众多普通高校均已设立旅游院系。仅以中国为例，据统计，到 2009 年年底，全国共有高等旅游院校及开设旅游系(专业)的普通高等院校 852 所，比上年年末增加 42 所，在校生 49.84 万人，增加 5.83 万人；中等职业学校 881 所，比上年年末减少 84 所，在校学生 45.41 万人，增加 4.95 万人。两项合计，旅游院校总数 1 733 所，在校学生为 95.24 万人。旅游教育已成为我国院校教育体系中最热门、也是发展最快的专业教育之一。在美国，大约有 280 所大学开设有学士学位以上的旅游学位课程。

(2) 在很多高校中，旅游学科已经培养出了一批新一代的博士学位获得者。这里的新一代是指他们不再像过去那样只是借助于某一学科的传统研究方法分析旅游问题，而是基于交叉学科的视角，去观察和研究旅游现象。目前，我国旅游高等教育基本上涵盖了研究生、本科、专科(高职)三个层次。截至 2009 年年底，在全国 852 所旅游高校中，开展旅游博士研究生教育(含二级学科下方向)的院校为 56 所，占总数的 5.7%；开展旅游硕士研究生教育(含二级学科方向)全国除西藏、青海两省区以外，共计 140 所院校，占总数的 15.7%。

(3) 旅游学界已经有了自己的学术队伍，并且已经出现了很多全国性甚至世界性的旅游学术团体。截至 2010 年 7 月，全球有分布于 106 个国家 773 个旅游研究中心的 4 594 位研究人员①。

(4) 旅游学术著作的出版已经颇具规模，旅游学术期刊的数量也有了相当大的增长，其中有些已经成为学术界公认的代表性刊物。在 1970 年之前，全球仅有 5 个旅游相关的专业期刊，分别是《旅游评论》、《旅游》、《世界休闲杂志》、《康奈尔酒店及餐馆管理季刊》、《休闲研究杂志》②。据法国国际旅游研究中心(International Center for Research and Study on

---

① 许多国内旅游研究者没有录入该数据库，因而未被统计在内。

② 这5个期刊的相关信息（英文名，所在国，创刊时间）如下：《旅游评论》(*Tourism Review*，瑞士，1946)；《旅游》(*Turizam / Tourism*，克罗地亚，1956)；《世界休闲杂志》(*World Leisure Journal*，1958，加拿大)；《康奈尔酒店及餐馆管理季刊》(*The Cornell Hotel and Restaurant Administration Quarterly*，美国，1960；2007年更名为《康奈尔餐旅季刊》，*The Cornell Hospitality Quartely*)；《休闲研究杂志》(*Journal of Leisure Research*，美国，1968)。

Tourism)的全球旅游、休闲、户外游憩及餐旅数据库的不完全统计，截至 2009 年，全球与旅游有关的国际性英语期刊(含公园、旅游、游憩、休闲、节事、会展、餐旅等)达 150 种之多。

1.1.2 旅游学科研究现状

虽然旅游学作为一个交叉学科的正统地位已经确立，但长期以来，关于旅游学的理论体系、知识框架等问题，一直是旅游学界讨论的焦点。西方旅游学术界对于构建旅游学理论体系似乎不像我国学者这样迫切，在西方旅游学术研究中，一般都以案例和实证研究为主，是一种自下而上、以小见大、以点带面的经验研究，较少对旅游学科进行“顶层设计”式学科构建。这或许是国外学者一贯的务实精神或功利意识的反映，也可能与中外教育制度不同有关。而我国旅游学者一直在努力尝试建立旅游学和旅游学科体系。例如，谢彦君对于体验是旅游本质和旅游学“硬核”的研究；申葆嘉以“假设—命题—结论”的规范研究来探究旅游运行规律；曹诗图等从哲学的视角来辨析，提出旅游的本质应是“体验”，即旅游者的异地身心自由体验；张凌云对于“非惯常环境”下的体验是旅游本质的研究等。张凌云认为：对于纷乱复杂的旅游现象可以借鉴胡塞尔(Husserl)的现象学理论的一个核心方法——“现象学悬置”(也译为“悬搁”、“现象学还原”或“先验还原”)，将旅游现象中那些无关紧要的要素“悬置”起来，据此运用现象学理论研究旅游现象，并尝试建立相关的旅游学科理论体系。研究者们从不同专业视角，从各自对旅游学科的理解，对这些问题进行了研究，提出了许多建设性意见，取得了一定成绩，为旅游学科的发展做出了较大的贡献。

从目前主要从事旅游学科研究的学者的学术背景看，仍然以具有地理学、经济学、历史学、文化学、心理学、管理学、社会学等学科为主流，这与旅游学是一门综合性边缘学科的学科性质一致。来自不同学科的学者对研究对象进行深入探究，基本上是通过借助相关学科的理论和方法，融合相关学科的理论知识，构建了旅游学的理论体系框架，虽然在旅游学科理论研究的内容和方法上呈现出多样性，但是也表现出它们的不足。

由于各学科的学科范畴、知识谱系、专业视角不同，对于一个分散的、跨学科的领域要有一个统一的研究范围和研究方法几乎是不可能的，研究者虽然能较好地运用本学科的研究方法，但仍站在原学科的思维角度，不能从本质上与旅游现象相结合。同样，目前数量不多的在旅游学科领域成长起来的研究者在应用相关学科的研究方法时，则因对这些学科研究方法掌握不够、理解不深，虽然站在旅游学的角度，但却分析、研究得不够深入。其结果使旅游学科的综合性变成各相关学科的简单集合，跨学科或边缘学科变成各学科内容的直接剪裁拼接。同时旅游现象的复杂性、旅游系统边界的模糊性，以及旅游学科本身的积累不够，也导致构建其学科理论体系难度较大。因此，时至今日，旅游学界在关于旅游学的许多重要的学术问题上仍然争论不休，共识尚未形成，旅游学还处于“前科学”阶段，旅游学科的学术分歧争论实属学科发展走向成熟的必由之路。

1.1.3 中国旅游学的学科归属问题

学科是科学知识体系的分类，不同学科就是不同的科学知识体系。一般认为，构成一门独立学科须满足三个基本条件：①具有独特的、不可替代的研究对象或研究领域：②具有特有的概念、原理、命题、规律等所构成的严密的逻辑化的理论体系(知识体系)；③具有一定的学科知识产生方式和研究范式，即方法论。因此，如果旅游要成“学”的话，必须从纷杂的旅游活动和旅游现象中寻找到其本质，界定其独特的、不可替代的研究对象或研究领域；形成一套具有特有的概念、原理、命题、规律等所构成的严密的逻辑化的理论体系(知识体系)，并建立起由个别到一般、由经验到理论的研究范式。

由于旅游学不成熟，以及人们对这门学科的性质认识不深，对旅游学科的地位归属问题的探讨存在争议。我国官方还没有认可旅游学是一个独立的一级学科。

我国高等学校本科教育专业按“学科门类”、“学科大类”(一级学科)、“专”(二级学科)三个层次来设置。1998 年之前，在国家教育委员会划定的本科专业学科目录中，没有“旅游学”这个学科名称，只有“旅游经济”二级学科，这与人们把旅游作为经济现象、用旅游经济来取代旅游学不无关系。1998 年调整专业目录时，旅游学科主要是被列入“管理学”(学科门类)中“工商管理”(一级学科)下的“旅游管理”(二级学科)。这种制度性的学科安排，人为地割裂了旅游学科与其他人文学科之间的亲缘关系，消解了旅游现象研究与管理学以外的人文学科(如社会学、地理学、心理学、行为学等)之间的逻辑关系，缩窄了旅游学的概念范畴和研究领域。将旅游现象研究局限在工商(企业)管理的范围内，不仅大大削弱了旅游在宏观经济上的功能，也不利于社会效益的发挥。

国务院《关于加快发展旅游业的意见》(国发〔2009〕41 号)，将旅游业定位为“国民经济的战略性支柱产业和人民群众更加满意的现代服务业”，这是改革开放以来首次从国家战略层面对旅游业给出的明确定位。但旅游学科的地位却与此大相径庭，其学科归属一直飘忽不定，尽管不少专家学者都肯定于光远(2005)对于“旅游是经济性很强的文化事业，也是文化性很强的经济事业”这一著名的经济文化“二元论”观点，但在教育系统内，旅游学科却一直在经济学与管理学之间游走。近年，教育部又酝酿拟将旅游管理从工商管理中分离出来，置于新设的“服务业管理”(一级学科)项下，这是关于旅游学科归属的又一次调整，但仍然没有跳出做其他学科附庸的窠臼。另设“服务业管理”一级学科，涵盖旅游、会展、文化产业、体育经济、电子商务等。这一方案将旅游与文体休闲、商务会展、电子商务等二级学科整合在同一学科门类下，从行业的应用性看，似乎更为合理些。但也有学者担心，由于长期以来我国传统文化中服务业的社会地位较低，将“服务业管理”作为一级学科，会对旅游学科高端人才培养及招生、就业等造成不利影响。此外，“服务业管理”仍然只是突出旅游的经济和消费特性，没有包括旅游的文化属性。

阅读资料 1-1

关于旅游学科成熟度的 10 个标志

改革开放以来中国居民旅游生活的变化，旅游产业的发展，以及学科成长所必需的思想解放所形成的外在条件，在中国学人的努力探索中，都成为了旅游学科发展的推手，从而催生了旅游学科，养育了旅游学科，并且推动着它一天比一天更加成熟。如以此前国内外对学科讨论的界说为基础，旅游学科在我国成熟的标志，主要表现在以下的相互联系的10个方面。

第一，旅游活动在我国经济、社会和普通居民生活中的价值和意义，已经受到普遍重视。旅游活动在人类社会和普通居民生活中的价值和意义，世界旅游组织自1980年起在它的“世界旅游日”主题口号中已经从各个不同角度进行了阐述。2009年12月国务院在《关于加快发展旅游业的意见》中强调了培育“人民群众更加满意的现代服务业”之后，2011年又批准了设立“中国旅游日”，这些也都同样地凸显出了旅游对于中国老百姓的意义和价值。

旅游研究认为，居民的可自由支配时间和可自由支配收入的增多，是居民旅游产生的条件，这个原理已经在中国工时制度和假日制度的变动中得到证实。1995年实施每周40小时工作制(从而产生了“双休日”)后立即出现的“周六周日旅游潮”，1999年实施“长假日”(或称“黄金周”)后的“旅游井喷”，都说明居民对旅游的自动选择。从2010年中国居民国内与出境旅游已达到的21.60亿人次(21.03亿人次＋0.57亿人次)，旅游花费已达到的15 858亿元人民币(12 580亿元＋3 278亿元)，2010年“十一”黄金周期间中国居民出游的2.50亿人次(2.54亿人次－0.04亿人次)，乃至2009年111.847 4万人(截至2010年2月14日的统计)参加是不是需要恢复“五一”黄金周的网上投票等，都说明了假日旅游生活在中国居民生活中的重要地位。除了居民的闲暇类的旅游需求之外，十分显著的是，随着经济和社会发展的需要，世界旅游组织定义“旅游”目的时所界定的business类旅游(公务，商务和经济、文化、科技、教育等事务类的交流类旅游，如MICE——会展与奖励旅游等)在我国也越来越多地开展了起来，而且正越来越受到社会各界的注目。

第二，为大众旅游提供支持的国民经济门类，正在汇合成为庞大的产业集群。世界旅游旅行理事会(World Travel and Tourism Council，WTTC)在许多年前就反复在强调，旅游业正在成为全球最大的产业。在我国，这个产业的发展也十分惊人，近年来各省、自治区、直辖市先后把旅游业定位其地区性的先导产业、支柱产业；在这个基础上，国务院也在《关于加快发展旅游业的意见》中把它正式定位为了“国民经济的战略性支柱产业”，即不仅是支柱产业还是战略性的产业，就是说，它的关键性、关联性和带动性对我国经济和社会的全局和长远发展具有重大引领带动作用，是关系到我国未来经济和社会发展的重要力量。

就其现状而言，今天我国的旅游业，也早已突破了人们过去的旧认识，它的日新月异正在使它成为许多产业门类的集聚体。在我国与国际标准ISIC/Rev.3《国际标准产业分类》接轨的国家标准GB/T 4754—2011《国民经济行业分类》中，人们熟知的旅游供给的“食、住、行、游、购、娱”六要素的供给，早已覆盖了“住宿和餐饮业”(I门类)、“交通运输业”(F门类)、“租赁和商务服务业”(L门类)、“公共设施管理业”(N门类)、“批发和零售业”(H门类)、“文化、体育和娱乐业”(R门类)等许多门类，即使暂且不计入旅游供给的上游产业和支撑产业，仅仅乡村旅游和工业旅游的开展，又已经将旅游活动扩展到了A、B、C、D、E诸多产业门类。所以说，旅游业在我国也已经成为了一个覆盖面极广的产业集群。

第三，旅游学基础理论已经建立，旅游和旅游学科的概念体系已经获得广泛认同。虽然旅游是人类的一项由来久远的活动，但是，旅游学科的建立基础却主要是现代旅游。虽然人们普遍认为 1841 年托马斯·库克组织的火车旅游标志着现代旅游业的开始，但是旅游学科在我国的发展却应该是从 1979 年后旅游高等教育出现后才开启的，是学校的人才培养把学科的建设提上了日程。

在我国旅游学科的建设上，这些年来除了《旅游学刊》和其兄弟学术刊物的努力外，教材的建设更是十分关键。从迄今为止 20 种以上的有关旅游学科的“概论”类的教材(而且大都采用了“旅游学”三字来作为书名)、大量相关教材和众多的论著来看，不仅他们都为学科基础理论和学科概念体系的建设做出了积极的贡献，而且作者和教师们的共识也越来越鲜明地得到显现。尤其是不少教材和专著的一版再版和新编重写，更把他们的已有的研究推向了一个新的高度。

经过 30 多年的发展，我国旅游学科体系已经建立了起来，以 2009 年的统计来考察，我国已经有一千余所院校(系)正在向学生传播着旅游学科的概念体系，有近百万学生正在通过学校教育系统学习旅游学科知识。如果在 CNKI 中国知网上对中国学术期刊网络出版总库、中国博士学位论文全文数据库、中国优秀硕士学位论文全文数据库、中国重要会议论文全文数据库、中国重要报纸全文数据库等进行搜索，那么自 1979 年起，我国以“旅游”作为标题的文献竟多达 18.434 6 万篇，以“旅游”为主题的文献更多达 25.345 8 万篇，而涉及“旅游”的文献就更多(为 176.477 2 万篇)了。不难看出，旅游学科概念和基础理论在旅游学界、业界和全社会已经得到普遍的认同。

正是为了判断学科的成熟与否(包括自然学科和人文学科)，中外学者曾经为此进行了专门的探索。但是无论是从法国布瓦索(Boisot)的客体对象研究的角度，是从比利时阿玻斯特尔(Apostel)有关研究群体研究活动的角度，还是从德国黑克豪森(Heckhausen)的多维标准来看，应该说在现在的中国，旅游学科的发展程度是完全可以满足这些衡量标准的。

第四，旅游和旅游学科语言体系已经确立，并展现出了更加清晰和丰满的态势。如果检阅上面所说的教材和学科专著，可以发现，作者已经普遍自觉地使用了旅游学科的共同语言。而国家标准 GB/T 16766—2010《旅游业基础术语》的发布，更标志着学科语言系统的确立，从而引导了旅游行业和研究用语更加趋于规范。更值得注意的是，国家旅游局科研课题《中国旅游大辞典》的出版，更将为旅游运行和研究的用语提供更多规范的基础，从而也将使得旅游学科的语言的体系更加清晰和丰满。就民众生活而言，现代旅游活动用语(包括旅游购买时的交易用语)大都能够为普通民众理解，而且在民众生活和大众传媒中已经得到了广泛的使用。

第五，旅游学在学科中的地位已经得到兄弟学科的认可。由于旅游活动的逐渐普及、旅游研究的活跃，目前我国旅游学科的研究与兄弟学科的联系已经越来越广泛，兄弟学科的学者也纷纷进入了旅游学科的研究。从已经开展的研究和已正式发表的论著来看，人们已经注意到了，除了旅游学之外，还有旅游地理学、旅游经济学、旅游文化学、旅游社会学、旅游管理学、旅游营销学，以及旅游美学、旅游文学、旅游心理学、旅游人类学、旅游生态学、旅游环境学等；如果就这些分支学科的命名来考察，这一现象显示的，正是地理学、经济学、文化学、社会学、管理学、市场学、美学、文学、心理学、人类学、生态学、环境学等学科的研究者正在向着旅游学科跨越；同时这些分支学科为旅游学及其原有母学科所共有，正好说明了旅游学在学科中的地位已经得到兄弟学科的认可。

第六，旅游学虽然没有自己的专一研究方法，但与大多交叉学科和综合性学科一样，已经可以无障碍地选用兄弟学科的各种方法，且其旅游学科的特点正在显露。前面提到的黑克豪森，虽然在其主张的衡量学科的七项标准中，也有一条是建立“独立性”的“学科方法”(如果只从这一点来看，似乎旅游学不能完全满足这个条件)，但是如果注意到黑克豪森本人在对“交叉学科”的学科分类中所明确指出的“围绕复杂的社会问题而展开的多学科综合研究”，“一门学科利用和借鉴另一门学科的方法或成果，发展和完善自己”正是交叉学科的一个特征，那么这个衡量标准对于交叉学科和综合性学科就不完全适用了。

因为“旅游”是人们离开常住地的活动，除了离开常住地的特征外，人们的生活与在常住地没有本质的差异；同时，旅游的服务供给，除了顾客是外地人外，它的产品质量和服务内容与提供给本地人的没有本质的不同。所以，对于人类旅游生活的研究，在方法的选用上借鉴人类生活其他侧面的研究方法就是十分自然的了。而在研究方法的实际运用上，旅游学科也与大多交叉学科和综合性学科一样，现在已经可以无障碍地选用兄弟学科的各种方法，而在其使用时，除了旅游学科本身特点显示出了它的差异外，旅游学科的交叉性、跨越性和综合性特征也正好显现了出来。

第七，旅游法规体系和标准化体系的建设，有利于旅游活动和旅游行业运行的规范，从而优化了学科研究的对象。除了我国现有的旅游法规(如《旅行社条例》、《中国公民出国旅游管理办法》等)已经对旅游业的运行产生了积极的作用外，目前我国旅游立法工作也正在积极推进之中，可以肯定，其不久后出台的《中华人民共和国旅游法》定将对全国旅游活动和产业运行产生极大的规制效应。同时，我国的旅游标准化工作也卓有成效，其中国家标准 GB/T 14308—2010《旅游饭店星级的划分与评定》不仅取得具大成功并为国际饭店业称赞，而且近年的旅游标准化工作更加快了速度。

对于旅游研究而言，旅游活动和旅游业的运行，就是黑克豪森衡量学科标准提出的学科“材料域”和学科“题材”(指材料域所提供的可供研究的那部分)，就是布瓦索提出的学科研究的“客体”及其而具体化的“现象”。由此可见，我国旅游法规体系和旅游标准化体系的建设，其所形成的对旅游运行的规范，从而就为学科的研究对象的可研究性提供了良好基础，也为研究者的研究提供了更好的条件。

第八，目前我国旅游研究的群落已经形成，并正在呈现覆盖全国之势。目前我国旅游研究的群落已经形成并逐渐壮大起来，而且在全国各省、自治区、直辖区都有着广泛的分布。除了各个旅游院校的旅游研究所和中国社会科学院、中国科学院所属的旅游研究中心早已开始工作之外，国家旅游局所属的中国旅游研究院也在 2008 年成立。这些年来，我国旅游教学和旅游研究工作者与旅游管理工作者已经逐渐汇合为一个人数可观的研究群体，他们进行的旅游学科的系统教育，他们进行的一系列研究，他们之间的会议研讨和通过学术媒体等的相互沟通，他们研究之中的不断创新，他们教学内容的不断更新，他们坚守教学岗位和一以贯之的教学活动。仅此一项，使正好满足了阿玻斯特尔关于学科要求的 PAIEL 5 个方面的全部条件。

第九，旅游学界和业界对产业发展态势密切关注，学科前沿研究和不同意见的讨论，正在赋予这门新兴学科更加活泼的生命力。我国旅游学界、业界和旅游主管部门，对产业发展态势和旅游学科的前沿是密切关注的，我国的旅游可持续发展研究、生态旅游研究及 2003 年“非典”时期的旅游危机管理研究，以及近年的低碳旅游研究，几乎与世界同步。这些研究不仅紧扣着产业发展的现实需要，同时也赋予了这门新兴学科更加活泼的生命力。

有人认为我国旅游科学不够成熟，是因为在我国的旅游研究中，大家认识中的还不一致。其实，任何学科都是在不断发展的，研究越是深入，就会越加感到学科发展面临空间的广阔。也就是说，学科的发展不允许任何的“终极成果”，盼着以终极成果作为学科成熟的标志，显然是不现实的。

在我国旅游学科发展中也还有一些值得注目的现象。一是研究中存在的进入领域和进入的深度的差异，二是不同学者对于同一事物还有许多不同的认识。但是应该说，这不仅是新兴学科发展中不可避免的现象，更是跨学科或综合性学科发展的必由之路。因为，不同视角不同层面的探索与讨论，正是年轻学科研究领域拓展的基础，正是研究纵深开掘不可或缺的力量，也正是其生命力不断增强的一种表现的形式。

不能讳言的是，这里也难以排除少数研究者对他人已有研究的科学性成果注目不够(乃至自恋于“自说自话”)的偏颇，以及部分研究者沟通不畅、理论的沉淀不尽深厚的局部现象的存在。如果能够进一步认识到这种存在的客观必然性和可克服性，那么这种非主流的现象就不会妨碍学科的成熟。

第十，如果从另一个侧面来验证，旅游学的领域和地位，已经形成了其他任何学科无法取代的格局。如果从目前我国旅游产业发展的态势，从我国旅游产业发展对人才的需求和对学科成长的需求，从我国旅游院校的规模，从我国旅游研究的多样组成、多样格局及其机构的分布，从现在学科已有的研究进展和研究成果等来验证，尤其是从研究群体对旅游学科体系的构建中，从旅游研究的各个侧面、层面对我国旅游业发展现实诸多问题的回答与解决中，都不难发现，现在我国旅游学的学科领域和地位，已经形成了其他任何学科无法取代的格局。

(资料来源：http://trarel.sohu.com/20110616/n310304835.shtml.)

1.2 旅游学的学科性质、研究对象与研究任务

1.2.1 旅游学的学科性质

旅游学研究实践证明，旅游研究呈现出跨学科的特点，任何一门学科，如旅游地理学、旅游经济学、旅游管理学、旅游文化学、旅游统计学、旅游社会学、旅游史学，都难以囊括旅游学的所有内容，不可能单纯解决旅游现象的全部问题和矛盾。

对于旅游学的学科性质定性因学术背景和研究视角不同，学者们的认识也不相同，主要有边缘学科、应用学科、社会学分支学科等多种理解。例如，陶汉军(2001)认为，旅游学是社会科学中一门由多种学科理论和知识交叉的边缘性应用科学；张华容等(2002)认为，旅游学是一门跨学科的社会学分支科学；张立明、敖荣军(2003)认为，旅游学是一门由多

种学科理论和知识交叉的边缘性应用学科；王德刚等(2004)认为，旅游学是一门“综合性的边缘学科”；安应民等(2007)认为，旅游学是一门由多种学科理论与知识交叉而形成的边缘性应用学科，也可以界定为跨学科的多学科交叉综合而形成的一个新兴学科；王洪滨和高苏(2010)认为，旅游学是旅游现象和其他学科(如旅游经济学、旅游管理学、旅游地理学和旅游心理学等)中抽象出来的、理论化的、高度概括了的社会科学。总之，多数学者认为，旅游学是属于社会科学领域里的边缘学科，具有跨学科、多学科交叉和综合性特点，但也有个别学者将其定位于一门独立的社会科学。

旅游学到底是什么性质的学科呢？旅游学研究旅游活动这一综合的社会现象，涉及许多相关学科，如经济学、管理学、地理学、历史学、社会学等，这些学科的理论和方法给旅游学提供了借鉴和帮助。旅游学的理论内容，体现了多学科综合的特征，它是在多学科的边缘或交叉空间上产生的新学科，具有边缘学科或交叉学科的性质，根据学科产生的条件和内容，编者认为旅游学是一门综合性的边缘学科。

1.2.2 旅游学的研究对象

构成一门独立学科须满足的基本条件之一是具有独特的、不可替代的研究对象或研究领域，关于旅游学研究对象问题，国内外学者们进行过探讨，一般都把旅游现象作为研究对象，但由于对旅游现象的性质认识不同，在旅游现象的具体表述上存在分歧。因此具体的研究对象各异。目前我国有关旅游学的教科书中对旅游学研究对象的较有代表性的表述有多种，张凌云(2012)归纳为矛盾说、关系—现象说和三要素说三大类。

1. 矛盾说

持有该观点的学者认为，旅游学的研究对象主要是旅游活动中的各种内在矛盾。例如，董玉明和王雷亭(2000)认为，旅游学是以世界范围为统一整体，以一定的社会经济条件为基础，研究旅游活动和由这一活动所引起的多种关系与其矛盾运动规律的学科；张立明和敖荣军(2003)认为，旅游学就是以各种旅游活动为背景，将旅游作为一种综合的社会现象，研究旅游活动过程中的各种内在矛盾，解释这种矛盾运动的规律性的一门科学；何丽芳和贺湘辉等(2006)认为，旅游学的研究对象是旅游活动的内在矛盾，旅游学的任务是要通过研究来认识这种矛盾的性质及其运动规律和它所产生的各种外部影响；陶汉军(2006)认为，旅游学以世界范围的旅游活动为背景，将旅游作为总和的社会现象，研究出游期望与旅游产品效用之间矛盾运动规律的一门科学；马勇和周霄(2008)认为，旅游学是将旅游作为一种综合的社会现象，以其所涉及的各项要素的有机整体为依托，以旅游者活动和旅游产业活动在旅游运作过程中的内在矛盾为核心对象，全面研究旅游本质属性、运行关系、内外条件、社会影响和发生发展规律的新兴学科；谢彦君(2011)认为，旅游学的研究对象是旅游活动的内在矛盾及其表现，通过研究来认识这种矛盾的性质及其发生原因、形态结构、运动规律和它所产生的各种外部影响。

2. 关系—现象说

持有该观点的学者认为，旅游学的研究对象主要是旅游活动中的各种关系和现象。例如，杨时进和沈受君(1996)认为，旅游学是反映旅游活动的最一般规律的科学，是旅游活动的实践经验的综合概括，也是哲学和相关学科的理论在旅游领域中的一个发展，其研究对象是构成全部旅游活动的诸要素和关系及其运行中的规律性现象；刘伟和朱玉槐(2001)认为，旅游学是研究人类旅游活动发生、发展的一般规律的科学；李冠瑶和刘海鸿(2005)认为，旅游学研究对象是旅游活动及其所引发的各种现象和关系，研究内容是旅游活动、产生的关系及影响研究；申葆嘉(2010)认为，旅游学是研究旅游运行规律，研究动态旅游现象的一门学科，系统地解释旅游现象各种关系和现象之间的互动关系。

3. 三要素说

所谓“三要素”只是一个较为笼统的说法，不同的学者对于“三要素”的具体内容也不尽相同，有的是指(旅游)主体、客体和媒体；也有的是指旅游者、企业和行业；也有的是指旅游者、旅游业和旅游地等。例如，李肇荣和曹华盛(2006)认为，旅游学以旅游现象为研究对象，具体是旅游活动和旅游业，重点是旅游三要素(旅游主体、旅游客体和旅游媒体)及其相互关系。概括地说，旅游学是研究人类社会的旅游活动和旅游业活动的产生、发展、结构及其相关联的各种矛盾运动规律的综合性边缘科学。王兆明等(2007)认为，旅游学是以“旅游产生与发展，旅游主体、客体和旅游业之间相互作用及其活动最一般规律的科学为研究对象”。周武忠等(2009)认为，旅游学是一门旅游系统的一般规律的科学，旅游系统包含三个层次，即第一层次是以游客为中心的旅游活动，第二层次是以企(事)业为中心的旅游产业，第三层次是以行业管理为中心的旅游事业。李天元(2009)认为，旅游学是研究旅游者、旅游业，以及双方活动对旅游接待地区社会文化、经济和环境之影响的科学。

显然，在上述这些旅游学研究对象的表述中，对于旅游研究对象的理解，既包括非经济性质的旅游活动，也包括经济性质的旅游业，还包括抽象的蕴含在旅游活动和旅游业之中的旅游现象的一般规律等多层含义。

旅游学的研究对象和研究范围是相互关联的，旅游学的研究对象规定了研究范围，而研究范围反过来也限定了研究对象。从学术规范来看，旅游学的基本理论研究和其他学科一样，也必须从旅游现象起源的探索开始，逐步深入到它的特征和性质、运行基础、形态结构及各种矛盾关系和规律。因此，旅游学的研究对象是旅游现象的发生、发展及其本质、条件和各种关系的内在矛盾的运动规律，具体的对象包括旅游活动和旅游业两个方面。

1.2.3 旅游学的研究任务与内容

1. 旅游学的研究任务

经过探索，对旅游的研究从单纯的经济研究转向作为一种综合现象研究，从而使研究对象有了准确的定位。而旅游学具体的研究任务包括以下几个主要方面。

(1) 关于旅游学的理论体系、知识框架、学科结构等基本理论问题，以及旅游学与其他学科关系的研究。

(2) 关于旅游活动三要素及其相互关系的研究。旅游活动三要素具体内容包括主体、客体和媒体。主体即旅游者研究，包括旅游者产生的条件、分类、特点、动机与期望、活动规律；客体即旅游对象研究，包括旅游资源、旅游设施、旅游产品、旅游服务及其发展规律；媒体即旅游业的研究，包括旅游业构成、规划组织、运作手段、营销策略、旅游供给能力和发展规律等内容。三要素之间相互依存、相互作用、相互促进关系研究，主要是旅游者的服务期望、旅游服务质量、游客满意度、旅游可持续发展等内容。

(3) 关于旅游现象与社会、经济、环境关系的研究。

(4) 关于旅游活动和旅游业产生的历史、条件及其本质属性的研究。

(5) 关于旅游组织和旅游法规的研究。对国家和地方有关旅游活动和旅游业发展相关的政策、法规的制定和旅游组织的管理活动开展研究。

2. 旅游学的研究内容

面对旅游学学科建设的需要和旅游业发展的强劲势头，学术界对旅游学的研究内容做了长期探讨。虽然人们对旅游学的研究内容并未形成统一的意见，但仍可从世界各地已经出版的旅行业(travel industry)、旅游业(tourism industry)、旅游商务(business of tourism)概论一类的教材和专著所关注的对象中归纳出一些基本的内容，见表 1-1。

表 1-1 表示对全球 20 世纪 80 年代以来特别是 2000 年以来出版的 81 种旅游学概论、引论、原理、旅行与旅游业概论等出版物的调查统计。

表 1-1 全球 81 种旅游学概论类教材、教学参考读物中所涉及的研究内容项目及出现次数

名称	次数	名称	次数	名称	次数	名称	次数
旅游资源、规划	69	旅游营销	33	环境影响	26	教育与研究	9
旅游需求动机与行为	65	可持续发展	33	吸引物与旅游地	25	娱乐游憩与体育	7
旅游业结构与系统	62	社会文化影响	29	经济影响	21	旅游信息与电子商务	6
旅游史	61	旅游中介商	29	旅游业管理	20	休闲时间	4
政府、政策与立法	57	食宿接待服务	29	经济活动	20	相关行业	4
市场研究、统计与预测	48	旅游交通	27	投融资、旅游商品	12	商务会展	3
旅游一般影响	40	旅游产品及类型	27	全球化、国际旅游	10	特殊兴趣旅游	3

(资料来源：吴必虎，宋子千．旅游学概论[M]．北京：中国人民大学出版社，2009.)

从表 1-1 可以看出，各家对旅游学科涉及的内容看法明显不平衡，从上述相关内容出现的频率来看，大致可以分为三种类型。为世界各地大多数作者认可，如出现 40 次以上的包括旅游资源、规划，旅游需求动机与行为，旅游业结构与系统，政府、政策与立法，市场研究、统计与预测，旅游一般影响(很多教材把旅游的影响分成文化、社会和环境影响来论述)。有些内容则较少受到关注，尽管它们本身也许非常重要，如投融资、旅游商品，全

球化、国际旅游，教育与研究，娱乐游憩与体育，旅游信息与电子商务，休闲时间，相关行业，商务会展，特殊兴趣旅游均少于20次。出现这种情况的原因之一是这些内容处于成长期，尚未引起大多数学者的关注，如中外作者一个共同的特征是忽视商务会展的旅游意义。旅游营销、可持续发展、社会文化影响、旅游中介商、食宿接待服务、旅游交通、旅游产品及类型、环境影响、吸引物与旅游地等为20～39次，这是由于中西方发展进度不同，中外教材在取舍上有所不同，有些西方教材比较重视的内容，中国作者尚未认识到位；而有些中国作者所关注的内容，西方国家往往并不看重。

1.3 旅游学的学科体系

关于旅游学学科体系的研究，国外学者的研究较少涉及该领域，我国学者对此做了诸多探讨，学者们提出的学科体系不尽相同，可谓“仁者见仁，智者见智①”。旅游学是一门综合性边缘学科，通过借助相关学科的理论方法，融合交叉学科的相关知识，构成了研究旅游现象的综合学科体系。

冯淑华等(2006)认为，从旅游现象内部结构可以分为体验维、服务维、影响维、信息与技术维四个维度，并从这四个维度构建一个完整的旅游学科体系。

体验维是以游客为中心构建的，研究的核心问题是旅游活动、旅游现象、旅游动机、旅游期望、旅游决策、旅游行为、旅游体验、休闲与娱乐、旅游容量、旅游流、东道主与游客等，对应的分支学科有旅游人类学、旅游社会学、旅游心理学、旅游地理学、旅游文化学、旅游休闲学、旅游体验学、旅游美学等。

服务维是以供给为平台构建的，旅游地、旅游企业、政府旅游职能部门等诸多旅游供给部门和领域，都是围绕着游客提供服务的，而且是为游客获得满意体验而服务的。如果用体验经济的演出比喻模式来形象地描述旅游服务的话，可以表达为“旅游服务＝演出＝剧场＋道具＋服务员＋导游员＋游客→获得美好而难忘的经历与体验”。它研究的核心问题是旅游资源及其评价、旅游规划与发展、旅游地形象、旅游交通、旅游环境、旅游安全、旅游地突发事件与应变力、旅游风险项目投资、旅游跨国公司、旅游产品、旅游商品、旅游市场、旅游营销、旅行社、旅游企业、旅游体验、旅游政策、娱乐业等，对应的分支学科有旅游资源学、旅游环境学、旅游开发规划学、旅游策划学、旅游管理学、旅游市场营销学、旅游风险投资学、旅行社经营管理、旅游饭店管理、旅游安全管理、旅游娱乐管理、旅游危机与应变管理等。

影响维是围绕着旅游活动对经济、社会和环境的影响而构建的。在许多发达国家，旅游已成为居民生活的一个重要组成部分，旅游对整个社会的发展越来越深刻，乃至影响到政局的稳定。它研究的核心问题是旅游经济效应、旅游环境效应、旅游文化冲突与融合、

---

① 我国学者讨论这个问题的成果较多，如冯淑华，沙润．从混沌理论哲学观对旅游学混沌态及学科体系探讨[J]．旅游学刊，2006，21(9)；张凌云．我国旅游学研究现状与学科体系建构研究[J]．旅游科学，2012，26(1)；刘住．旅游学学科体系框架与前沿领域[M]．北京：中国旅游出版社，2008。本书主要参考和借鉴了冯淑华、沙润的研究成果。

旅游和谐社会的构建等，对应的分支学科有旅游伦理学、旅游生态学、旅游绩效评估、旅游政治学、旅游可持续发展研究等。

信息与技术维是从科学、技术层面构建的，是为上述三个维度研究提供信息、技术支撑的，它对应的分支学科有旅游电子商务技术、旅游信息系统、旅游统计技术与方法、旅游调研技术方法、旅游预测方法、旅游应用技术研究等。

旅游学的学科体系，如图 1.1 所示。

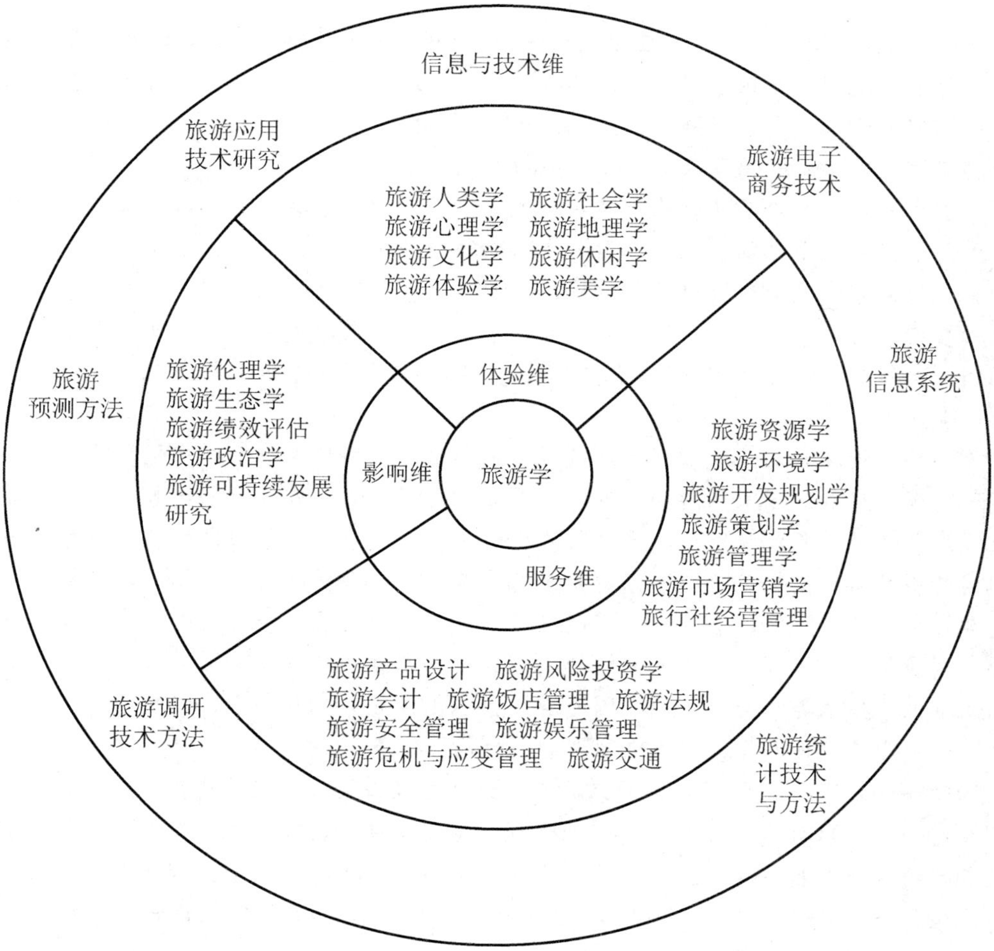

图 1.1 旅游学的学科体系

(资料来源：冯淑华，沙润．从混沌理论哲学观对旅游学混沌态及学科体系探讨[J]．旅游学刊，2006，21(9).)

如果从旅游学科边缘性、交叉性和综合性出发，分析其与相关学科的关系，则得出旅游学的分支学科大多数都是与其他学科交叉而产生的边缘学科，也可以说是由这些边缘学科形成的各分支学科的集合而构成旅游学学科体系。杜江和张凌云(2004)在查尔斯·格德纳(Charles Goeldner)等人的基础上提出了一个改进的同心圆学科结构框架。同心圆的最外圈层，是其他学科如经济学、地理学、信息技术学等；第二圈层，是旅游学与相应的外层学科交叉而形成的分支学科，如旅游经济学、旅游地理学、旅游电子商务技术学等；第三圈层，就是最核心的部分——旅游学。

阅读资料 1—2

中国当代著名旅游管理、旅游酒店研究专家——魏小安

魏小安教授 1952 年 4 月出生于湖南衡阳，1969 年 2 月参加工作，是活跃在中国旅游业中最著名的规划、营销专家之一，享有“中国酒店业教父”之美誉。近年来多次在国内顶极旅游前沿论坛上发表演讲，受各级政府部门邀请在论坛、研讨会上发表演讲近百场次，旅游实战营销的演讲深受各级旅游管理层的欢迎。

魏小安教授是国内活跃的旅游学者，主要学术专长为旅游经济、旅游政策、旅游规划等。曾任北京旅游学会副会长、中国科学院地理所研究员、上海社会科学院旅游研究中心教授、北京大学城市与环境科学系教授、北京师范大学地理系教授、中山大学旅游规划研究中心教授、北京第二外国语学院研究生导师，另任法国国家旅游局顾问、中国海南省政府顾问，现任中国社会科学院高级研究员、中国旅游研究院学术委员会主任、中央民族大学博士生导师。

魏小安教授在旅游行政管理工作领域贡献卓著。历任中国社会科学院财政与贸易经济研究所助理研究员，国家旅游局政策法规司政研处副处长、处长、副司长，国家旅游局旅行社饭店管理司司长，国家旅游局政策法规司司长、国家旅游局规划发展与财务司司长、中国国内旅游协会副会长、国家旅游局旅游质量监督管理所总监、全国旅游涉外饭店星级评定委员会办公室主任、全国内河游船星级评定委员会副主任委员兼办公室主任、中国烹饪协会副会长、中央国家机关烹饪协会副理事长、国际品牌联盟中国专家委员会委员、全球休闲标准化技术委员会主任、中国旅游协会休闲度假分会秘书长、中国旅游文化资源开发促进会副会长、世界休闲组织中国分会副会长等职务。

1988—1993 年，他是历年全国旅游工作会议主报告及国家旅游局其他重要文件的主要起草人之一；1993 年后，制定旅游行业管理的主要文件和各项标准；参与十几年来中国旅游业发展的各项重大决策，工作成果累计 200 多万字；组织实施了旅游标准化、饭店星级评定、旅行社质量保证金、中国优秀旅游城市、旅游区(点)质量等级评定、三区建设等重要工作。

本章小结

旅游学科的形成的主要动因是第二次世界大战后旅游活动需求规模的迅速扩大，旅游业的大发展对专业人才的大量需求，以及教育部门旅游研究的推动。在当今学界特别是欧美学界，旅游学作为一个交叉学科已经存在，并且已经获得了“正统”地位。但是关于旅游学科的学科性质和学科地位问题的争论与研究一直在继续，大多数研究认为旅游学是一门综合性的边缘学科。关于旅游学研究对象问题，国内外学者们进行过探讨，一般都把旅游现象作为研究对象，但由于对旅游现象的性质认识不同，在旅游现象的具体表述上存在分歧。因此具体的研究对象各异。本书借鉴张凌云(2012)研究，归纳为矛盾说、关系—现象说和三要素说三大类。关于旅游学科的学科体系，不同的学者采用不同的视角、依据不同的理论和方法提出了不同的旅游学科体系。从上述对旅游学基本理论问题的梳理可以看出，旅游学是一门尚未成熟的年轻学科，存在着不确定性，学者们的争论和上下求索是这门学科走向成熟的必由之路。

关键词及概念

旅游　旅游学　旅游学科性质　旅游学研究对象　旅游学科体系

复习思考题

一、名词解释

1．旅游学　　2．旅游学的研究对象　　3．旅游学科体系

二、简答题

1．简述旅游学科的形成原因与标志。
2．简述旅游学科研究的主要内容。

三、论述题

1．试谈谈旅游学科发展的特征。
2．谈谈旅游学科在我国发展的现状与特点。

四、案例分析题

表 1-2 为一些主要国际性英语旅游期刊的创刊时间及所在国分布状况。

表 1-2　主要国际性英语旅游期刊创刊年及所在国

时间段	期刊名称	创刊时间	所在国家(地区)
1941—1950	《旅游评论》(*Tourism Review*)★	1946	瑞士
1951—1960	(1)《旅游》(*Tourism*：*An International Interdisciplinary Journal*) (2)《世界休闲研究》(*World Leisure Journal*) (3)《康奈尔餐旅季刊》(*The Cornell Hospitality Quarterly*)★▲	1956 1958 1960	南斯拉夫 加拿大 美国
1961—1970	《休闲研究杂志》(*Journal of Leisure Research*)★▲	1968	美国
1971—1980	(1)《旅行研究杂志》(*Journal of Travel Research*)★▲ (2)《旅游研究纪事》(*Annals of Tourism Research*)★▲ (3)《餐旅及旅游研究杂志》(*Journal of Hospitality & Tourism Research*)	1972 1973 1976	美国 美国 美国

续表

时间段	期刊名称	创刊时间	所在国家（地区）
1971—1980	(4)《休闲》(*Leisure:Journal of the Canadian Association for Leisure Studies*)	1976	加拿大
	(5)《旅游游憩研究》(*Tourism Recreation Research*)	1976	印度
	(6)《休闲科学》(*Leisure Sciences*)★▲	1977	美国
	(7)《旅游问题》(*Problems of Tourism*)	1978	波兰
	(8)《旅游管理》(*Tourism Management*)★▲	1980	新西兰
1981—1990	(1)《休闲研究》(*Leisure Studies*)★	1982	英国
	(2)《休闲及旅游商务展望》(*Visions in Leisure and Tourism Business*)	1982	美国
	(3)《服务业杂志》(*Service Industries Journal*)★▲	1983	荷兰
	(4)《公园及游憩管理杂志》(*Journal of Park and Recreation Administration*)	1983	美国
	(5)《佛罗里达国际大学餐旅评论》(*FIU Hospitality Review*)	1983	美国
	(6)《赌博研究杂志》(*Journal of Gambling Studies*)★▲	1985	美国
	(7)《国际餐旅管理杂志》(*International Journal of Hospitality Management*)★▲	1986	英国
	(8)《餐旅及旅游教育杂志》(*Journal of Hospitality & Tourism Education*)	1988	美国
	(9)《旅游述评》(*Acta Turistica / Tourism Review*)	1989	南斯拉夫
	(10)《国际葡萄酒营销杂志》(*International Journal of Wine Marketing*)	1989	美国
	(11)《国际旅游研究杂志》(*International Journal of Tourism Research*)★▲	1989	英国
	(12)《国际当代餐旅管理杂志》(*International Journal of Contemporary Hospitality Management*)★▲	1989	英国
	(13)《安纳托利亚：国际旅游及餐旅杂志》(*Anatolia:An International Journal of Tourism and Hospitality Research*)	1990	土耳其
	(14)《旅游研究杂志》(*Journal of Tourism Studies*) *	1990	澳大利亚
	(15)《国际餐旅研究科学院杂志》(*The Journal of the International Academy of Hospitality Research*)	1990	美国
1991—2000	(1)《旅行与旅游营销杂志》(*Journal of Travel & Tourism Marketing*)	1992	中国香港
	(2)《节事管理》(*Event Management*)	1993	加拿大
	(3)《运动与旅游杂志》(*Journal of Sport & Tourism*)	1993	加拿大
	(4)《可持续旅游杂志》(*Journal of Sustainable Tourism*)★▲	1993	英国
	(5)《国际遗产研究杂志》(*International Journal of Heritage Studies*)	1994	英国
	(6)《国际旅行法规杂志》(*International Travel Law Journal*)*	1994	英国
	(7)《餐旅及休闲营销杂志》(*Journal of Hospitality and Leisure Marketing*)	1994	美国
	(8)《餐旅及旅游管理杂志》(*Journal of Hospitality and Tourism Management*)	1994	澳大利亚
	(9)《旅行医药杂志》(*Journal of Travel Medicine*)★▲▲	1994	美国
	(10)《独家营销杂志》(*Journal of Vacation Marketing*)	1994	澳大利亚

续表

时间段	期刊名称	创刊时间	所在国家(地区)
1991—2000	(11)《管理休闲》(*Managing Leisure*)	1995	英国
	(12)《旅游经济》(*Tourism Economics*)★▲	1995	英国
	(13)《亚太旅游研究杂志》(*Asia Pacific Journal of Tourism Research*)	1996	中国(香港)
	(14)《旅游分析》(*Tourism Analysis*)	1996	美国
	(15)《解说研究杂志》(*Journal of Interpretation Research*)	1996	美国
	(16)《国际餐旅及旅游管理杂志》(*International Journal of Hospitality & Tourism Administration*)	1997	加拿大
	(17)《游客研究》(*Visitor Studies*)	1997	美国
	(18)《国际旅游评论》(*Tourism Review International*)	1997	澳大利亚
	(19)《休闲研究纪事》(*Annals of Leisure Research*)	1998	澳大利亚
	(20)《旅游时事问题》(*Current Issues in Tourism*)	1998	新西兰
	(21)《信息技术与旅游》(*Information Technology & Tourism*)	1998	奥地利
	(22)《会展及节事旅游杂志》(*Journal of Convention & Event Tourism*)	1998	美国
	(23)《旅游、文化及传播》(*Tourism,Culture & Communication*)	1999	澳大利亚
	(24)《旅游与餐旅研究》(*Tourism and Hospitality Research*)	1999	英国
	(25)《旅游地理》(*Tourism Geographies*)★▲	1999	美国
	(26)《旅游及餐旅质量保证杂志》(*Journal of Quality Assurance in Tourism & Hospitality*)	2000	韩国
	(27)《旅途:国际旅行及旅行写作杂志》(*Journey:The International Journal of Travel and Travel Writing*)	2000	法国
2001—2010	(1)《餐旅信息技术》(*Information Technology in Hospitality*)***	2001	美国
	(2)《旅行与旅游教学杂志》(*Journal of Teaching in Travel& Tourism*)	2001	中国香港
	(3)《旅行与旅游研究杂志》(*Journal of Travel & Tourism Research*)	2001	土耳其
	(4)《国际旅游科学杂志》(*International Journal of Tourism Sciences*)	2001	韩国
	(5)《斯堪的纳维亚餐旅与旅游杂志》(*Scandinavian Journal of Hospitality and Tourism*)	2001	挪威
	(6)《当今旅游:旅游、休闲及餐旅跨学科杂志》(*Tourism Today: An Interdisciplinary Journal for Tourism, Leisure&Hospitality*)	2001	塞浦路斯
	(7)《旅游者研究》(*Tourist Studies*)	2001	英国
	(8)《内华达大学餐旅、旅游及休闲杂志》(*UNLV Journal of Hospitality, Tourism & Leisure Science*)	2001	美国
	(9)《东盟餐旅及旅游杂志》(*ASEAN Journal on Hospitality and Tourism*)	2002	印度尼西亚
	(10)《生态旅游杂志》(*Journal of Ecotourism*)	2002	加拿大
	(11)《餐旅及旅游人力资源杂志》(*Journal of Human Resources in Hospitality & Tourism*)	2002	美国
	(12)《餐旅、体闲、运动及旅游教育杂志》(*The Journal of Hospitality, Leisure, Sport & Tourism Education*)★▲	2002	美国
	(13)《餐旅及旅游杂志》(*Journal of Hospitality and Tourism*)	2003	印度

续表

时间段	期刊名称	创刊时间	所在国家(地区)
2001—2010	(14)《旅游开发杂志》(*Tourism Development Journal*)	2003	印度
	(15)《旅游及文化变迁杂志》(*Journal of Tourism and Cultural Change*)	2003	英国
	(16)《旅游与文化遗产杂志》(*PASOS-Journal of Tourism and Cultural Heritage*)	2003	西班牙
	(17)《海洋环境旅游》(*Tourism in Marine Environments*)	2003	新西兰
	(18)《老年人餐旅与休闲杂志》(*Journal of Hospitality & Leisure for the Elderly*)	2004	美国
	(19)《旅游及餐旅规划与开发》(*Tourism and Hospitality Planning & Development*)	2004	英国
	(20)《国际节事管理研究杂志》(*International Journal of Event Management Research*)	2005	澳大利亚
	(21)《中国旅游研究杂志》(*Journal of China Tourism Research*)★	2005	中国香港
	(22)《遗产旅游杂志》(*Journal of Heritage Tourism*)	2006	美国
	(23)《餐旅应用及研究杂志》(*Journal of Hospitality Application and Research*)	2006	印度
	(24)《国际文化、旅游与餐旅研究杂志》(*International Journal of Cultural, Tourism and Hospitality Research*)	2007	美国
	(25)《国际医药旅行杂志》(*International Medical Travel Journal*)	2007	英国
	(26)《旅游杂志》(*Journal of Tourism*)	2007	印度
	(27)《国际旅游政策杂志》(*International Journal of Tourism Policy*)	2007	希腊
	(28)《南亚旅游及遗产杂志》(*South Asian Journal of Tourism and Heritage*)	2008	印度
	(29)《欧洲旅游研究杂志》(*European Journal of Tourism Research*)	2008	保加利亚
	(30)《非常规公园、旅游及游憩研究杂志》(*Journal of Unconventional Parks, Tourism and Recreation Research*)	2008	美国
	(31)《旅游消费与实践杂志》(*Journal of Tourism Consumption and Practice*)	2008	英国
	(32)《国际志愿旅游与社会发展杂志》(*Journal of International Volunteer Tourism and Social Development*)	2008	澳大利亚
	(33)《旅游历史杂志》(*Journal of Tourism History*)	2009	英国
	(34)《国际休闲与旅游营销杂志》(*International Journal of Leisure and Tourism Marketing*)	2009	瑞士
	(35)《国际旅游及餐旅知识管理杂志》(*International Journal of Knowledge Management in Tourism and Hospitality*)	2009	英国
	(36)《世界餐旅及旅游主题》(*Worldwide Hospitality and Tourism Themes*)	2009	英国
	(37)《教育旅行杂志》(*Journal of Educational Travel*)	2009	瑞士
	(38)《旅行法规季刊》(*Travel Law Quarterly*)	2009	英国
	(39)《国际旅游视野杂志》(*International Journal of Tourism Perspectives*)	2010	塞浦路斯
	(40)《旅游与和平杂志》(*The Journal of Tourism and Peace Research*)	2010	荷兰

续表

时间段	期刊名称	创刊时间	所在国家(地区)
2001—2010	(41)《国际节事与节庆管理杂志》(*International Journal of Event and Festival Management*)	2010	澳大利亚
	(42)《旅游人类学杂志》(*International Journal of Tourism Anthropology*)	2010	瑞士
	(43)《国际餐旅及旅游系统杂志》(*International Journal of Hospitality & Tourism Systems*)	2010	印度
	(44)《餐旅及旅游技术杂志》(*Journal of Hospitality and Tourism Technology*)	2010	美国
	(45)《文化遗产管理与持续发展杂志》(*Journal of Cultural Heritage Management and Sustainable Development*)	2010	荷兰

注：①对改名的期刊，只列其现刊名；②期刊所在国以创刊时主编所在国或刊物协会总部所在地而定；③表示已停刊；★表示该时间段代表性刊物；▲表示社会科学引文索引(social sciences citation index，SSCI)收录期刊；▲▲表示科学引文索引(science citation index，SCI)收录期刊。

(资料来源：邓金阳，罗艳菊. 国际性英文旅游学术期刊：发展、评价方法、排名与分级[J]. 旅游学刊，2010，25(12).)

问题：据表1-2分析旅游学科研究领域的变化，其特征有哪些？世界上哪些国家和地区旅游研究比较先进？

第 2 章　旅游发展简史

学习目标

知识目标	技能目标
1. 掌握古代旅行的主要形式及特点 2. 理解工业革命在旅行向旅游转化中的重要影响 3. 掌握近代旅游业诞生的标志 4. 了解现代旅游发展的背景 5. 掌握现代旅游发展的基本特点 6. 了解中国古代旅行的主要形式 7. 了解中国近代旅游业的产生	1. 熟悉国际与国内旅游发展的历史进程 2. 熟悉托马斯·库克的旅游活动及其对世界旅游发展的贡献 3. 能够分析文艺复兴对近代旅游产生的思想影响

知识结构

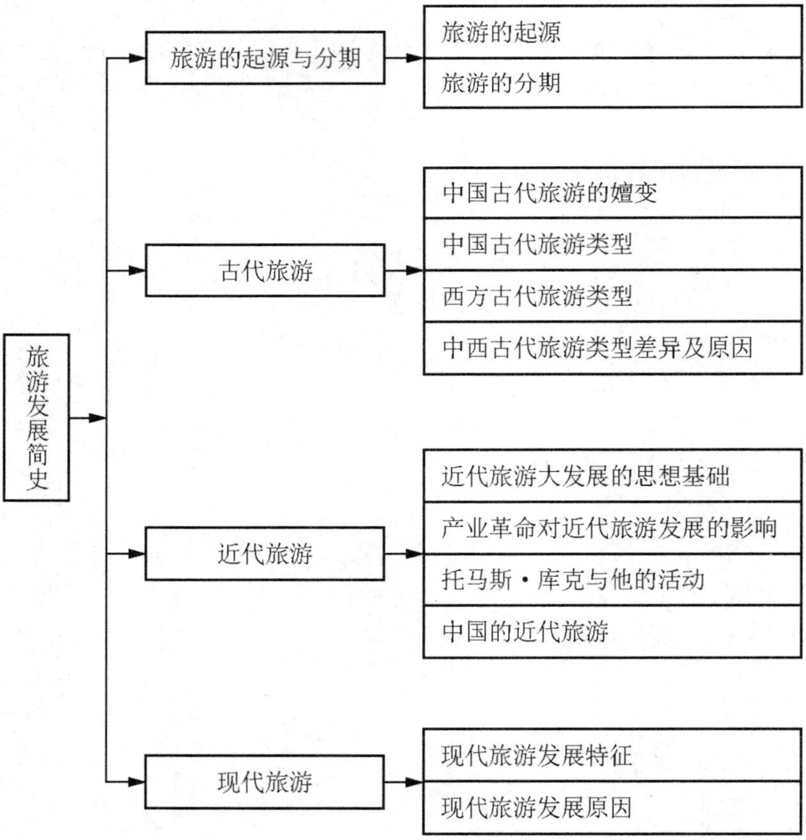

导入案例

自然美的发现

意大利人是现代人中最早看到和感到外部世界有美丽之处的。

这种欣赏自然美的能力通常是一个长期而复杂的发展的结果，而它的起源是不容易被察觉的，因为在它表现在诗歌和绘画中并因此使人意识到以前可能早就有这种模糊的感觉存在。例如，在古代人中间，艺术和诗歌在尽情描写人类关系的各个方面之后，才转向于表现大自然，而就是在表现大自然时，也总是处于局限的和从属的地位。不过，从荷马时代以来，自然给予人们的强烈印象还是被表现在无数的诗句和即景生情的词句中。立国于罗马帝国废墟之上的日耳曼各族，是完全和特别适合欣赏自然风景的美丽的；虽然基督教有一个时期强迫他们把他们一向尊敬的山、泉、湖沼、树林、森林看成为恶魔所造，可是这种过渡性的概念不久就被放弃了。1200年，在中世纪全盛时期，对于外部世界又重新有了真正的、衷心的领略，并且在各民族的行吟诗人的歌唱中得到了生动的表现。这些诗歌证明自然界的一切简单现象——春花灿烂、绿野、树木都能给人一种深深的感受。但是，这些描绘都是眼前的景色而没有远景展望。即使是走过很远路程和看到过很多地方的战士，也像这些诗篇一样显出不熟识，那种把盔甲和服装描写得非常细致的叙事诗，对于外界的自然景色不过是略做描述；甚至伟大的沃尔夫拉姆·冯·埃申巴赫对于他的主角活动的场景也没有在任何地方做过充分的描绘。从这些诗篇中，人们绝对猜想不到，诗篇的各国的高贵的作者住过或者到过高大的城堡，眺望过远方的景色。就是在流浪教士的拉丁诗里边，也看不到远景——所谓纯风景——的描写，但有时对于眼前景物的美轮美奂的描绘却是任何骑士诗人所不能超越的。有什么样的描绘能够和12世纪的意大利诗人所写的那一幅“爱的丛林”的图画相比呢？

住在那儿的人，长生不老；那儿的树木，无不以自己的果实自豪；条条道路上，没药、肉桂和豆蔻的芳香缭绕——主人不出门可以猜想到……

总之，在意大利人心目中，大自然这时已洗刷掉罪恶的污染，摆脱了一切恶魔势力的羁绊。阿西西的圣弗兰切斯在他的《太阳颂》里边，率直地赞美上帝对于天体和四行的创造。

(资料来源：[瑞士]雅各布·布克哈特. 意大利文艺复兴时期的文化[M]. 何新，译. 北京：商务印书馆，1979.)

思考：为什么说自然美是永恒的，是旅游的源泉之一？

2.1 旅游的起源与分期

2.1.1 旅游的起源

旅游起源问题一直是旅游研究中的一个难点问题，尽管在古代文献典籍中有大量的旅行和旅游方面的记载，但由于缺乏研究方法论作为指导，相关的学术探讨一直较少，仅有的一些成果也是争议较多，可以说是众说纷纭，莫衷一是。

有学者认为，古代只有旅行而没有旅游，旅游出现于近代。美国旅游人类学家史密斯(Smith)认为，“旅游是新生事物，即使在某些定义中商业旅行也被视为旅游的一种，旅游的起源还是相对更近代”。李天元《旅游学》一书中关于“19 世纪以前的旅行活动的发展”的论述，在关于古代有没有旅游的认识上与史密斯持近似观点。西方新社会文化史代表人物之一的安东尼·马克扎克(Anthony Markzuker)在其所著的《旅行社会史》中认定，直到 19 世纪中叶，托马斯·库克创办世界上第一家旅行社，真正意义上的人类的旅游活动才开始。申葆嘉也认为，旅游现象是市场经济发展的产物，它出现于英国产业革命之后，在此之前属于游乐旅行时期。

但也有学者认为史前就有旅游。王淑良认为，旅游作为人类社会的实践活动，与人类社会发展史相始终，即有人类社会就有旅游。章必功认为，“黄帝本人也就无可非议地兼任了汉民族旅游文化的开山大师”，人类的旅游活动始于原始社会时期。或者为以上两种认识的折中，如方百寿“不认为史前时期就出现了旅游，只能说出现了造成客观效果的旅游的源头，当时绝没有旅游的动机和目的，但也不会晚到 19 世纪才出现”。或者认为旅行与旅游基本相通，如郑焱认为，“在很遥远的时代，我们的祖先就已知晓旅行是指人们离开自己的定居地，到异地他乡游览观光，并能在物质上和精神上得到一定程度满足的活动，而这与现代旅游的概念恰好是基本相通的”。

事实上，旅游作为“人类最基本的活动之一”，既有本能的自然属性，又有客观的社会属性。旅行是人的有目的的空间位移，其与旅游关系密切：旅游中包含旅行，但旅行不一定是旅游，旅游者的空间位移带有特定目的。从人类发展史可以看到，旅游会随着社会的发展而发展，旅游观也会随着社会的发展而改变。

2.1.2 旅游的分期

原始社会的人类，由于生产工具的落后，生产力十分低下，劳动所获除维持生存之外，没有什么剩余产品。他们活动只限于在氏族部落范围内进行。只有当气候发生恶劣变化、食品极为短缺或部落之间发生战争，人类才不得不离开他们的住地，从一个地方迁移到另一个地方。这些迁移活动都是出于谋求生存的需要，它们的被迫性和求生性都说明它们不属于现今意义上的旅游活动。

纵观世界旅游的发展历史，大致可以分为三个时期，见表 2-1。

表 2-1 旅游活动的发展历史

历史阶段	古代旅游	近代旅游	现代旅游
时间	19 世纪 40 年代以前	19 世纪 40 年代至第二次世界大战结束	第二次世界大战结束后到现在
旅游需求	个体需求	群体需求	大众需求
产业特征	前产业化阶段	初级产业化阶段	高级产业化阶段

1. 古代旅游

在这几千年的漫长历史时期中，人类社会经历了奴隶社会、封建社会、资本主义社会前期等几个不同质的社会形态，生产力水平有了很大提高。但是，从旅游活动的内容和方式来看，它们有着共同的特点。

(1) 社会生产力的发展还没有引起交通工具的重大变化，交通仍不发达，主要是依靠以自然力、人力、畜力为主的船、车等。人们外出旅游都是步行、乘坐木船和帆船、骑马等，即使到了 19 世纪上半叶，最高级的交通工具还是四轮马车和大型船只。

(2) 参加旅游的人数很少，多半是皇室、贵族、僧侣等特权阶层。这些人由于攫取了群众的劳动成果，拥有旅游所必需的自由时间和多余钱财。而一般劳动者都在为生存而忙碌，他们被排除在旅游的行列之外。

(3) 旅游的活动范围很小。不发达的交通工具，不允许人们到很远的地方去旅游，类似于今天的洲际旅游和国际旅游是很难发生的。只有极个别的人，出于探险和经商的目的，用毕生的精力和生命，创下那个时期长途旅游的历史。

2. 近代旅游

18 世纪末叶，英国的产业革命使人类社会的经济生活发生了巨大的变化，导致了手工业工具逐渐为机器和机动工具所代替，引起了重大的社会经济变革，也使人类的旅游活动产生了质的变革。这一时期的旅游有如下几个特点。

(1) 火车和轮船已相当的发达，使旅游的规模、范围和内容都发生了巨大变化。1825 年，当第一条铁路在英格兰通车时，贵族们的宁静生活被打乱了，他们抱怨道："整个王朝的脸被刺上了令人厌恶的花纹。"而对女演员范尼坎布(Fanny Kambhu)来说，乘坐火车旅游是一次神奇的经历，她说："如果你不亲眼目睹一下，你就无法相信那具有魔术般奇迹的机器是如何疾驰在白色的烟雾中，用那和谐的节奏、一成不变的速度前进的。"

(2) 旅游的队伍扩大了，中产阶级加入了旅游者的行列。产业革命使中产阶级取代了原来的贵族，财富不断增加，他们也产生了享受乐趣的要求，其中包括旅游。

(3) 出现了作为经济行业的旅游业。火车的出现使参加旅游的人数增多，英国牧师托马斯·库克最早有组织地带领人们外出旅游，受到普遍欢迎，他于 1845 年创立了世界上第一家旅行社。此后在欧洲各地出现许多类似的组织，作为经济行业的旅游业应运而生。

3. 现代旅游

第二次世界大战后，世界的政治形势呈现相对稳定状况，社会生产力的迅速恢复和发展，推动了旅游业的迅猛发展。其特点如下：

(1) 交通工具有巨大的发展。除火车、轮船外，飞机和汽车成了主要的交通工具，旅游活动发生革命性的变革。飞机投入民用，客观上缩小了地球的空间距离，国际旅游和洲际旅游都成了人们向望的旅游方式。

(2) 旅游成为群众性的活动。如果说古代和近代旅游的主体是富有者，那么在现代旅游阶段，劳动群众已成为旅游活动的主要参与者。

(3) 旅游业成为了国民经济的重要组成部分。无论是经济发达国家还是发展中国家，都已认识到现代旅游业在政治、经济和社会文化方面的重要作用。1992年，国际旅游业以年流量5亿人次，年消费3 000亿美元，就业人数1.2亿人的规模，正式宣告旅游业超出石油、汽车、钢铁等传统的巨头工业，成为世界上的第一大产业，至今没有易位。据世界旅游组织预测到2020年达到16亿人，国际旅游消费将达到2万亿美元。

2.2 古代旅游

2.2.1 中国古代旅游的嬗变

作为四大文明古国，中国是世界上旅行游览活动兴起最早的国家之一。传说黄帝“作舟车以济不能，旁行天下”，“迁徙往来无常处”，虽然主要是为了谋生的需要，但却反映了原始社会末期人们经常迁徙流动的情况。

到了先秦时期，天子巡游，政治和经商、游学旅行已有了一定的发展。“观国之光，利用宾于王”，天子巡游具有政治和享乐双重目的，周穆王是其中的典型代表。周穆王酷好旅行，“昔穆王欲肆其心，周行天下，将皆必有车辙马迹”。《穆天子传》中还记述了周穆王西行的故事和路线，甚至有人认为周穆王西巡远达波斯(今伊朗)，是中国通往西方道路的最早开辟者。周朝已建立起较完善的为公务人员旅行提供饮食住宿的国有庐舍侯馆。《周礼·地官司徒》写道：“凡国野之道，十里有庐，庐有饮食。三十里有宿，宿有路室，路室有委。五十里有市，市有侯馆，侯馆有积。”

商朝是中国奴隶经济繁荣时期，商品经济发达，商人的足迹，已经走遍了他们所知道的世界。到春秋战国时期，商业有了更大的发展，许多大商人负货贩运，周游天下。这一时期，最为突出的是诸子百家，齐相争鸣，他们广纳弟子，纵横捭阖，游说四方。曾有弟子三千、贤者七十二的孔子带领部分弟子周游列国达14年。孟子也曾率领弟子“后车数十乘，从者数百人，以传食于诸侯”，声势颇为浩大。

秦汉国家统一，幅员辽阔，社会稳定，国力强盛，远行是这一时期旅游活动的主题。据《史记》记载，统一后的秦朝，“车同轨”，“一法度衡石丈尺”及“书同文字”，并大兴驰道、直道及配套的馆舍、邮驿等设施，形成了以咸阳为中心四通八达的全国道路网。这些为远距离旅行提供了良好的条件。秦始皇称帝十年间，泰山封禅，东临碣石，南下会稽，进行了数次大规模的远巡。汉武帝更是先后巡游各地达30次之多，“巡荆扬，辑江淮物，会大海气，以合泰山。上天见象，增修封禅。其赦天下”，甚为豪迈。司马迁二十岁起就开始旅行活动，“南游江、淮，上会稽，探禹穴，窥九疑，浮于沅、湘；北涉汶、泗，讲业齐鲁之都，观孔子之遗风，乡射邹峄；厄困鄱、薛、彭城，过梁、楚以归”。张骞行程万里，历经艰险，开辟了通往中亚和欧洲的丝绸之路，此后使者商人不绝于此道。

魏晋南北朝是中国旅游史上的重要转折时期，社会动荡，文化活跃，少了秦汉万里漫游的恢弘之气，多了超凡脱俗、返璞归真、寄情山水的哲学、宗教色彩。“旅游”一词，在中国古籍中最早就出现在南北朝时期。梁朝诗人沈约在《悲哉行》中写道：“旅游媚年春，年春媚游人。”士人们为避祸而寄情于山水之间，山水文学与山水画创作达到相当的高度。阮籍、嵇康等常常联袂出游，竹林中畅饮，人称“竹林七贤”。南朝谢灵运因爱好山水，不问政事，被免官后，更是遨游于山水间。南北朝佛教兴盛，使节往来，王公贵族，士大夫旅行，不愿与商旅混住，乐于寓居环境幽雅的僧舍，出现了“江南多以寺僧停客”的情况。这一风气，一直延续到明清。

唐朝疆域广阔，文化兴盛，经济繁荣，为世界最强盛的帝国，旅游极为发达。唐鼎盛时期，70 多个国家的外交使团和 3 万多名外国留学生，使长安呈现出一派“万国衣冠拜冕旒”的盛大景象。波斯、大食商人聚居区“胡食”、“胡装”与“胡俗”流行。广州每年来华的外国商人和游客至少在 80 万人以上。同时，隋唐开始实行科举制度，文人赶考，云集都城。他们纵情于诗酒，交游于名胜，甚为常见。获得官职俸禄的文人，又随着离京赴任，宦游于唐帝国的四面八方。唐朝民间节日郊游的习俗已十分普遍。元宵观灯，上巳修禊，清明踏青，重阳登高。盛唐时，政府鼓励游乐，“百官于春月旬休，选胜行乐……各赐五千缗”。“旬假”休息制度实行，使民众“例得寻胜地宴乐”，以至于出现“长安水边多丽人”及“幄幕云合，绮罗杂沓，车马填阗，飘香坠翠，盈满于路”的盛况。

宋元时期，“舟船继路，商使交属”，海外贸易发达，迨至元朝，中国已与 140 多个国家或地区建立了海上贸易往来。广州、杭州、泉州、扬州等港埠，开辟有专供外国人居住的“番坊”，摩洛哥旅行家伊本·白图泰(Ibn Battuta)在游记中讲到，杭州当时有大城，“第二城是犹太人、土耳其人及基督徒的圣居之处。第三城皆回教徒所居，此处甚优雅。市场之布置，与西方信回教国相同”。由此可见，当时，外国人来中国经商旅行之盛况。元朝进一步扩大开放，海陆交通网络覆盖了亚洲大陆的广阔地区，并直达东欧多瑙河畔。东亚、西亚之间的旅行，“如行国中”，“适千里者如在户庭，之万里者如出邻家”。

明朝中后期城市与商品经济发达，旅游活动空前普及化、大众化，形成了全国性的旅游热潮。许多大城市附近的风景区都成为庶民聚集的旅游地，以宗教信仰为表征的进香活动，民间的庙会大量涌现，成为新的节庆，由此带动了旅游。士大夫热衷于炫耀式的旅游消费，借此显示其身份与地位。当时富庶的江南，旅游最为发达，史称吴人好游，“春初西山踏青，夏则泛观荷荡，秋则桂岭”。而杭州西湖“歌声满道，箫鼓声闻”。在这种旅游热潮之孕育下，涌现出著名旅行家徐霞客。徐霞客“问奇于名山大川”，从 22 岁开始出游考察，在此后 30 多年间，足迹遍及远至云南的 16 个省及北京、天津、上海等地。郑和七下西洋，更是促进了中西文化与经济的交流与发展。但郑和之后，明末直至清朝，闭关锁国的政策导致国际交流倒退，传教士来华是这一时期少见的亮点。早在宋元时期，罗马教会就曾来华访问，明朝中期以后明显增加，到明末清初，平均每年约有 30 名传教士进入中国。

2.2.2 中国古代旅游类型

旅游作为人类的一项特殊的社会活动，决定了在远古生产力极不发达的条件下，旅游只是少数人的专利，准确地说，只是少数有权、有钱、有闲人的活动。旅游的发展，无论是从质量上还是从数量上来看，都是由低级到高级的一个转化过程。在古代中国，旅游主要是以帝王巡游、文人漫游、科考旅行、宗教朝觐远足等形式出现。

1. 帝王巡游

帝王巡游是指历代最高统治者对自己所管辖的国家或领土所做的巡视游览活动。通过巡游，帝王一则可以炫耀自己至高无上的权威，威加四海，观察政情民风，以稳固统治；二则可以饱览风光，享受美景，祭祀封禅，以娱乐身心。

我国有史记载最早的天子巡游，是周穆王西行漫游。据说，有一天穆王做了个梦，梦中名叫“化人”的人邀请他去化人国旅行。于是，穆王选了一个吉祥的日子，从成周(今洛阳市东南)启程，任用善于养马、驾马的造父为车夫，由七队勇士护卫，沿太行山西侧北进，经过今青海省东南的积石山，到达昆仑山，拜见西王母，并把带去的礼品奉献给西王母，宾主欢聚一堂。之后，穆王又北上到达巴基斯坦的瓦罕，最后回到喀什东归。穆王西行，在时间上耗费两年有余，行程三万多里，经过了河南、山西、河北、内蒙古、青海、甘肃、新疆等地，一直到达今天的中亚地区。其所走的路线，与后来张骞出使西域的路线基本相同，所以他不愧是中国历史上的大旅行家。

《史记·五帝本纪》载：黄帝打败炎帝后巡游天下，“东至于海，登丸山，及岱宗。西至于空桐，登鸡头。南至于江，登熊、湘。北逐荤粥，合符釜山，而邑于涿鹿之阿。迁徙往来无常处……”尧在位时也常巡游天下，发现舜为人孝悌，选定其为继承者。为了考验舜是否具备充当部落首领的能力，“使舜入于山林川泽，暴风雷雨，舜行不迷，尧以为圣”，便命其摄政。舜摄政及即位后，多次巡游，当他最后一次南巡时，“崩于苍梧之野。葬于江南九疑，是为零陵”。舜的继承人禹代父治水，“行山表木，定高山大川”，“居外十三年，过家门而不敢入”。禹即位后，又巡游天下，不幸病逝于会稽。周朝帝王巡游前，要举行盛大的仪式祭告神灵。秦始皇统一中国后，先后进行五次大规模的巡游。汉武帝在位期间，东巡十三次，西巡六次，向北向南各一次。东汉开国皇帝刘秀多次巡游。隋炀帝为游江而开凿大运河。清代的康熙、乾隆均六下江南。帝王巡游主要以威加四海、控临天下、宣扬其文治武功为主要目的，以娱乐和求仙为辅。

2. 文人漫游

古代文人的旅游活动都直接或间接地与做官、游学有关。孔子周游列国，为的是推广其政治主张。孔子在外十四年，游历宋、卫、陈、蔡、齐、楚等国，广泛宣传儒家思想。在周游列国中，面对老百姓的颠沛流离，孔子斥责暴君“苛政猛于虎”；在日常游历中，他看到江水汩汩而去，慨叹“逝者如斯夫！不舍昼夜”，以此激励后人把握时光，奋发向上。长期的旅游经历，形成了孔子和谐自然与和谐社会相统一的“天人合一”的儒家思想。孔子还提出“父母在，不远游”的近游观。这种观点反映了生产力低下时期的时代特点。孔子近游观的目的是实现“老者安之，少者怀之”的仁政思想。所以，纵览孔子的旅游观，孔子从未把“旅游”看做一种纯粹的游乐行为，而处处与儒家的仁礼思想、义利观、尚古意识和“与民偕乐”观相融合，给后世相当影响。

司马迁因是史官，他“二十而南游江、淮，上会稽，探禹穴，窥九疑，浮于沅、湘，北涉汶、泗，讲业齐鲁之都，观孔子遗风”，又多次随汉武帝巡游。李白“一生好入名山游”，实际上是其仕途不顺的结果，但也是其成为“诗仙”的一个重要原因。李时珍多次远行考察，历经千辛万苦，搜集民间单方验方，最后写成《本草纲目》。大旅行家徐霞客是中国历史上著名的旅行家，他从 22 岁起，先后游历 30 余年，足迹遍及华东、华北、东南沿海、云贵高原等地区，写下了 40 万字的旅行日记《徐霞客游记》。清初著名学者顾炎武大半生漂流于北方，往来秦、晋、冀、豫、齐、鲁之间。他每到一地，都记录相关事实，“皆作蝇头小楷，万字如一”。顾炎武的《昌平山水记》、《菰中随笔》等可作为他一生爱好游学的明证。

3. 科考旅行

科考旅行是指后人对前人的遗著的正误进行考证或探索世界奥秘而形成的治学和旅游相结合的实践活动。这是自古以来“读万卷书，行万里路”的中国优秀文化传统之一。一些文人学者或矢志求学之士，通过长期艰苦的实地考察旅行，在学术上和科学上取得巨大成就的同时，也成为著名的旅行家。郦道元为了写《水经注》，先后两次随北魏孝文帝出游，历时两年，行程万里。沈括年轻时便随父游历大江南北，据史书记载，他“凡所到之处，莫不询究，或医师，或里巷，或小人，以至士大夫之家，山林隐士，无不求访”。在考察了风景秀丽、诸峰峭拔险怪的雁荡山后，沈括断定雁荡奇峰的形成“当时为谷中大水冲激，沙土尽云，唯巨石岿然挺立耳”。在奉命出使途经太行山麓时，沈括发现“山崖之间，往往衔螺蚌壳及石子如鸟卵者，横亘石壁如带”，由此他推测说“此乃昔之海滨，泥沙淤积而成陆地”。这些判断已被今日科学所证实，沈括也就成为科学解释我国华北地质形成的第一人。《徐霞客游记》以日记体裁详细地记录了中国明代著名旅行家和地理学家徐霞客一生旅行生涯中的所见所闻，包括山川河流、气候植被、风俗人情等，既富有文学色彩，又具有重要科学价值。李时珍在编写《本草纲目》的过程中，远涉深山旷野，遍访名医宿儒，搜求民间验方，观察和收集药物标本。除湖北、湖南外，李时珍还到过江西、江苏、安徽等地。盛产药材的江西庐山和南京的摄山、茅山、牛首山，都有他的足迹。

4. 宗教远足

宗教的产生是人类精神活动的产物。早期人类对风雨雷电、江河湖海、高山巨川、日月星辰等理解不深，从而产生敬畏，继而开始膜拜、祈祷活动。人类自从脱离动物界变成理性动物后，就开始了对自然界、人类社会和人的自身的来龙去脉的思考。宗教远足是以取经拜佛、寻仙求福、布道施法为目的的一种古老的旅行方式。它历史久远，即使在今天，也是一种影响深广的旅游方式。

佛教徒为了坚定宗教信仰，超脱人世的苦海和追求来世的幸福，以常人所没有的偏执气质和无畏精神，在旅游活动中独树一帜：去发别亲的“无父”行为，使其超脱了“孝”的羁绊，敢于父母在而远游。佛教寺庙大多建在名山之中，故有“天下名山僧占多”之说。葛洪在《抱朴子·金丹篇》中所描述的道教中的“仙境”：华山、泰山、霍山、恒山、嵩山、少室山、长山、太白山、终南山、女儿山、地肺山、王屋山、抱犊山、安丘山、潜山、青城山、峨眉山、经山、天台山、罗浮山等，也大多为中国的风景胜地。在虔诚信仰的激励下，他们跨越高山，远涉重洋，去西天取经，到海外传法，出现了中国古代鲜见的冒险旅游和航海旅游。东晋的法显，唐代的玄奘、义净从不同的路径远去印度；鉴真六次东渡日本等。

道教是中国本土宗教。在秦汉时期，为求长生不老，秦始皇、汉武帝就曾派高士走访奇山异水，人们将这些高士的活动称为仙游。魏晋时期，随着道教的兴盛，参加者不仅有道士，文人墨客、宦海官吏、普通百姓都加入到这一行列中来。葛洪是东晋时期著名的道教领袖，擅丹道，习医术，研精道儒，学贯百家，思想渊深，著作宏富。他不仅对道教理论的发展卓有建树，而且于治术、医学、音乐、文学等方面亦多成就。

5. 外交旅行

所谓外交旅行，是指为了达到某种政治或经济目的，肩负国家使命而进行的一种旅行方式。这种旅行在中国最早起始于先秦时代，突出表现在烽烟四起的争霸年代，各诸侯国之间，士人频繁的外交游说。苏秦、张仪就是这样的典型代表。到了西汉时期，著名外交家张骞两次出使西域，则是中国旅行史上浓墨重彩的一页。

在汉代以前，西域对几乎所有中原人而言都是十分陌生的神秘地方。西汉初年的时候，虽然人们逐渐从东西往来的商人的描述中了解到西域的一些情况，引起了汉朝人的好奇心，但由于交通不便，西汉人对西域的了解，总是一鳞半爪。汉武帝时期，汉朝北部边境经常受到匈奴族的袭扰。为了抗击匈奴，汉武帝派张骞出使西域，联合大月氏人，一起夹击匈奴。公元前 139 年，张骞一行人途径匈奴时，被匈奴人抓获，扣留达 10 年之久。他采取韬光养晦之计，使匈奴人放松警惕。后来，张骞抓住一个机会和少数随从逃跑，张骞在东归返回的途中，再次被匈奴人抓获，后又趁匈奴内乱逃回长安。张骞前后用了 13 年时间，出发时带的随从 100 人，返回时，只剩下一人同行。公元前 119 年，汉王朝为了进一步联络乌孙国，断“匈奴右臂”，便派张骞再次出使西域。张骞西行，沟通了亚洲内陆交通要道，与西欧诸国正式开始了友好往来，促进了东西方经济文化的广泛交流，开拓了从我国甘肃、新疆到今阿富汗、伊朗等地的陆路交通，即著名的“丝绸之路”，因而他完全可称为“中国走向世界的第一人”。

6. 商务旅游

中国历史上的商务旅游活动开展得较早。在中国古代社会，不仅各地漕运水路四通八达，驿道陆路遍及各地，而且西南各省有栈道，沿海地区有海运。商路的开辟，为商旅的兴起提供了前提，是商务旅游发达的重要标志。史书上记载的“肇牵车牛远服贾”(《尚玉·酒浩》)就属于殷末周初商人的商务旅游活动。在《周易》中有许多围绕商务旅行的内容。例如，“复卦”中的第二个爻辞说“休复，吉”，意思说是商旅美满地归来。《左传》中称“商农工贾，不败其业”，将商人列为四民之一，并肯定了商人在社会物质流通中所起的作用。战国时期，商务旅行进入了发展阶段。例如，阳瞿(今河南省禹县)巨商吕不韦就曾长途跋涉，到赵国邯郸经商，并在此结识了秦国公子异人。他通过扶持异人为王而使自己也当上了秦国相邦。西汉初年，统治者实行休养生息政策，商业和商务旅行都得到了长足的发展。明代还实行严厉的海禁政策，以致中国的航海者“害怕大海，不习惯远航”，“除非迫于无奈，才远离陆地”。从总体上看，在几千年的封建社会里，统治者大多“重农抑商”，所以除了以上所说的吕不韦和清朝末年知名商人胡雪岩之外，很难在中国几千年封建历史中看到其他大商人的身影，史书对历代商人经商活动的具体记载也很不充分。而自先秦至明清，商人的存在毕竟是事实。此外，古代社会交通不便，山林草泽密布，社会服务业不发达，所以出门在外风险不少，饥饿、疾病和死亡时常威胁着在外行商的游子，这也造成了中国古代商务旅游的诸多艰难。

7. 节令旅游

我国古代普通劳动人民基于生产方式、经济基础、政治制度等各方面的原因，绝大部分没有旅游活动。即使外出，也是兵役、徭役、劳役等国家强制性的活动。但城市庶民与农民相比有一定的机会外出，但范围是相对较近的“短途旅游”。他们的近游活动既包括踏青，也包括市内的节庆娱乐活动。几乎历代首都附近都有一个旅游胜地供市民游览，如唐朝长安的曲江池、北宋汴梁的金明池。南宋建都临安，使杭州迅速发展为繁华之地，市民旅游重心在西湖。吴自牧《梦粱录》卷二记清明节时，官员市民借省坟之际，前往西湖等地游玩，“车马往来繁盛，填塞都门。宴于郊者，则就名园芳圃，奇花异木之处；宴于湖者，则彩舟画舫，款款撑驾，随处行乐”，市民无论贫富，“倾城而出，笙歌鼎沸，鼓吹喧天，虽东京金明池未必如此之佳”，直到“红霞映水，月挂柳梢”之际，游乐活动“尚犹未绝”。

2.2.3 西方古代旅游类型

西方旅行和旅游活动也是最早产生于古埃及、古巴比伦和古印度等文明古国，还有经济、政治和文化比较发达的古希腊和古罗马。西方古代旅游大致可分为 5 种类型。

1. 哲人的求真旅游

西方旅游文化的核心是欧洲，而古希腊、古罗马又是欧洲旅游文化之源。由于古希腊人的理性精神和古希腊实行的开放政策，促使古希腊的学者经常到国外去旅行和游历。数学家毕达格拉斯游遍了地中海沿岸；阿基米德曾去亚历山大里亚和埃及游学；亚里士多德在小亚细亚地区旅游和讲演。古希腊最著名的旅行家非希罗多德莫属。希罗多德将文化人类学家、地理学家、自然学家和历史学家的角色结合到了一起，他的旅游足迹遍布地中海世界，被罗马著名的政治家西塞罗称为“历史学家之父”。他在其游历作品中虽然集中叙述希波战争，但同时也是对近东和希腊各种文化的记叙。希罗多德的亲身经历和在旅游中收集的大量口头素材使得他的叙述十分生动。希罗多德喜欢把希腊文化和非希腊文化做比较，并对各地的风俗进行分析，得出了这样的结论：“风俗，天地之王，既主宰着众生，也引导着神灵。”从有关希罗多德史料和他本人的作品，还可以知道他到过许多地方：除小亚细亚诸城市外，还可以举出希腊本土、马其顿、埃及、腓尼基、叙利亚、黑海沿岸、意大利南部和西西里等地。就当时的条件而论，他见闻之广应当说是罕见的，所以后来称他为“旅行家之父”。

古罗马时期，农学家科路美拉在西班牙和意大利都有庄园，在各地旅游考察和观察实验的基础上，写成《农业论》12 卷；史学家普鲁塔克和文学家奥维德都曾周游各地。阿拉伯帝国时期，穆罕默德曾教导信徒们：“学问虽远在中国，亦当求之。”阿拉伯的旅行家和历史学家马苏第，曾游历埃及、巴勒斯坦、印度、锡兰(今斯里兰卡)、中国等地。

2. 商人的商务旅游

在地中海这个西方文明的摇篮里，古代的萨摩人和腓尼基人奔波于各地经商，他们算得上是最早的旅行者。早在公元前3000年，商业旅行就在腓尼基产生。被称为“海上民族”的腓尼基，很早就有发达的商业和手工业，造船业在当时世界领先，这为腓尼基人的商业旅行提供了条件。公元前8世纪，希腊人与地中海的其他民族，如腓尼基人、埃及人、叙利亚人和伊特鲁立亚人，就开始了大规模的贸易往来。希腊人用他们的酒、油、毛、矿物、陶器、武器、奢侈品、书等物品，去换回腓尼基的水果和肉类、黑海的鱼、小亚细亚的坚果和塞浦路斯的铜、英格兰的锡等。为了鼓励外国商人的到来，希腊人还出台了一系列优惠措施。例如，雅典的优良港口一律对外开放，外国商人可以带走他们所赚的真金白银等。一时间，地中海成了历史上第一个庞大的“共同市场”。古罗马时期，罗马、亚历山大里亚等大城市成为商品集散地和内外贸易枢纽，地中海变成了“内湖”，海上航路、内陆河道、陆上通道和古老商道成为内外贸易的动脉，“条条道路通罗马”遂成为世界名谚。后面所提到的“古代冒险家的航海旅游”实际上是商务旅游的极端表现形式。

3. 使徒的传教旅游

宗教旅行最鼎盛的时期是在古希腊时代。古希腊的提洛岛、特尔斐和奥林匹斯山是当时著名的宗教圣地。在建有宙斯神庙的奥林匹亚，奥林匹亚节是最负盛名的盛典，宙斯神大祭之日，前来参加者不绝于道。节庆期间，举行赛马、赛车、赛跑、角斗等体育活动。早在《荷马史诗》记载的年代里，希腊人就开始进行各种体育运动，人们从四面八方赶来，一睹心目中偶像的风采。古代奥运会自公元前776年开始，到公元394年被罗马人废除，每四年一次，共持续了一千多年。奥运会对于希腊人来说是一个真正的欢乐的节目，它无疑刺激了希腊人的各种旅游活动，为举办地带来了勃勃生机。这种活动一直延续至今，发展成了现代的奥林匹克运动会。当时的奥林匹亚庆典，纯属一种宗教活动，但它却促进了周围剧院的建立和宗教旅游的发展。后来，宗教旅行逐渐遍及全球，成为一种世界性的旅游活动。

基督教在西方的创立，使得一批忠实的信徒游走四方，传播教义。基督及其门徒就在亚洲、非洲、欧洲交界的广大地区宣传其信仰。“使徒”因游走四方、居无定所而得名。他们走到哪里，就在哪里讲道，随地而居，随处而食，乞食为生。随着罗马帝国的覆灭，基督教势力急剧扩张，使教士传教旅行得以迅猛发展。在漫长的中世纪里，基督教成为凌驾于世俗封建王权之上的政治力量，更加促进了教士传教旅行的超长发展。教皇专门组织了游乞僧团，宣传教义、压制异端，四处游荡布道。13世纪40年代，先后有教士普拉诺·卡尔比尼一行、古尔奥修·鲁布鲁克一行到达蒙古金帐汗国首都哈尔和林(今蒙古国境内)。1293年，意大利教士约翰·蒙迪科维诺(John Montecorvino)到中国传教35年；意大利教士鄂多立克(Friar Odoric)于1318—1330年在亚洲游历12年，曾到杭州和北京；1342年，法国教士马黎诺里(Marignolli)穿过亚洲大陆抵达元大都(今北京)，居住传教 4 年后从刺桐港(今泉州)通过海上丝绸之路回国。

4．骑士的行侠旅游

骑士行侠仗义的旅游，是中世纪封建社会制度的产物。法兰西王国是骑士制度发展的中心，11 世纪末，骑士制度在此首先形成。欧洲盛行的长子继承制使那些次子们源源不断地加入骑士队伍。这些来自中小地主和富裕农民家庭却不能继承传位的次子们，不得不替大封建主打仗，从他们那里获得土地和其他报酬，成为小封建主。随着骑士土地成为世袭，固定的骑士阶层便形成了。骑士的道德标准是忠诚、荣誉和英勇。他们有为保卫崇高的事业而作战的义务，特别是作为教会的战士，有用矛和剑为促进教会利益而战斗的义务。在骑士身上，古希腊、古罗马时期形成的冒险旅游性格得到了充分的发挥。

5．冒险家的航海旅游

皮西亚斯(Pytheas)是西方最早以旅游著名的古希腊人，公元前 325—公元前 320 年，他领导的探险队从马西里亚(今法国马赛)出发，向西绕过直布罗陀海峡，向西北欧海岸进行了首次航行。他穿过拉芒什海峡(今英吉利海峡)，到达一个大岛的西南海角，他把这个岛命名为“不列颠”，是第一个考察并测绘了属于不列颠群岛的数十个岛屿的人。他在向北航行时还接近了“冰海”，因此被认为是历史上第一个极地旅行家。古罗马时期，航海旅游更加频繁。8—9 世纪，居住在日德兰半岛的诺曼人经营海上贸易，从事远距离航行，他们不但进入伏尔加河，航行到拜占庭帝国，还是最早进行横跨北大西洋旅行的人。

1487 年，葡萄牙人巴尔托洛梅乌·迪亚斯(Bartholmeu Dias)航海发现了好望角；1492 年，代表西班牙政府的哥伦布(Columbus)成为抵达美洲大陆的第一人；1498 年，葡萄牙人瓦斯科·达·伽马(Vasco da Gama)渡过印度洋到达印度；1519—1521 年，费迪南德·麦哲伦(Ferdinand Magellan)越过大西洋，到达美洲南端的麦哲伦海峡，横跨太平洋后，费迪南德·麦哲伦本人死在菲律宾，其船队中的一艘船，第一次完成了环球航海旅行。

阅读资料 2-1

世界历史旅游名人——马可·波罗

马可·波罗(Marco Polo)是著名的旅行家和商人。1254 年生于意大利威尼斯一个商人家庭，也是“旅行世家”。他的父亲尼科洛(Niccolo)和叔叔马泰奥(Mateo)都是威尼斯商人。马可·波罗小时候，他的父亲和叔叔到东方经商，来到元大都(今天的北京)，并朝觐过蒙古帝国的忽必烈大汗，还带回了大汗给罗马教皇的信。他们回家后，马可·波罗天天缠着他们讲东方旅行的故事。这些故事引起了马可·波罗的浓厚兴趣，使他下定决心要跟父亲和叔叔到中国去。

图 2.1　马可·波罗

1271 年，即马可·波罗 17 岁时，父亲和叔叔拿着教皇的复信和礼品，带领马可·波罗与十几位旅伴一起向东方进发。他们从威尼斯进入地中海，然后横渡黑海，经过两河流域来到中东古城巴格达，从波斯湾的出海口霍尔木兹乘船直驶中国。然而，这时却发生了件意外事件。当他们在一个镇上掏钱买东西时，被强盗盯上了。这伙强盗乘他们晚上睡觉时抓住他们，并把他们分别关押起来。夜半时，马可·波罗和父亲逃了出来。当他们找来救兵时，强盗早已离开，除了叔叔之外，别的旅伴不知去向。

马可·波罗和父亲、叔叔来到霍尔木兹，一直等了两个月，也没遇上去中国的船只，只好改走陆路。这是一条充满艰难险阻的路，是让最有雄心的旅行家也望而却步的路。他们从霍尔木兹向东，越过荒凉恐怖的伊朗沙漠，跨过险峻寒冷的帕米尔高原，一路上跋山涉水，克服了疾病、饥渴的困扰，躲开了强盗、猛兽的侵袭，终于来到了中国新疆。一到这里，马可·波罗的眼睛便被吸引住了。美丽繁华的喀什、盛产美玉的和田，还有处处花香扑鼻的果园。

马可·波罗他们继续向东，穿过塔克拉玛干沙漠，来到古城敦煌，瞻仰了举世闻名的佛像雕刻和壁画。接着，他们经玉门关见到了万里长城。最后穿过河西走廊，终于到达了上都——元朝的北部都城。这时已是 1275 年的夏天，距他们离开祖国已经过了四个年头。马可·波罗的父亲和叔叔向忽必烈大汗呈上了教皇的信件和礼物，并向大汗介绍了马可·波罗。大汗非常赏识年轻聪明的马可·波罗，特意请他们进宫讲述沿途的见闻，并携他们同返大都，后来还留他们在元朝当官任职。

聪明的马可·波罗很快就学会了蒙古语和汉语。他借奉大汗之命巡视各地的机会，走遍了中国的山山水水，中国的辽阔与富有让他惊呆了。他先后到过新疆、甘肃、内蒙古、山西、陕西、四川、云南、山东、江苏、浙江、福建及北京等地，还出使过越南、缅甸、苏门答腊。他每到一处，总要详细地考察当地的风俗、地理、人情，在回到大都后，又详细地向忽必烈大汗进行了汇报。

17 年很快就过去了，马可·波罗越来越想家。1292 年春天，马可·波罗和父亲、叔叔受忽必烈大汗委托，护送一位蒙古公主到波斯成婚。他们趁机向大汗提出回国的请求。大汗答应他们，在完成使命后，可以转路回国。

1295 年年末，他们三人终于回到了阔别二十四载的亲人身边。他们从中国回来的消息迅速传遍了整个威尼斯，他们的见闻引起了人们的极大兴趣。他们从东方带回的无数奇珍异宝，一夜之间使他们成了威尼斯的巨富。1298 年，马可·波罗参加了威尼斯与热那亚的战争，同年 9 月 7 日不幸被俘。在狱中，他遇到了作家鲁斯蒂谦(Rustichello da Pisa)，于是便有了马可·波罗口述、鲁斯蒂谦记录的《马可·波罗游记》(又名《马可·波罗行记》、《东方见闻录》)。在《马可·波罗游记》中，他盛赞了中国的繁盛昌明：发达的工商业、繁华热闹的市集、华美廉价的丝绸锦缎、宏伟壮观的都城、完善方便的驿道交通、普遍流通的纸币等。书中的内容，使每一个读过这本书的人都无限神往。

《马可·波罗游记》记述了马可·波罗在东方最富有的国家——中国的见闻，激起了欧洲人对东方的热烈向往，对以后新航路的开辟产生了巨大的影响。同时，西方地理学家还根据书中的描述，绘制了早期的“世界地图”。

马可·波罗的中国之行及其游记，在中世纪时期的欧洲被认为是神话，被当做“天方夜谭”。但《马可·波罗游记》却大大丰富了欧洲人的地理知识，打破了宗教的谬论和传统的“天圆地方”说；同时《马可·波罗游记》对 15 世纪欧洲的航海事业起到了巨大的推动作用。意大利的哥伦布、葡萄牙的达·伽马、鄂本笃(Erbendu)，英国的卡勃特(Cabot)、安东尼·詹金森(Anthony Jenkinson)和约翰逊(Johnson)、马丁·费罗比歇(Martin Frobisher)等众多的航海家、旅行家、探险家读了《马可·波罗游记》以后，纷纷东来，寻访中国，打破了中世纪西方神权统治的禁锢，大大促进了中西交通和文化交流。因此可以说，马可·波罗和他的《马可·波罗游记》给欧洲开辟了一个新时代。

《马可·波罗游记》打开了欧洲人的地理和心灵视野，掀起了一股东方热、中国流，激发了欧洲人此后几个世纪的东方情结。许多人开始涌向东方，学习东方，以致欧洲经历了翻天覆地的变革。许多中世纪很有价值的地图，是参考游记制作的。许多伟大的航海家，扬帆远航，探索世界，是受到马可·波罗的鼓舞和启发。

马可·波罗东方之旅已经过去 700 多年了，但他的精神依然震撼着人们的心灵，激励着人们不断做出新的探索取得新的进展。将会有越来越多的人，走在由他所开辟的这条东西方交流之路上，并使之不断延伸拓展，越走越宽广、越走越平坦，超越时间、空间的局限，走向一个和谐的世界。

2.2.4 中西古代旅游类型差异及原因

1. 区域性文化特征

从中国传统文化赖以产生的独特环境来看，东面是浩瀚连天的大海，它阻隔了早期华夏先民与海外另一世界的沟通；西面是广阔无垠的沙漠戈壁和号称“世界屋脊”的青藏高原，生存条件极端恶劣；北面是高寒草地；而南方又多毒蛇猛兽，恶瘴蔽天。交通工具的滞后使早期的中国人极少形成集体性的外向发展意识。夏、商、周三代的中心地区在今天河南省、陕西省、山西省、河北省和山东省，这些地区正是当时自然条件最为优越的地区。因此，在这得天独厚的农耕环境中，自然形成了中国文化的自足性、内敛性和固拙性等特征。这也是农业文明带来的直接后果。欧洲人所处的濒海环境，其特点是“交通便利，宜于商业，贸迁远服，操奇计赢，竞争激烈”，所以形成了“主动”的文明。西方诸国濒临地中海和大西洋，航海旅行频繁，商务旅游发达。以求利为目的的航海旅行和商务旅游，塑造了西方人孤注一掷和勇猛进取的冒险性格。马克思的一段话，再明白不过地说明了这一问题，他说：“资本的祖国不是草木繁茂的热带，而是温带，不是土壤的绝对肥力，而是它的差异性和它的自然产品的多样性，形成社会分工的自然基础，并且通过人所处的环境变化，促使他们自己的需要、能力、劳动资料和劳动方式趋于多样化。”

2. 民族性格

民族性格是社会性格的一种表现。所谓社会性格，是同一种群体中所共有的心理特质和性格特点。从上述比较可以看出，中国传统民族性格具有稳健内敛的特征。一方面，中国古代不擅离家远游而善择近出游，因而少有冒险色彩，缺乏开拓精神；另一方面重视内陆旅游，排斥航海旅游。在旅游过程中，虽是注重山水的自然特征，可更多的是追求人与自然相互交融的境界，从一定程度上反映了中国古代天人合一的哲学观。诚然，具有这些特征的旅游风俗曾经创造过中国传统旅游文化的辉煌。但是，当世界从陆地走向海洋的转折时代一旦来临，其稳健内敛的特征就逐步蜕变成了保守和落后，不仅限制了中国古代旅游资源的开发和建设，而且对中国旅游文化的发展带来了消极影响。西方民族具有不同于中国的鲜明的民族性格特征。西方民族虽然成分复杂，民族性格有所不同，旅游风尚千差万别，但其冒险勇进、开放胸襟的基本特征是共同的，具体表现为：行为上善于冒险和探险，旅游中行为比较张扬，喜欢表现自我；观念上具有与中国传统社会求生意志不同的求胜意志。西方旅游者具有外向性格，喜欢对自然和客观世界的探察。西方民族冒险勇进、外向探求的性格特征，是相对于东方民族而言，而且是从总体上来看的。若就西方各国之间进行细致考察，可以发现不同国家在民族性格上有着程度上的差异，这一点是值得注意的。

3. 旅游审美观

中国偏重于将精神性体验与物质性体验结合在一起。在对自然物质的欣赏中，中国的旅游审美文化又是一种强调发现自然本质的艺术。有人把这种自然称为“心灵的故事”，也就是一种人生、艺术和自然三者完全融合而产生的一种情景交融的境界。由于中国旅游审美对象的复杂性与丰富性，因此就需要游览者具有综合性的文化素养，才能在旅游中体验各种各样的美。而西方人不同，他们玩、游，学、识各自独立，不要求互相融合和渗透，共同在旅游中发挥作用。当然，这不是说，西方人旅游不讲文化和审美，只是和中国人相比在程度上不同而已。无论生命体验方式和内涵如何不同，旅游的文化精神本质是不会改变的，无论是中国还是西方都是一样。

2.3 近代旅游

人类社会进入 19 世纪后，旅游活动的发展终于发生了质的飞跃，此时的旅游在很多方面都具有了今天意义上旅游活动的特征。这种质变具体表现在：以消遣或度假为目的而外出旅行的规模，逐渐走过传统的商务旅行，非商务旅行逐渐成为旅行活动的主体。至 19 世纪中叶，大规模、远距离、有组织的近代旅游行为开始取代个体、分散、无组织的传统旅行行为，旅游活动的参与人数、时空跨度等发生巨大变化，旅游服务接待活动开始为一项社会经济活动，并逐渐发展成为一个独立的、新兴的行业——旅游业。正是缘于此，英语中“tourism”一词在 19 世纪初问世。不过，该词的最初意义仅是指以消遣为目的的旅行和游览活动。这进一步说明，消遣性旅游活动在当时已经发展成为了一项具有社会意义的活动。

众所周知，旅游活动和其他活动一样，都是人类生产力和社会经济发展到一定历史阶段的产物。旅游活动之所以在 19 世纪发生了质的改变，归根结底还是社会生产力发展的必然。近代旅游活动及旅游业的产生有其深刻的技术、经济基础和社会背景，而发生于欧美的文艺复兴和产业革命则是推动近代旅游活动和旅游业产生与发展的最直接动力。

2.3.1 近代旅游大发展的思想基础

中世纪早期的欧洲旅行，大多是出于传教目的而进行的旅行活动。由于中世纪早期，人们主要生活在以城堡为中心的庄园里，严酷的劳作和宗教的禁锢，使得人们很难从世俗的生活中得到快乐。但随着贸易的开展，特别是 13 世纪后文明的交流和整合，欧洲的文化氛围渐渐放松，人们开始带着好奇和梦幻，寻找知识和乐趣。中世纪后期，文化复兴运动，重新开启了欧洲旅游曙光。

文艺复兴是指 14—16 世纪欧洲新兴资产阶级思想文化运动。16 世纪资产阶级史学家认为它是古代文化的复兴，因而得名。最初开始于意大利，后扩大到德国、法国、英国、荷兰等欧洲其他国家。14—15 世纪，由于城市手工工场和商品经济的发展，资本主义生产关系已经在欧洲封建制度内部逐渐形成，新兴的资产阶级为了反映自身的利益和要求，便以复兴古希腊、古罗马文化为标榜，提出了人道主义，即人文主义思想体系：反对中世纪的禁欲主义和宗教观，摆脱教会对于人们思想的束缚，打倒作为神学和经院哲学基础的一切权威和传统教条。这场轰轰烈烈的文艺复兴，沉重打击了中世纪愚昧、专制、压迫人性的封建宗教势力，被认为是人类进入近代社会之前最为重要的具有决定意义的人本主义的思想启蒙运动。

文艺复兴普遍的表现是科学、文艺和艺术的高涨。在文艺范围内人本主义思想通过文学、音乐、美术、绘画、建筑、雕刻、雕塑等艺术形式表现出来，这些作品不仅为人们提供了丰富的美术鉴赏和研究的题材，更重要的是其蕴涵的人本主义思想，影响了人的观念意识尤其是价值观念的转变，形成新的不同于封建社会手工业小生产自给经济的市场经济观念意识，促进了社会意识的发展。从此之后，神权让位于人权，人成为社会的中心，人类需要的存在、发展、满足，成为社会发展的终极口标，人终于成为自己的主人。

18 世纪中叶，在资产阶级个性解放思想的影响下，文艺复兴带来的人本主义思想通过人们对自然美的向往和追求表现出来，在资产阶级超现实主义代表人物卢梭(Rousseau)、歌德(Goethe)、海涅(Heine)等大思想家、大文豪、大美术家、大音乐家引导下，欧洲掀起了一场“回归大自然”的绿色旅游热潮。英国人首先群起响应，尔后越来越多的人把观赏美丽的自然景色，看做发展民族主义的源泉。这种酷爱自然、崇尚自然、回归自然的浪漫主义时代精神，成为日后近代旅游活动大发展的思想基础。

文化复兴运动也重新开启了欧洲旅游曙光。彼特拉克(Petrach，1304—1374 年)出生在阿雷佐，年轻时就游历比萨、热那亚、博洛尼亚、米兰等文化底蕴深厚的城市。在罗马，他发出了“全部历史除了赞美罗马以外，还有什么”的呼喊，号召人们学习古典文化。1331 年他又到巴黎、法兰德斯、科隆等地旅游。1336 年，他在伏格罗斯附近购买了一座别墅，并在那里开始过起日日垂钓溪畔的隐居生活，潜心写作成为他生活的追求。彼特拉克以其作品激发了人们对古典文化的激情，以其简洁有力的文辞表达了人们关心和享受生活的愿望，以其特有魅力刺激着人们人文精神和鉴赏力的复活。他不仅可称为名副其实的“文艺复兴之父”，而且是人文主义时代真正的旅行家。

文艺复兴运动自 14 世纪意大利起源扩展到欧洲各地，其影响一直持续到 16 世纪。在欧洲各地出现的人性解放的文化和艺术的复兴活动，促使文化旅游蓬勃开展。

2.3.2 产业革命对近代旅游发展的影响

产业革命即工业革命，指的是资本主义机器大工业代替工场手工业的过程，它是资本主义社会政治经济发展必然产物。产业革命最先发生于 18 世纪 60 年代的英国，首先从纺织业开始，到 80 年代，随着蒸汽机的使用，产业革命逐渐普及到其他许多工业部门。到 19 世纪 30 年代末，产业革命最早在英国完成，英国成为当时资本主义世界最发达的国家。其他国家，如美国、法国、德国、意大利和日本等也先后在 19 世纪末完成了产业革命。产业革命既是生产技术的巨大革命，同时也促使生产关系发生了深刻的变革，它给社会发展所带来的影响，涉及社会的诸多层面。这对近代旅游活动的发展带来了深刻的影响，具体体现在以下几个方面。

第一，产业革命加速了城市化进程，很多人从农村转移到城市，他们的工作和生活环境因此发生改变，从而创造了人们旅游的需求。产业革命发生之前，人们大多生活在广阔的乡村，随着城市化进程不断加快，越来越多的农民变成了产业工人，他们的工作和生活环境从农村转移到城市，但城市却因此而变得越来越拥挤不堪。人均生活空间被不断压缩，紧张、拥挤、嘈杂的城市生活给居民造成了越来越大的身心压力。在巨大的压力背景下，人们会产生暂时离开造成压力的生活环境、回归大自然的追求。英格兰南部的海滨城市布莱顿被称为“首都的肺”，成为英国的社交中心。其他的海滨旅游城市也纷纷发展起来，海滨度假成为新的时尚。富裕起来的工人阶级在“上行下效”的效应下也加入到了度假之中。

据此，由于产业革命，民众的生活和工作环境发生改变，这是刺激以后旅游活动发展的重要因素。

第二，工业革命带来了整个社会的发展与繁荣，改变了原有的阶级关系，扩大了有条件外出旅游的人数。产业革命发生之前，大多数民众生活在农村，以从事农业生产为生，他们的工作随季节变化而忙闲有致、张弛结合。产业革命以后，这些人大多进入城市、成为产业工人，工作地点由田野进入车间，大工业生产单调、重复，并且节奏非常紧张。长期枯燥乏味而又紧张的工作会使人身心俱疲，这将促使人产生强烈的休假要求，以逃离紧张的工作和生活环境，给自己以喘息的机会。

第三，产业革命扩大了旅游者群体。产业革命之前，从事旅游活动的主要是地主和封建贵族，只有他们才有足够的时间和金钱从事非经济目的的消遣旅游活动，因此旅游活动的规模较小，不具有社会性。产业革命后，资产阶级作为新的统治阶级登上历史舞台，这意味着社会财富也越来越多地分配到资产阶级手中，这些资产阶级的新贵们思想开放，又拥有足够的时间和经济能力，他们的出现无疑会扩大旅游者的群体。

此外，产业革命在造就资产阶级的同时，也造就了靠出卖自己劳动力为生的工人阶级。工人阶级由于身份的变化，已经没有了对土地的依附。随着生产效率不断提高和工人阶级的不懈抗争，他们的工资在不断地增长，劳动时间也逐渐减少并出现了带薪假日，加上社会福利制度趋于完善，不仅基本生活得到了保障，而且越来越多的民众逐渐具备了从事消遣旅游的支付能力。在工作和生活压力等因素的促使下，他们也会加入到旅游者的行列来，旅游者的队伍也因此得到进一步的扩大。

第四，产业革命推动了交通运输工具的革新，使大规模人员在不同区域之间流动成为可能，为近代旅游活动大规模扩张提供了技术上的保证。“工业资本主义产生两种奇妙的享受型旅行：为中产阶级设计的旅游和夏日假期，以及某些国家(如英国)为广大群众所设计的一日游，人们乘坐机械化交通工具，当天往返于旅游地。这两种旅行都是蒸汽机运用在运输方面的直接结果[①]”。18 世纪末，用蒸汽机提供动力的轮船投入使用，到 19 世纪后，蒸汽轮船得到了迅速的普及和发展，很快由河运发展到海运。1807 年，美国人罗伯特·富尔敦将(Robert Fulton)将蒸汽机安装在“克莱蒙特”号上，开始了在哈德逊河上的定期航班载人航运业务。1816 年横渡大西洋成功，更是大大缩短了欧美之间的旅行距离。统计数据显示，1802 年伦敦只有 2 万人乘帆船去旅游胜地马盖特观光，在蒸汽机投入使用后，旅游者迅速增至 1830 年的 10 万人。铁路的发展对推进近代旅游活动的影响更大，1825 年，被誉为“铁路之父”的英国人乔治·史蒂文森(George Stevenson)在斯托克顿至达林顿之间修建的铁路正式投入使用，开始了铁路运输的新纪元。此后，铁路运输就逐渐取代了公共马车，成为陆上交通的主要工具。在接下来的 30 年间，英国的铁路长度增长了近 45 倍，到 1875 年，英国的铁路年旅客周围量已经超过了 6 亿人次。“火车和公共马车很不一样，公共马车只要到了稍微偏僻的地方，便很容易被盗匪抢劫，而火车只要开动之后，就不会有这种意外——除美国西部外——即使是在治安坏得出名的西班牙、巴尔干等地亦可幸免于

① [英]艾瑞克·霍布斯鲍姆．资本的年代(1848—1875 年)．南京：江苏人民出版社，1999：274.

难[①]”。和传统的交通条件相比，新的交通工具和交通方式具有速度快、费用低、舒适度高等优点，为近代旅游奠定了技术基础。

因此，可以这样说，文艺复兴和产业革命为近代旅游活动的诞生做好了充分的精神和物质两个方面的准备，人类旅游发展的飞跃已是历史的必然。

2.3.3 托马斯·库克与他的活动

旅游具有悠久的历史。但是，旅游形成社会的一个行业——旅游业，则是近代才出现的。它的创始人是英国人托马斯·库克(Thomas Cook)。

托马斯·库克于1808年11月22日出生于英格兰德尔比郡的墨尔本镇。4岁丧父，母亲改嫁。青少年时代的托马斯·库克因家境贫寒，10岁时就辍学就业，先在一家蔬菜花木店当帮工。后又当木工学徒。17岁时进入拉特兰浸礼教会，先作诵经人，后来当上巡回传教士，云游四方，散发浸礼教会的小册子，宣传教义。这使得托马斯·库克游历了英格兰的许多地方，对旅游产生兴趣。

1841年6月，托马斯·库克乘坐火车去参加一次禁酒活动，途中他突发奇想，决心利用当时新出现的火车有组织地运送公众去参加禁酒活动。事后，他将这一想法告诉禁酒会主席，得到禁酒会的支持。他又与铁路公司联系，铁路公司也答应为他这次活动开一趟专列。于是托马斯·库克便四处奔走，广为宣传。1841年7月5日，经托马斯·库克精心组织到拉夫巴罗参加禁酒大会的570人登上由莱斯特开往拉夫巴罗的专车，参加完禁酒大会，当天又返回莱斯特。托马斯·库克自始至终随同照顾，使这次活动圆满成功。虽然在此之前，报纸上早已有过关于组织团体火车旅游的报道，但人们普遍认为托马斯·库克组织的这次活动标志着近代旅游的产生，主要原因如下：

第一，该活动在形式上类似于今天的团体包价旅游。托马斯·库克预先与铁路公司谈妥车票折扣及包车事宜，参加该活动成员只需预先缴纳1先令，费用便包括来回交通费、一顿野外午餐与午后茶点、一支乐队演奏助兴。托马斯·库克承担了该活动的全部发起、筹备及组织工作，并且全程陪同照顾，可以说是现代旅行社全陪的最早体现。该活动除了目的的非营利性，与今天商业包价旅游的组织已别无二致。

第二，该活动具有较为广泛的公众性。活动的参加者来自各行各业，甚至包括家庭妇女与儿童，共570多人，规模之大在当时是空前的。活动参加者为了这次活动而聚合在一起，活动结束后便四散离去，彼此之间不再有联系。这一情况同现代旅行社组织的旅行团情况基本相同。此前出现的团体旅游活动几乎无一例外都是某一社会团体为自己会员组织的内部活动，不具有公众性的特征。

1842—1844年，托马斯·库克又多次组织禁酒会成员和学校的孩子在假期或周末进行铁路旅行，每次他都全程陪同。由于他组织的这些活动价格低廉，深受广大普通劳动者的欢迎。于是，他与英格兰米德兰铁路公司订立合同，由他负责组织客源，铁路公司为他安排火车。这样他成为一名真正的火车旅行代理人。

几年的火车旅行代理业务，使托马斯·库克对这项新的工作产生了浓厚兴趣。当他确

---

① [英]艾瑞克·霍布斯鲍姆．资本的年代(1848—1875年)．南京：江苏人民出版社，1999：274.

信从事这项新的事业不会承担什么风险后，他决定开办商业性的旅游业务，于是 1845 年在莱斯特成立了世界上第一家旅行社——托马斯 • 库克旅游业务代办处。并于同年夏季组织了首次商业性团体消遣旅游，从莱斯特到利物浦，历时一周，团员达 350 人。为这次旅游活动，托马斯 • 库克做了周密的安排，进行了大量的先期考察，确定参观景点及住宿旅馆，还为游客编写了旅游指南《利物浦之行手册》，托马斯 • 库克不仅亲自担任陪同和导游，还沿途聘请地方导游。这次活动，托马斯 • 库克从考察线路、设计产品、市场宣传、销售组团，直至提供全程陪同和地方导游服务，体现了当今旅行社的基本业务，开创了旅行社业务的基本模式，成为近代旅游业的创始人。

1846 年，他又成功地组织了到苏格兰的旅行。此后，他每年都要组织大约 5 000 多人在英格兰、苏格兰、威尔士三岛之间旅行。每次他本人都亲自陪同，编印旅游指南。他成功地把铁路、水路和地上交通设施紧紧联系在一起。旅行社的业务得到较大发展。

1851 年 5 月，伦敦举办一个展示英国工业革命成果的大展览，托马斯 • 库克决心抓住这个机会扩大旅行社的业务。在展览开幕前，他遍访英格兰中部和北部主要城市，组织各地旅客赴伦敦参观展览。为此，他还创办名为《观光者》的月刊，专门介绍各地风光和旅游者的见闻。这一年，他组织了 165 000 多人到伦敦参观展览。此后，他又成功地组织了旅客参观 1853 年的都柏林展览和 1857 年的曼彻斯特展览。

1855 年，巴黎将举办一次大展览。为方便英国人前往参观，托马斯 • 库克又成功地组织了从英国莱斯特到法国的跨国旅行，并且在这次旅行中首次采用全程一次性包价。当时的《曼彻斯特卫报》称此举是“铁路旅游史上的创举”，这也是现代包价旅游的雏形。

至 1864 年，经托马斯 • 库克旅行社组织的旅游人次已累计达 100 多万人。为了进一步扩展旅行社业务，1864 年托马斯 • 库克让他的儿子约翰 • 梅森 • 库克(John Mason Cook)帮助他经营旅游业务，并将原来的托马斯 • 库克旅行社更名为托马斯 • 库克父子公司，将总部迁到伦敦，在全国设立 77 个分理处。

托马斯 • 库克父子公司成立后，不断开辟国外市场。首先就近开辟欧洲大陆市场，多次组织旅游者在法国、意大利、瑞士等国旅游。在占领欧洲市场后，他们又瞄准北美，库克父子亲自前往美国和加拿大考察。经多方努力，1866 年，托马斯 • 库克父子公司组织了第一批从欧洲到美国的团体旅游。同时，他们又组织旅居美国的欧洲移民回欧洲探亲访问，连当时的美国总统格兰特也曾做过库克父子公司的顾客。

1872 年，托马斯 • 库克为扩大公司的影响，决心亲自组织一次环球旅行。参加这次环球旅行的共有来自英格兰、苏格兰、俄罗斯、希腊、美国的 9 人。沿途经过纽约、尼亚拉加、芝加哥、盐湖城、旧金山、横滨、上海、新加坡、锡兰(今斯里兰卡)、印度、亚丁、苏伊士、巴勒斯坦、土耳其、希腊等地。全程历时 222 天。在旅行期间，托马斯 • 库克把他在各地的见闻写成报道，寄回英国，由《泰晤士报》辟专栏连载，影响极大。此举使许多人都渴望参加旅游，推动了旅游业的发展。

托马斯 • 库克父子公司在旅游业经营中不断创新。1892 年又创造性地发行一种供旅游者在旅游地领取当地货币的“流通券”和供旅游者支付旅游馆费用的“旅馆券”，这是世界上最早使用的旅行支票。这些措施，极大地方便了旅游者，促进了旅游业的发展。托马斯 • 库克父子公司的业务也得以迅速发展，相继在欧洲、美洲、澳大利亚、印度、埃及建立起分支机构，连在中国的北京饭店也设立了办事处。到1890年，公司在全球已有84个办事处，85个旅行社，雇员1 714名，成为世界三大著名的旅行代理业公司之一。

1892年，年满84岁的托马斯·库克离开人世，长眠于英格兰萨里郡泰晤士河畔的瓦尔顿城。托马斯·库克一生创造性地经营着新兴的旅游业，在世界旅游史上创造了许多项第一。托马斯·库克作为世界近代旅游业的创始人，他的名字已成为旅游的代名词。今天，身背印有托马斯·库克标记的各式旅行包的旅游者的足迹已遍及世界各地。托马斯·库克的名字将永载旅游史册。

2.3.4 中国的近代旅游

鸦片战争之后，西方列强凭借其坚船利炮打开了中国闭关锁国的大门。从此，中国由一个独立的封建国家逐步沦为半殖民地半封建国家。一时间，西方列强从政治、经济和文化等方面纷纷入侵中国，与之相伴的是大批资本主义国家的商人、传教士、学者和冒险家来到中国这片古老的土地上，从事他们的冒险活动。他们在风光优美的地方，如北戴河、庐山、青岛等地建造房屋，以供他们消遣。与此同时，在“师夷之长技以制夷”等思潮的影响下，也有大批国人加入出国考察和求学的行列。在此期间，外国的旅行社纷纷抢滩中国，通过其特权抢占和瓜分中国的旅游市场。英国的“通济隆”、美国的“运通”公司、日本的“政府观光局”先后在中国开设机构，包揽中国的旅游业务。

1923年8月，出于强烈的民族自尊心，也为避免利权外溢，为国家争光，为国人争气，上海商业储蓄银行总经理陈光甫先生在其所在的银行下设立了“旅行部”，专门经营旅游业务，为出游者安排行程及办理各种相关事宜，这标志着中国近代旅游业在上海诞生。该旅行部以“服务社会”为宗旨，确立了“发扬国光，服务旅行，阐扬名胜，改进食宿，致力货运，推进文化”的24字方针，开始了旅行部艰难的创业道路。该旅行部于1924年组织了第一批国内旅游，由上海赴杭州观光游览。1925年，该部承办了出国旅游业务，组织过20余人赴日本观赏樱花。1927年，该旅行部编印出版了中国第一本《旅行杂志》，专门宣传祖国的风景名胜。1927年6月，旅行部申请营业执照，从银行中独立出来，改名为“中国旅行社”，旅行社下设七部一处，即运输部、车务部、航务部、出版部、会计部、出纳部、稽核部和文书处。旅行社的业务宗旨是“以应办之事，助人以必需之便”。在此后的数年中，中国旅行社的规模、业务均有一定的发展。随着业务的扩大，中国旅行社在国内的苏州、镇江、蚌埠、济南、天津、沈阳、武汉、南昌、广州、无锡、北京、杭州、青岛、徐州、西安15个城市设立了办事机构；在国外的纽约、伦敦、河内、新加坡、马尼拉等地设立办事处，承办外国人来华旅游事宜。在1947年首届伦敦国际旅游博览会上，中国旅行社还以巨幅“中国名胜图”为主题，参加了此次展览。

2.4 现代旅游

2.4.1 现代旅游发展特征

第二次世界大战后，由于各国积极发展科技和经济，生产力水平和社会文明程度都有快速的发展，人民生活水平普遍提高，大众性的旅游活动蔓延全球，旅游意识深入人心，从而促进和加速了现代旅游活动的发展。现代旅游发展呈现出以下特征。

1. 旅游业逐步发展成为世界最大的产业之一

旅游业作为世界上最大的新兴产业，每年国际旅游业的交易额已超过 3 000 亿美元。据世界旅游组织统计，到 2009 年年底，国际旅游人次已达到 8.8 亿。旅游收入将增至 8 190 亿美元，旅游业将取代石油工业、汽车工业，成为世界上最大的创汇产业。1992 年世界旅游与观光理事会根据总收入、就业、增值、投资及纳税等几个方面的分析，证明旅游业作为世界上最大产业的态势正在形成。因此，世界旅游与观光理事会指出：旅游业是促进经济发展的主要动力，旅游业已成为世界上最大的就业部门，共产生 1.27 亿个工作岗位，约占世界劳动力总数的 6.7%；旅游业是创造高附加值的产业，其增值额已达到 14 490 亿美元；旅游是各国财政中主要的纳税产业之一，全世界的旅游企业及从业人员的纳税总额高达 3 030 亿美元。旅游业对世界经济的贡献，不仅是产生的产值和提供就业岗位的贡献，它同时还带动其他产业的发展，带来一系列的经济效益。

1950—2009 年世界国际旅游人数及收入状况，见表 2-2。

表 2-2 1950—2009 年世界国际旅游人数及收入状况

年份	国际旅游人次		国际旅游收入	
	人次/万	环比增长率	收入/亿美元	环比增长率
1950	2 530		21	
1960	6 930	173.9%	69	228.6%
1970	15 969	130.4%	179	159.4%
1980	28 484	78.4%	1 023	471.5%
1990	45 800	60.8%	2 678	161.8%
1998	63 500	38.7%	4 394	64.1%
2007	90 300	6.6%	8 560	5.6%
2008	92 400	2.2%	9 000	4.9%
2009	88 000	-4.8%	8 190	-9.0%

(资料来源：世界旅游组织统计数据.)

2. 国际旅游的重心由西向东转移

欧洲和北美是现代国际旅游业的两大传统市场。在第二次世界大战后至 20 世纪 80 年代以前，它们几乎垄断了国际旅游市场，接待人数和收入都占世界总数的 90%左右。80 年代后，亚洲、非洲、拉丁美洲和大洋洲等地区一批新兴市场的崛起，使国际旅游业在世界各个地区的市场份额出现了新的分配组合。尤其是东亚、太平洋地区，近些年来，国际旅游增长率高于世界平均水平，达到 7.5%。

21 世纪，欧洲和北美地区国际旅游市场上的份额将呈进一步缩小之势，旅游重心由传统市场向新兴市场转移的速度将会加快。随着发展中国家和地区经济的持续增长和繁荣，这些国家和地区的居民去邻国度假者必定会增加，区域性国际旅游将大大发展。特别是随着全球经济重心也相应东移，使亚太地区成为未来国际旅游业的“热点”区域。从中国的情况看，1996—1998 年三年间来华旅游入境人数平均每年以 11%的幅度增长。1998 年旅游入境人数达 6 347.84 万人，显示出非常强劲的增长势头。

3．国际旅游客源市场分散化

长期以来，国际旅游的主要客源市场在地区结构上一直以西欧、北欧和北美为主。这两个地区作为现代国际旅游的发源地，其出国旅游人数几乎占国际旅游总人数的 3/4 左右。目前世界上最重要的旅游客源国中，除亚洲的日本、大洋洲的澳大利亚外，其余大都集中在上述两个地区，其中仅德国和美国两个国家，就占国际旅游消费总支出的 1/3 以上。国际旅游客源市场在地区分布上畸形集中的局面，同样也面临着严重的挑战，特别是当代世界经济正在迅速分化和重新改组，初步形成了北美、西欧、日本、独立国家联合体、东欧和第三世界等六大经济力量相抗衡的态势，直接影响各地区国际旅游客源的发生、发展、消长和转移，从而导致客源市场分布格局由目前的集中逐渐走向分散。21 世纪初，亚洲、非洲和拉丁美洲的一些脱颖而出的新兴工业国，随着人均国民收入的增加，逐渐取代传统的旅游客源国，而成为国际旅游的主体市场。

4．旅游方式多样化

从近年来国际旅游业发展的特点看，随着世界各国经济的发展与生活水平的提高，众多旅游者越来越不满足多年一贯制的观光旅游，而希望能够在旅游中结合自己的兴趣爱好，进行积极的探索、参与和休息，人们将更加重视精神疲劳的消除，这样就要求旅游企业推出丰富多彩的旅游产品。那些单纯游山玩水的消遣观光，将逐渐为多样化的旅游方式和项目所取代。国际上传统的旅游方式分为 4 种，即娱乐型、观光型、疗养型和商务型，大多数旅游活动更多的是各种方式特征兼而有之。据调查，美国 1998 年的散客旅游收入已占旅游营业收入的 41.2%；而团体旅游收入只占 5.7%；其他商务旅行占 53.1%。一个国家或地区的旅游方式是由其资源条件、地理位置、市场条件等多方面因素决定的，不同的旅游方式也有不同的产品、价格、市场对策等，同时旅游者也有不同的消费要求和消费特点。旅游方式朝着个性化、多样化、文化化的方向发展，各种内容丰富、新颖独特的旅游方式和旅游项目将应运而生。

2.4.2 现代旅游发展原因

现代旅游得以迅速发展的关键，在于世界的稳定与社会生产水平的极大提高。前者是后者的先决保证条件，后者是现代旅游迅速发展的根本原因。

1．国际形势的和平与稳定是现代旅游迅速发展的前提

第二次世界大战后，世界环境以和平与缓和为主，虽然局部战争不断，但人民要求民主、和平与发展的愿望，促使各国政府将注意力放到维护和平与发展经济方面，有效地抑制了大规模战争的爆发。特别是在“冷战”结束后，多元政治格局代替了昔日“两大阵营”的对立格局，这为战后世界经济的增长和旅游的发展提供了必要的前提和保证。同样，发

展中国家也需要和平与稳定的局面来发展旅游。只有具备了和平与稳定的条件，才能大力提高生产力，促使旅游在世界范围内向新的高度发展。

2．经济的迅猛发展，使居民收入不断提高

收入增加，特别是可自由支配收入的增加，为大众旅游提供了稳固的经济基础。世界发达国家国民收入按人均计，1960 年为 520 美元，1979 年增加到 2 690 美元，20 年内增长 5.17 倍。人们收入的增加和支付能力的提高对旅游的迅速发展和普及无疑起到了极其重要的刺激作用。

3．劳动生产率的提高，使劳动时间大大缩小，带薪假期不断延长

自 1933 年美国率先将工作时间定为每周 40 个小时起，至目前世界上有 144 个国家实行了五天工作制。目前，世界上许多发达国家都普遍实行了带薪假期制，并得到立法承认，如美国 3～4.5 周，法国 4 周，德国 2.5～3 周，意大利 2 周。由于带薪假日时间较长，对于中、远程旅游是一个有力的推动。

4．战后世界人口迅速增加，为扩大旅游人数提供了必要的基础

第二次世界大战结束后，世界人口为 25 亿，至 20 世纪 60 年代初，已激增到 36 亿，在不到 20 年的时间内，世界人口总量增加了 40%以上。此后，世界人口每增加 10 亿所需时间不断缩短，人口增长速度在 20 世纪一直呈加速状态。至 20 世纪末达到 60 亿(不过，到 21 世纪人口增长速度有所减缓，世界第 65 亿个人直到在 2005 年 11 月才在亚洲出生)。1950 年国际旅游人数是 2 528 万人次，到了 1990 年达到 4.15 亿人次，增加了 15 倍，这和人口的迅速增长有直接关系。

5．城市化进程的加快，使旅游成了生活的必要内容

城市化的进展有力地促进了休闲度假旅游的普及化。据统计，1920—1975 年，城市人口的绝对数增加 5 倍多。20 世纪 50 年代以后，城市化发展更快。1965 年，意大利、法国、日本、英国、美国的城市人口占总人口的比重分别为 62%、67%、67%、87%和 72%；而到 80 年代中期又分别上升为 71%、80%、70%、91%和 74%；在城市化水平最高的英国，20 世纪 80 年代仅带住宿设备的家用旅行小汽车就有 60 万辆，每逢假日便形成浩浩荡荡的旅游大军。

6．旅游成为实现人生价值、充实自我的重要手段

农耕时代人们重视金钱、门第、权势、习俗和荣誉，把它们视作生命中最有价值的东西。现代化社会人们更重视自我的全面发展和社会价值的实现。人们通过一定的旅游方式，不但熏陶了自我，而且在一定程度上实现了自己的社会价值。

7．现代交通运输工具的进步，缩短了旅行的时空距离，加速了旅游的发展

20 世纪 60 年代末 70 年代初，大型喷气式客机投入商业运营，使大量人员的快速空间

位移成为可能。铁路运力不断增强，高铁的出现与使用，私家车的增加，长途公共汽车运营网络也不断扩大和完善。汽车成为人们中短途外出旅游的主要交通工具。这些交通运输工具的改进使得人们在旅游开支中的旅行费用大大降低。

8．各项旅游服务管理设施不断完善

随着旅游业的不断发展，旅游住宿业、餐饮业、娱乐业、旅游景区景点业、旅游交通业，旅行社业及导游业，各级旅游管理组织及与之配套的旅游教育、相关的法律法规都在不断完善，这些都有力地促进了现代旅游事业的迅速发展。

本章小结

旅游是人类历史发展的产物。古代只有旅行，而无现代意义上的旅游。古代的旅行形式有宗教旅行、商务旅行、帝王巡行、外交旅行、科学考察旅行等。旅游业产生于近代。工业革命促进了旅行向旅游的转化。托马斯·库克成立世界上第一个旅行社，被誉为“世界旅游业的创始人”。第二次世界大战后，特别是20世纪60年代以后，现代旅游业蓬勃发展，已成为世界上第一大产业。

中国的旅行活动历史悠久，但现代旅游发展较晚。改革开放以来，中国旅游业发展极为迅速，已经成为国民经济新的增长点。

关键词及概念

古代旅游　近代旅游　现代旅游　托马斯·库克　帝王巡游　文人漫游　宗教远足

复习思考题

一、简答题

1．近代以前的旅游发展有哪些特点？
2．试析产业革命对近代旅游发展的影响。
3．为什么人们将托马斯·库克尊为近代旅游业的先驱？

二、论述题

1．试析第二次世界大战结束后现代旅游迅速发展的原因。认识这些原因的意义何在？
2．铁路时代的到来为旅游业带来了哪些方面的积极影响？
3．试分析文艺复兴对近代旅游发展产生的影响。

三、讨论题

有人提出，在先秦时期，“结婚旅游”就已经“广泛存在，蔚然成风”，理由是在“宇宙初开之时”就有女娲兄妹二人因结婚而走了挺远的路(妹妹女娲来到昆仑山上与兄完婚)。

这一走，就是旅游，是结婚旅游。此后，这种结婚旅游当然就“蔚然成风”了。你怎样看待这种观点？你同意与否的理由是什么？

四、案例分析题

黑色旅游——行走在心灵的旅途

黑色旅游(dark tourism)指人们到死亡、灾难、痛苦、恐怖事件或悲剧发生地旅游的一种现象。黑色旅游是近年来国外，特别是北美地区旅游学界新兴的热点研究领域，也是一个颇具争议的领域。

德国“黑色旅游”的起点与德国学校的历史教育有关。鲁尔区的关税同盟煤矿区，就是有关高污染的“黑色旅游”景点：在高高的运煤提升井架下，一栋栋红砖建筑排列着，建筑之间是修剪整齐的草坪和宽宽的人行道。矿区内，展示了从煤的开采到加工的全过程。其面积相当于200个足球场，且原汁原味。导游介绍，该煤矿已有150多年历史。20世纪初，曾是世界上最大的煤矿。

第二次世界大战后，该煤矿成为德国经济的发动机。但之后“黑色黄金”末日来临，煤矿污染使当地成了“癌症区”。1986年圣诞节前一天，煤矿被关闭。后来，煤矿区所在的鲁尔区的53个城市经历了结构转型。如今，煤矿区已经成为一个艺术、创意和业余活动中心。2001年，该矿区被列入联合国教科文组织的世界文化遗产名单，并被称为“世界上最美的煤矿工业区”。

当然，德国最有名的“黑色旅游”景点当属柏林墙。1989年作为冷战象征的柏林墙被拆除，但近几年，柏林墙却不断被修复。特别是“东面画廊”，作为目前柏林墙残余最长的一段，每年吸引大批游客前来参观，在墙壁前拍照留念。1990年，即柏林墙倒塌后的第二年，来自世界各地的艺术家在这段围墙上画下了各种各样巨大的壁画。以柏林墙为主线，柏林还开放东德越墙纪念馆、东德国家安全部博物馆等纪念场所，让世人铭记这段历史。

英国首都伦敦也有不少“黑色旅游”景点。从白金汉宫附近的地铁站只要乘车八分钟就可以抵达纪念黑奴贸易的小镇布里克斯敦。

在布里克斯敦，可以看到一艘后人打造，停靠在泰晤士河边的奴隶贸易商船。船上最醒目的就是一个木制的飞镖靶，靶下写着一行小字：在伦敦，无论你把手中的飞镖投向何处，都能找寻到当年被贩卖来的黑人为这座城市的发展所做出的贡献。如今，布里克斯敦已经成了当地年轻一代了解祖先历史的最好课堂。

韩国语言文字主管机构将英语直译的“黑色旅游”翻译成“历史教训旅游”。在韩国，“黑色旅游”兴起于具有600年历史的韩国国宝1号——崇礼门在2008年2月的纵火中成为灰烬之际。当时，每天都有数百名来自韩国各地的游客前往崇礼门现场参观，并从中接受相关教育，韩国各地方政府也兴起了开发黑色旅游资源的热潮。

韩国很多地方都具有打造成“黑色旅游”景点的潜力。例如，韩国开化时期迫害天主教的忠南瑞山海梅邑城，日本殖民时期在济州岛留下的“济州四三事件”遗址，朝鲜战争遗留的非军事区(demilitarized zone，DMZ)，举行各种祈祷南北统一活动的临津阁，废弃的矿山和铁道等。有些人甚至提出将时常上演打架的国会会议厅、双龙汽车工会与全副武装的警察对峙的现场等，都保留下来作为黑色旅游资源。

1945 年 8 月 6 日上午 8 点 15 分，一颗原子弹在日本广岛上空 580 米处爆炸，刹那间，在一道强烈的蓝光闪过之后，整座城市化为一座人间地狱……

千羽鹤纪念碑，当地人把它叫做原爆之子像，是 1958 年由日本学生及儿童捐献建成的。目的是纪念那些死于原子弹爆炸的儿童。长圆纪念碑顶端站着一个小女孩塑像，她双手高高托着一只大纸鹤。相传有一个 12 岁的小女孩 10 年前受了原子辐射，后病源发作。她相信根据以往的传说，只要折完一千只纸鹤便能恢复健康。然而在折完一千只纸鹤前她去世了。纪念碑下数以万计的五颜六色的纸鹤，是由全国各地的孩子们折的，每串纸鹤定有一千只，是为了帮助完成小女孩的心愿，也表达儿童们的和平理想。

侵华日军南京大屠杀遇难同胞纪念馆是中国南京市人民政府为铭记 1937 年 12 月 13 日日军攻占南京后制造的南京大屠杀事件而筹建。位于中国南京城西江东门茶亭东街原日军大屠杀遗址之一的万人坑。1985 年 8 月 15 日落成开放。

该馆保持原地形地貌，建筑成一座纪念性的墓冢。右侧迎面是以中、英、日三种文字镌刻的黑色大字“遇难者 300 000”。循院墙小径布列 13 块小型碑雕，部分地记载着大屠杀的主要遗址及史实，是全市遇难情景的缩影。呈平顶半地下墓室形的史料陈列厅内，主要陈列有当年日军屠杀现场照片，历史档案资料，中外人士当年对这次历史惨案所写的纪实、报道和出版的专著、图书、报刊，至今尚健在的 1 000 多位幸存者的名册、证言、证词和实物；当年屠杀南京军民的日军军官和士兵的日记、供词；崇善堂、红十字会等慈善团体掩埋尸体的照片、统计表、臂章证词，以及远东国际军事法庭和中国军事法庭对南京大屠杀主犯松井石根、谷寿夫审判的照片、判决书等。电影放映厅，有 200 个座位，向观众放映《侵华日军南京大屠杀》历史文献纪录片。

(资料来源：http://news.china.com.cn/rollnews/2010-04/14/content15948062.htm.)

问题：什么是黑色旅游？黑色旅游的社会意义是什么？

第3章　旅游活动的基本认识

学习目标

知识目标	技能目标
1. 掌握旅游的定义 2. 理解旅游的基本属性 3. 理解旅游活动的类型划分标准与分类 4. 掌握旅游活动的性质 5. 了解旅游活动的特征	1. 熟悉国际与国内有关旅游概念认识的基本情况，并能概括其异同 2. 能够分析文化与旅游属性、旅游活动性质之间的关系

知识结构

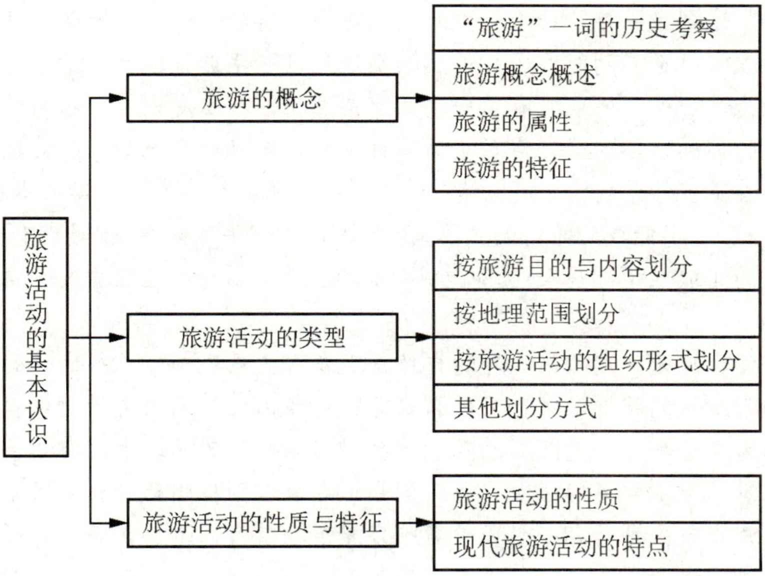

导入案例

旅游之定义

旅游是人类的一种行为。按照马克思主义政治经济学的观点，人是社会再生产的主体，人的行为从属于社会再生产的各个环节，因而可以把人的行为划分为生产行为、分配行为、交换行为和消费行为四大类。旅游则是一种消费行为。显然，旅游比一般人类行为的内涵要丰富得多，外延要小得多。如何给旅游下定义呢？这涉及对旅游行为的认定问题。

为了对旅游行为做出准确的认定，可以借鉴刑法学中关于犯罪认定的做法。犯罪构成理论认为，犯罪构成有 4 个要件：犯罪主体，是达到法定责任年龄的自然人；犯罪客体，是一定的社会关系；犯罪主观，存在着犯罪的故意或过失；犯罪客观，存在着犯罪行为。由此可以得到启示：认定一种行为是否是旅游，也要从主体、客体、主观、客观 4 个方面来进行。

旅游的主体，应该是达到一定年龄的自然人。年龄的确定可以依照国家规定的最低入学年龄来进行。达到这一年龄标准的人就可以成为旅游的主体，因为达到这一年龄，人就有了基本的认识客观世界的能力了。虽然刚刚达到这一年龄标准的儿童，还缺少对于是非善恶的判断能力，但是，他已具有了一定的审美意识，可以发出外出旅游的呼声了；一次旅游所激发起的美感，不仅能充实孩童的精神世界，而且对于他的身心健康、人格发育和智力的成长有着不可估量的意义。当然，达不到这一年龄标准的人，其主体意识尚未形成，不存在旅游的能力，不能成为旅游的主体。虽然达到这一年龄标准，但是患有精神病的人(包括在发病期间的间歇性精神病人)也不能成为旅游主体，因为他已经丧失了自主意识和旅游的行为能力。

旅游的客体，应是一定距离之外的自然景观或人文景观，即旅游的目的物或吸引物，也就是人们通常所说的旅游资源。为什么只有一定距离之外的人文景观或自然景观才是旅游客体呢？因为只有加上一定距离的限制才会引起旅行行为的发生，在此条件下的欣赏行为才能叫做旅游，否则就不能叫做旅游。例如，安徽人到杭州西湖去看风景名胜的行为就是旅游，而杭州市市民到西湖去看风景名胜只能叫做散步、逛公园而不能叫做旅游。那么这个“一定距离”究竟是多少呢？笔者认为不能给出一个具体的量度，只能给出一个功能性的定义，即以较为普及的现代交通方式，一个健康的中年人半个工作日的旅行距离。因为这样一来，旅游者的一部分消费行为就会发生在目的地了，旅游者的行为就不会是简单的散步或逛公园了。

旅游的主观，是旅游主体的故意，即欣赏旅游客体的意识。如果没有旅游的故意，那么主体的行为就不能叫做旅游。例如，西湖边上窃贼的扒窃行为和秦始皇陵兵马俑边上乞丐的乞讨行为只能算作一种国民收入再分配的行为而不能叫做属于消费行为范畴的旅游。如果一个人在实施一个行为的时候不能准确地预料到会发生欣赏旅游客体的结果，但是，他在实施既定的行为之后，这个结果发生了，那么，可以比照刑法学中犯罪构成理论关于间接故意的解释，把这种行为叫做间接旅游。例如，一个人到秦皇岛参加一场会议，事先他并不能够准确地知道会议是否会组织与会者到北戴河或山海关去游览观光，只是到会以后他才知道游览观光是会议的一个项目，并且，他也去参加了这个项目，那么，他仍然实施了一个旅游的行为。这就是人们通常所说的会议旅游。此外，类似的还有商务旅游、探险旅游、科研旅游、修学旅游等。如果一个人完全不能预料到自己行为的结果，即便是欣赏了风景名胜，也不能叫做旅游。例如，一架民航客机被劫持到台湾，后经营救，全部乘客安全返回大陆，尽管乘客们沿途饱览了河光山色，但是他们的行为不能叫做旅游。

旅游的客观，是旅游主体实施的欣赏旅游客体的行为。单有旅游的主观故意而没有客观上的行为存在，也不能叫做旅游。一个人做出了周密完善的旅游计划，但是一直没有付诸行动，也仅仅是旅游计划而已，而不是旅游。

上述旅游的主体、客体、主观、客观就是旅游构成的 4 个要件。同时具备 4 个要件的行为才是旅游，否则就不是旅游，而只能叫做旅行。没有游览观光目的或行为的会议、商务往来、科学考察、修学、探险活动就不应该叫做旅游，只能叫做会议旅行、商务旅行、科研旅行、修学旅行、探险旅行等。至此，可以给出一个基本的朴素的旅游定义：旅游是指达到一定年龄的人到一定距离之外的地方去欣赏自然景观或人文景观的行为。

(资料来源：王德利. 论旅游的概念、本质和规划[J]. 财贸研究，1996(6).)

思考：构成旅游的四个要件是什么？说说它们的具体含义。

3.1 旅游的概念

3.1.1 “旅游”一词的历史考察

在中国古代，“旅”和“游”是两个各自独立的概念。

有文字记载的“旅”的解释，最早可以追溯到《周易》，《周易》第 56 卦即旅卦，原文如下：

旅：小亨。旅贞吉。初六：旅琐琐，斯其所取灾。六二：旅即次，怀其资，得童仆，贞。九三：旅焚其次，丧其童仆，贞厉。九四：旅于处，得其资斧，我心不快。六五：射雉，一矢亡，终以誉命。上九：鸟焚其巢，旅人先笑后号咷，丧牛于易，凶。

按照唐朝孔颖达《周易正义》解释，“旅者，客寄之名，羁旅之称；失其本居，而寄他方，谓之为旅”。

“游”的本字为“遊”，本义是“饰于旗帜上下垂的飘带”，后引申为“行走”，其古老的含义与帝王巡视农业生产情况有关。先秦时期的帝王出游或称“游豫”，或叫“游夕”。《管子·戒篇》中有：“先王有游夕之业，宝发也。”而夏代的民谚“吾王不游，吾何以休？吾王不豫，吾何以助”，生动地描写了广大农户对帝王久不出“游”而感到无助的焦急心情。在孔子、屈原等作品中“游”字也多次出现，多是游说或人生哲学思考。也有接近现在“旅游”一词的意义，如《尚书·大禹谟》中的“罔游于逸”、《礼记·学记》中的“息焉游焉”，可解释为闲暇无事之为游，表明中国先民对于外出游览活动必须在业余时间进行的观念是很强的。

历史文献中“旅游”一词最早出现在南朝梁诗人沈约的《悲哉行》中，“旅游媚年春，年春媚游人。徐光旦垂彩，和露晓凝津。时嘤起稚叶，蕙气动初苹。一朝阻旧国，万里隔良辰”。诗中所言之“旅游”，与今天的理解，有颇为相近之处，含有愉悦性情、享受美景之内涵。唐尚颜的《江上秋思》“到来江上久，谁念旅游心。故园无秋信，邻居有夜砧”，就把长期旅居异地称为“旅游”。这虽然有悖于当今旅游的内涵，但从传统中国人的深层心理意识分析，却又合情合理。因此，从中国人的观念上说，一个人只要其父母是中国血统，不管他出生于何地或何时加入侨居国的国籍，都依然认为自己是中国人，故有“海外游子”之说。那些虽然长期旅居异邦的人们仍然“远道人思归”，把家乡故土作为旅游的起点和终点，即所谓“叶落归根”。

总而言之，从“旅”与“游”的分别表述，到“旅”与“游”的连用，提供了一个具有历史意义的信息，即“旅游”一词的出现，不但标志着人类游览空间的拓展，同时表明古人已经形成旅行、游览、旅游三个不同概念，明确了旅游必须是通过旅行并在异地进行游览活动的内涵，并延伸至今。

“tour”源于拉丁文“tornare”和希腊文“tornos”，其含义是车床或圆圈；围绕一个中心点或轴的运动。tourism 意指按照圆形轨迹的移动，完成这个行程的人也就被称为旅游者(tourist)。“tourism”一词最早出现在 1811 年英格兰的《体育杂志》上，后来被收入《牛津词典》。在该词典中，将“tourism”解释为离家远行，又回到家里，在此期间参观游览一个或几个地方。显然，“旅游”一词在欧美国家使用也是近代的事情。在《韦伯斯特大字典》中，对“tourism”的注释是：“一个人回到其出发地所经历的旅程；是一次出自商务、娱乐或教育的目的所作的旅行，旅行期间通常按计划的线路访问不同的地方。”1927 年，德国出版的《国家科学词典》给旅游下的定义是：“狭义的理解是那些暂时离开自己的住地，为了满足生活和文化的需要，或个人各种各样的愿望，而作为经济和文化商品的消费者逗留在异地的人的交往。”

由此可以看出，从“旅”到“游”，人类似乎经历了由“苦”到“乐”的历程，是两种截然不同的心理感受。旅游是旅行和游览的结合，“旅”是前提条件，“游”是目的。尽管在旅途中风餐露宿、受尽磨难，但是身心愉悦、精神升华。这可能是古人对旅游深刻的体会和认识。随着时代的发展，尤其是交通、通信等技术的发展，在条件许可下，旅途的舒适性使旅游已经完全成为追求愉悦的活动。

3.1.2 旅游概念概述

关于旅游的概念，学术界目前可谓众说纷纭，莫衷一是。由于认识上的不一致，旅游定义的泛滥导致了旅游学术研究观点的重大分歧。综观各种定义，其差别主要在于各自的视角和研究侧重点不同。归纳起来，旅游的概念大致可以分为以下几种。

1. 强调旅游目的和内容的定义

在国内外的一般性语言词典中，对“旅游”一词的解释是“人们因消遣性原因或目的而离家外出旅行的活动”。例如，法国学者让·梅特森(Jean Meterson)1966 年的定义是“旅游是一种休闲活动，它包括旅行或离开定居地点较远的地方逗留。其目的在于消遣、休息或为了丰富他的经历和文化教育”。美国学者马丁•普雷(Martin Pre)1979年的定义是“旅游是为消遣而进行的旅行”。我国学者冯乃康先生认为“旅游是以去异地寻求审美享受为主要内容的一种短期生活方式”。这些定义比较强调旅游的目的性，如消遣、审美、求知等。

2．强调旅游时空的定义

世界旅游组织1991年定义：旅游是人们为了休闲、商务或其他目的离开他们惯常环境，到某些地方停留在那里，但连续不超过1年的活动。这一定义比较强调旅游活动的空间性(异地性)和时间性(时间界定)。

3．强调旅游功能的定义

奥地利经济学家赫尔曼•冯•舒拉德(Herman Von Schullard)认为“旅游是外国或外地人进入非定居地并在其中逗留和移动所引起的经济关系的总和”。我国有学者认为“旅游是一定社会经济条件下的一种人类社会经济活动”，“旅游是人们为寻求文化差异所进行的一种暂时性文化空间跨越的行为和过程”。这些从某一学科的视角定义旅游，难免以偏赅全，而且容易导致理解上的困惑和误解(如单纯从经济的角度解释旅游，就容易导致对“旅游”和“旅游业”两者的误读)。

4．强调旅游本质的定义

英国学者伯卡特和梅特利克(Burkat and Metteleake)1972年的定义：“旅游发生于人们前往和逗留各种旅游地的流动，是人们离开他平时居住和工作的地方，短期暂时前往一个旅游目的地运动和逗留该地的各种活动”。这一定义比较强调定义者所认为的旅游“本质”——人的流动。其实这一定义并没有抓住旅游的本质，有些舍本逐末。旅游的本质应是“游”(消遣与审美等愉悦体验)而不是“旅”(人的流动)。谢彦君教授则认为，“旅游是人们以前往异地寻求愉悦为主要目的而度过的一种具有社会、休闲和消费属性的短暂经历”。这一定义强调旅游活动的本质——异地愉悦经历。

5．强调旅游综合关系的定义

汉泽克尔与克拉普夫在1942年的定义(这一定义被“旅游科学专家国际联合会”采用，故称为“艾斯特定义”)：旅游是非定居者的旅行和暂时逗留而引起的现象和关系的总和。这些人不会导致长期定居，并且不会牵涉任何赢利的活动。美国学者罗伯特•麦金托什(Robert Mackintosh)在1980年的定义：“旅游可以定义为在吸引和接待旅游及其访问者的过程中，由于游客、旅游企业、东道国政府及东道国各地区居民的相互作用而产生的一切现象和关系的总和。”这种定义比较强调旅游活动的综合性或强调旅游活动所涉及和产生的广泛社会关系。这种定义在学术界得到较多的认同，如我国的大多数旅游学教材采用这种定义。

面对古今中外对旅游理解的千差万别，“求同存异”是一种现实的状态，探究本真则是科学的必然。从上述系列定义中，可以大致了解到旅游概念的几个本质特征。

(1) 旅游是人的空间位置的移动(与一般贸易物的移动有很大不同)，这种移动是暂时的，这是旅游消费区别于其他消费活动的一个显著特征。

(2) 旅游可以有一个或多个动机，但一般认为旅游的动机与游憩有关，当然也可能包括商务、教育、健康或宗教等因素，这一切构成了旅游的基础。

(3) 旅游是人们的旅行和暂时居留而引起的各种现象和关系的总和，它不仅包括旅游者的活动，而且涉及这些活动在客观上所产生的一切现象和关系。

基于此，旅游是人们以消遣、审美等精神愉悦为主要目的，到日常生活环境之外的地方旅行和短暂逗留的各种身心体验，它是人们的一种异地休闲生活方式和跨文化交流活动，是人类社会发展到一定阶段时人类最基本的活动之一。

3.1.3　旅游的属性

从旅游发展的历史看，旅游是诸多人类社会经济和文化发展到一定阶段的产物，具有经济现象和文化现象的诸多特点。但旅游活动具体是在社会环境中进行的，涉及社会环境中的方方面面，因而旅游活动便成了社会环境中多种现象的综合反映。为此，旅游的基本属性包括以下几个方面。

1. 旅游的社会属性

旅游活动是人类社会经济文化发展到一定历史阶段的产物。只有当社会经济文化水平普遍提高后，才会有现代意识的大众化旅游活动，旅游才会成为人们日常生活不可缺少的活动。例如，沈祖祥先生在《观乎人文以化天下——旅游与中国文化论纲》中说："中国古代的旅游就好像是中国文化的一面折光镜，在这面镜子里，或隐或现反映出时代文化的影子，或强或弱地袒露着中国文化的灵魂。先秦的朦胧，魏晋的颓废，隋唐的高昂，明清的恬静……"

(1) 旅游是社会经济发展到一定水平的产物。原始社会，生产力水平低下，人们日夜操劳，也很难解决日常温饱问题，因而没有可能也无法产生对异地的观赏娱乐需求。到了原始社会后期，由于商业往来的需要，才出现了从一地到另一地的经常的商业往来，产生了人类最早期的商业旅行。人类经历了奴隶社会、封建社会和近代的资本主义社会，随着生产力水平的提高，有闲阶级逐渐形成，少数拥有大量财富和一定权势的王公贵族、富商、僧侣、新兴资产阶级，开始有意识地外出旅游，旅游活动出现了一定的规模。真正现代意义上的旅游，产生于20世纪60年代现代经济的迅速发展时期，居民收入的普遍增加，闲暇时间的大量增长，人们才产生了外出旅游的需求和可能。

根据人们生活水平的变化，可以看到出现了四阶跳跃，即饥饿型—温饱型—小康型—富裕型。到小康时期人们才会产生外出旅游的需要。随着生活水平的提高，人们的旅游方式和内容逐步升级。

(2) 旅游活动的社会精神性。旅游活动总是以一定的物质消耗为基础，因而它是生产力发展到一定阶段的产物。但旅游中的物质消耗不是一般意义上为满足人的生存需要而产生的消耗，它是为满足人自身享乐和发展而产生的一种精神消费。人们外出旅游是为享乐异地文化的丰富内涵和万物带给人的精神洗礼。正是异地文化和精神享受，才成为旅游者前往的根本动因。正常而言，旅游者不会为促进异地经济发展而外出消费。作为旅游经营者，只有为旅游者提供特定的文化精神享受，才会获得自身的经济利益。

(3) 旅游活动的社会组织性。现代旅游已不是单个人或一群人的孤立行为，由于它的影响极其广泛，各国政府都专门设立了各级旅游管理部门，统一组织旅游活动。旅游活动要涉及食、住、行、游、娱、购六大方面，涉及众多的社会部门。对旅游业而言，一次完整的旅游活动，直接或间接涉及多类部门，正是这些部门的优良服务，才会圆满完成一次旅游活动。

(4) 旅游已成为现代人生活的重要组成部分。随着人们视野的开阔，普遍产生了了解更多陌生文化与事物，体验丰富人生的强烈愿望。正是在旅游活动中，人们消除了陌生感，感知了世界，享受了人类的文化成就，产生了认同，提高了自身的社会地位，获得了满足，感到了人生的充实。正因为旅游如此重要，发达国家中外出旅游的人口比例较高。例如，在德国，7 850 万人口中，有 4 500 多万人曾出国旅游，出游率高达 60%；英国人近几年出国旅游的人次接近全国人口的半数；瑞典高达 75%。总之，在经济发达国家，几乎所有的家庭都有旅游预算与开支。随着我国经济的发展，人民生活水平大幅度提高，外出旅游已成为人们日益追求的目标。我国居民收入普遍不高，外出旅游主要表现为短途性。

2．旅游的消费属性

人生的活动包括两个领域：生产领域和消费领域。生产领域肩负着物质生活资料和精神生活资料的生产使命，而消费活动是出于维持个体生存、保证劳动能力的再生产乃至实现个人社会发展等目的而对生产活动的成果的耗用。旅游在其全过程中不向社会也不为旅游者个人创造任何外在的可供消费的资料，相反，却消耗着旅游者以往的积蓄和他人的劳动成果。即使在比较极端的情况下，如仅限于个人的流连山水，陶醉于大自然(而非人化) 的美的恩赐，它也是在消磨本可以用于创造财富的生产时间。所以，旅游无疑是消费行为，不是生产行为。由于旅游是从人的生命波谱中截取的一个波段，因此旅游消费不会完全超脱于一般的日常消费。然而，从消费的导向和构成及各部分的意义上看，旅游消费有大不同于日常消费之处，突出地表现在重视精神内容、追求审美体验，甚至在某些方面表现出对日常生活消费的畸变，而这些均决定于旅游的本质规定性及旅游所具有的外部特征。

3．旅游的休闲属性

旅游所具有的休闲属性是由以下几个方面决定的。

(1) 旅游的目的表现为借助各种可以娱情悦性的活动达到审美体验，这显然区别于为谋生而进行的劳动，也不同于为维持生存而必须从事的活动，如睡眠、吃饭、操持家务等，并且与出自社交目的所进行的应景往来也有区别。在旅游的全过程中，总是自然天赋的随意性和畅神自娱的目的性占据着主导地位，表现出与一切休闲行为的一致的品性。

(2) 旅游是发生于自由时间的行为。虽然在自由时间中人可以从事任何乐于从事的事情，如劳动、睡觉、冥思苦想，但通常人们都利用自由时间从事一些积极的休闲活动，如文化学习、体育锻炼、文化娱乐、培养爱好、社会交往、旅游与消遣等。这些休闲行为从功能上看，显然与劳动有所不同，甚至在分享人生时间上还存在着矛盾。但两者在个人或集体生活中实际上具有同样性质的意义，发挥着互为前提的功能，是人类生活不可缺少的相互对应的两个方面。法国著名建筑师勒·柯布西耶(Le Corbusier)说过："休闲这个词绝不仅反映一种不应提倡的惰性，而是一种付出劳动的巨大努力，一种发挥个人主动性、想象力和创造性的劳动；一种既不能出售也不能赢利的忘我的劳动。休闲是走出机器化这座地狱的大门，它能为每个家庭带来幸福，挣脱陋室的羁绊。"，与其他休闲方式相比，旅游在使用自由时间时有一个明显的特点，即要求用于旅游的自由时间的相对完整性。

(3) 从旅游的活动构成上看，旅游这种休闲行为实际上又是众多的休闲活动的再组合。换言之，旅游是生活的休闲阶段。旅游者在目的地停留期间，除了满足生理需要的活动之外，所有其他活动都几乎是休闲行为，包括观光、游览、与人交往、看电视、听广播和音乐、阅读书报、聊天、室内消遣、体育锻炼、观看节目演出、参加俱乐部活动等。

3.1.4 旅游的特征

从个人简单的旅游行为发展到群体复杂的旅游活动，直至今天大规模的大众旅游流，这是人类旅游活动在不同发展阶段的表现形式，具有明显的时代特征。然而，由于旅游是自古以来从未中断过的社会现象，除了因时代的制约而具有不同的时代特征外，还有其自身最基本的特征。这些特征贯穿于人类旅游活动的始终，古今中外，概莫能外。

1. 旅游的审美性

旅游是一种综合性的审美活动，它集自然美、艺术美、生活美为一体，融风光、文物、古迹、建筑、雕刻、绘画、书法、音乐、戏剧、风情、美食于一体，可以满足人们多种多样的审美情趣。而且旅游本身就是一种审美的社会实践，是一种生动形象、自然具体的审美教育活动。审美性贯穿旅游活动的各个要素。

从旅游主体看，审美追求是旅游者普遍的旅游动机之一。旅游者的旅游形式和内容可能会千差万别，但有一个共同点就是为了陶冶情操、愉悦身心，获得美的享受。旅游活动的食、住、行、游、购、娱每一个环节都能给旅游者以美感。

从旅游客体看，旅游资源是美的载体。旅游资源同其他资源的区别，就是在于它有着美学的特征，具有观赏价值。旅游资源蕴涵着丰富的自然美、社会美和艺术美，对旅游者产生极大的吸引力。

从旅游媒体看，旅游业是创造美和生产美的行业。旅游业不同于一般产业，它是创造美的事业，它的任务就是为旅游者生产和挖掘美的景观、美的艺术、美的商品，提供美的服务和管理。

2. 旅游的异地性

异地性是指旅游活动的进行要以行为主体的空间位移为前提。旅游是人们离开自己的长住地去异国他乡访问的活动，可见旅游是在异地环境中实现的。每个人都生活在一定的时间和空间里，这一定的时间和空间既是人们认识客观世界的基础，也是其认识客观世界的限制。出于“求新、求乐”的心理动机，人们借助旅游以开阔眼界，增长知识，这是旅游异地性产生的主观基础。而另一方面，对旅游者产生吸引力的旅游资源，由于与旅游目的地的时空环境紧密相连，具有地理上不可移动的特点。旅游者只有克服空间障碍，离开其长住地前往旅游目的地才能实现旅游活动，这是旅游异地性产生的客观前提。一个地区的异地性越强，其对旅游者产生的吸引力就越大。

3．旅游的流动性

旅游的异地性决定了旅游的流动性。流动性是指旅游者从常住地流向旅游目的地，进行一段时间的游览活动，最后又返回常住地的“动态”与“静态”相结合的运动表现形式。

从系统的观点来看，一次完整的旅游活动的运动过程是由“动态”和“静态”两部分组成的。所谓“动态”，意指旅游者从离开常住地到结束旅游返回常住地这一期间所发生的多次大空间(如洲际间、国际间和城市间)的位移过程，即旅游经历构成中的“行”；所谓“静态”，意指旅游者在旅游目的地城市游览与逗留期间的活动，即旅游经历构成中的食、住、游、购、娱。虽然旅游者在旅游目的地活动期间要往来于不同的景区点，但从旅游活动的全过程来看，这种市内交通一般不超出旅游目的地所在城市的地域范围，可以视为旅游活动运行过程中的“静态”组成部分。就旅游者对旅游活动过程中“动态”与“静态”运动的愿望而言，总是希望“动态”快、“静态”慢，即“旅速游缓”，以便把有限的时间尽可能多地放在游览上，获得更充实的审美体验。这也对旅游目的地的道路畅通和交通工具的高效提出了更高要求。

4．旅游的暂时性

旅游在时间上的特点，就是人们前往旅游目的地，并在那里做短期停留的访问活动。这种短期停留有别于移民性的永久居留，表现为旅游的暂时性。对于大多数旅游者而言，旅游是其利用社会工作之余的闲暇时间所从事的活动。其动机或是为了恢复体力、愉悦身心，或是为了扩大眼界、增长见识，但无论出于何种动机的旅游都是一种短期的生活方式。因为闲暇时间只是人生全部时间构成中的一小部分，而休闲娱乐也只是人们在工作之余才能从事的活动，旅游是人们暂时性的行为。

5．旅游的综合性

首先，旅游者在外出旅游期间，对食、住、行、游、购、娱等方面的服务都有需求，离不开旅行社设施、餐饮设施、住宿设施、交通运输设施、邮政电信设施、会议设施、商场设施等。旅游者外出进行旅游活动的形式多种多样，如观光、探险、娱乐、探亲访友等，对旅游活动客体内容的要求千差万别。旅游资源既有自然的，也有人文的；既有物质的，又有精神的。旅游活动和社会的、经济的、文化的、自然的要素都有联系，涉及经济社会的诸多方面，诸多要素构成的复杂关系反映了旅游活动具有综合性特点。

其次，旅游已经成为现代人社会生活的基本和必要的组成部分。由于旅游规模日益扩大，使旅游成为一种非常广泛的社会现象，导致旅游者和目的地居民之间形成大规模群体性的社会交往，引发一系列社会文化问题；而随着旅游规模扩大所带来的各种借以运营的商机，旅游业也应运而生，并为旅游者提供各种物质条件和旅游服务，引发一系列社会经济问题；旅游目的地政府出于政治、经济和社会动机的考虑，都对旅游予以充分关注。所以，旅游已不仅仅是旅游者离开长住地前往异地的旅行和访问活动，而且是有广泛和深刻影响的综合性社会现象。

3.2 旅游活动的类型

旅游活动是一种涉及面极其广泛的综合性社会经济文化活动，它涵盖了旅游活动过程中的食、住、行、游、购、娱各个环节。

旅游活动类型是指现实的具体旅游活动中所表现出来的若干不同形式，即旅游活动方式的差异性、多样性和特色性。随着社会经济的发展，旅游活动的参加人数、地域范围和类型也越来越多。因此，无论在旅游学界还是业界，都需要对旅游活动类型进行必要的划分，以便去分析和认识其特点，从而更好地促进其发展。但由于现代旅游是一种综合性的社会现象，各种旅游活动之间存在着大量的交叉与联系，因此对现代旅游活动类型的划分，目前国内外尚无确切统一的标准，人们往往根据研究的需要，从不同的角度采用不同的划分标准进行类型划分，以下划分的标准及类型较为常见。

3.2.1 按旅游目的与内容划分

以旅游目的与内容为划分标准，可分为观光旅游、度假旅游、公务旅游和专题旅游。

1. 观光旅游

观光旅游是以参观、欣赏自然景观和民俗风情为主要目的和游览内容的旅游消费活动。它是最为普通、最为常见的旅游活动类型。这种类型的旅游活动能够给旅游者带来回归自然和精神上自由解放的体验和感受，能够满足旅游者最基本的旅游需求，达到扩大视野、增长知识、调节身心之功效。

2. 度假旅游

度假旅游是旅游者为了避寒避暑，寻求幽雅清静的生活环境，欢度假期、治疗疾病，或参加一些有益健康的体育运动和一些有情趣、有特色的消遣娱乐活动，以达到消除疲劳、减少疾病、适意娱情、增进健康的目的。参加这类活动的旅游者，多是来自经济发达国家的富裕人士。例如，号称“世界旅游王国”的西班牙，每年接待数千万的国际旅游者，大多数属于游海滩、寻阳光和浴海水等度假与保健相结合的活动。

3. 公务旅游

公务旅游是指以公务为主要目的，将公务性活动与游览活动相结合的旅游形式，是旅游外延的一种延伸，主要有商务旅游和会议旅游等形式。

(1) 商务旅游是以商务为主要目的的旅游活动，是旅游市场的重要组成部分，在近几年发展最快。随着世界经济一体化的加快，跨国技术合作等活动日渐增多，当今的商务活动天地十分广阔，如商务考察、调查投资、进行具体项目的业务洽谈、视察所属公司企业的经营活动、参加各种层次和规模的贸易展示会，乃至拜访客户或供货商等，都为商务旅行者在公务之余提供了更多的旅游机会和更广阔的游览空间，进而促进了商务旅游的快速发展。

(2) 会议旅游是第二次世界大战后兴起并迅速发展的一种重要旅游形式。会议旅游的内涵旨在强调会议之余或会议进程中所开展的旅游活动，其实质就是会议与旅游相结合的一种社会活动。由于会议旅游具有消费大、时间长等特点，比一般的旅游接待能获得较高的经济效益，因此成为世界各国尤其是旅游业发达国家与地区竞相发展的一个旅游项目。其中美国、瑞士、法国、英国、意大利、德国、奥地利等国是国际会议旅游的主要接待地，亚洲的泰国、新加坡、中国香港也已经成为会议旅游接待的后起之秀。随着各国旅游业的普遍发展，国内会议旅游已成为各地尤其是风景旅游城市重点开发的旅游项目。

4．专题旅游

专题旅游是以满足某种特定需要为主要目的的旅游形式，具有定向性和专题性。主要有宗教旅游、购物旅游、工业旅游、农业旅游、生态旅游及文化旅游等。

(1) 宗教旅游是以朝圣、拜佛、求法、取经或宗教考察为主要目的的旅游活动形式。一些宗教信徒或出于对各种神灵、佛祖的虔诚，或对名山古寺、教堂圣殿及丰富多彩的古代宗教建筑形式的迷恋，热衷于这种既能达到宗教目的又能获得审美情趣的旅游活动形式。随着社会文明的进步，纯宗教目的的旅行已逐渐发展成为游山玩水和宗教娱乐活动相结合的旅游形式。

(2) 购物旅游是一种以购物为主要目的的旅游活动，它是随着社会经济发展、人民生活水平提高而逐渐发展起来的一种购物与观光游览相结合的旅游方式。据统计，每年进入中国香港的国际旅游者中有 60%左右的人是为了购物，其购物费用也占全部旅游费用支出的 60%左右，使香港成为世界的购物天堂。

(3) 工业旅游起始于 20 世纪 50 年代的法国，后被世界各国效仿。工业旅游，从旅游者的角度来说，是以了解名牌工业产品的工艺流程、发展史和未来科技与工业的发展前景等为主要目的，具有较高科技、知识含量的一种高品位的旅游形式；从旅游经营者的角度看，是在充分利用现有的名牌企业的设施设备和企业文化资源的基础上，赋予旅游内涵主题而开发出来的一种让旅游者乐于购买的新型旅游产品。

(4) 农业旅游亦称农业观光或观光农业旅游，是指以农业资源作为对象的一种新兴的旅游形式。旅游经营者以农业经济和乡村文化为背景，经过精心策划所开发出来的具有明确主体，并提供全程服务的农业旅游产品，也就是所谓的“旅游农业”或“观光农业”。

(5) 生态旅游是近些年国际旅游市场上新兴的一种高品位的特殊旅游形式，代表着旅游发展的潮流与趋势。生态旅游，是一种以大自然和某些特定的文化区域为对象，以回归自然为旅游目的，以不破坏生态平衡和改善自然环境为宗旨的旅游行为。旅游者在良好的生态环境中游览，同时认识自然，了解生态，增强环境保护意识。

(6) 文化旅游是以精神文化和物质文化为主要考察对象，以满足人们对文化知识需求而进行旅游活动的形式。在当代，由于科技的高度发展和教育的普及，人们受教育的程度日益提高，文化旅游的需要也越来越强烈，文化旅游已经成为世界旅游业的一个发展方向。参加文化旅游活动的游客一般具有较高的文化修养，通常有某些方面的特殊兴趣和专长，求知欲望较强，希望通过旅游活动来扩大视野、丰富知识。因此，开展此项旅游活动，需要提供相对特殊的服务和接待方式，导游服务水平要求高。

3.2.2 按地理范围划分

以地理范围为划分标准，可分为国内旅游和国际旅游。

1. 国内旅游

国内旅游是指一个国家的居民离开自己的常住地，在本国境内其他地方进行旅游活动。其特点是从事该活动的人们没有国际的限制，可以是本国公民，也可以是住该国的外国人。根据活动范围的远近，国内旅游又可细分为地方性旅游、区域性旅游和全国性旅游三种具体形式。就国内旅游自身而言，由于活动的距离相对较短、所需时间相对较少、旅游费用较低，基本上不存在文化障碍，同时也不需办理繁杂的手续，因而发展起来比较容易。在当今世界的旅游活动中，国内旅游一直占据着极大的比重。1985 年我国国内旅游活动规模为 2.4 亿人次，1995 年已增至 7.84 亿人次，2005 年已近 12 亿人次。伴随我国经济的持续快速发展和人民生活水平的不断提高，国内旅游需求的规模将继续扩大。

2. 国际旅游

国际旅游是指一个国家的居民跨越国界到一个或若干个国家或地区进行的旅游活动。根据出入国界的方向，又可将国际旅游分为入境旅游和出境旅游。以我国为例，其他国家或地区的居民跨越国界前来我国旅游为入境旅游，我国居民跨越国界到其他国家或地区旅游为出境旅游。在此需要说明的是，目前我国香港特别行政区、澳门特别行政区、台湾省(以下统称港、澳、台地区)的居民前来祖国大陆旅游和祖国大陆居民前去港、澳、台地区旅游都视为国际旅游。从严格意义上讲，祖国大陆与港、澳、台地区的这种互为客源地与目的地的旅游应为国内旅游，但鉴于目前的现实状况，以及出于经济与统计方面的考虑，上述旅游活动都视为国际旅游。

国内旅游活动与国际旅游活动之间最根本的差别在于是否跨越国界，除此之外，从目前的情况来看，两者还有以下一些具体的差别。

(1) 从消费程度方面看，国内旅游的消费层次一般较低，而国际旅游的消费水平通常较高。2003 年，我国国内旅游的人均消费为 724 元人民币，国内一日游游客的人均消费为将近 142 元人民币；入境过夜旅游者在华人均消费为 889.5 美元，入境一日游游客在华人均消费为 34.1 美元。

(2) 从逗留时间方面看，国内旅游者在旅游地区的逗留时间一般较短，而国际旅游者在旅游接待国的逗留时间通常比前者长。2003 年，我国国内旅游活动总量中，一日游人次约占 33.1%，过夜国内旅游者的平均出游天数为 5 天；同年，入境过夜旅游者在我国境内的平均停留时间为 6.5 天。

(3) 从便利程度方面看，国内旅游的开展一般很少存在语言障碍，而且不需要办理什么手续，而出国旅游时大都会遇到语言障碍问题，而且必须办理各种规定的旅行手续，如出入境证件(护照与签证)、海关的报关与验关、卫生检疫、货币兑换，乃至机动车辆入境手续，等等。

(4) 从经济作用方面看，国内旅游消费只是促使国内财富在地区间的重新分配，并不直接带来国家财富总量的增加；而国际旅游则是国际旅游者将其在客源国的所得收入用于在旅游接待国消费，所以会直接造成国家之间的财富转移。

3.2.3 按旅游活动的组织形式划分

按旅游活动的组织形式划分，可分为团体旅游和散客旅游。

1. 团体旅游

团体旅游是将一定数量的人组织起来，以团体活动方式进行的旅游，一般由旅行社、政府部门、企事业单位和社团组织，按照国际旅游行业惯例，团体旅游的同行人数应不少于 15 人。团体旅游的特点是：旅游活动按事先计划进行；安全舒适；价格相对便宜。

2. 散客旅游

散客旅游是指旅游者依个人兴趣，自己选择旅游项目和线路，以个人、家庭或友人结伴进行的旅游活动。他们虽然不经旅行社组织，但有时也通过旅行社办理单项委托代办服务。散客旅游灵活自由，游客的自主性和选择性强。自 20 世纪 80 年代以来，散客旅游形式越来越受到旅游者的青睐。在全球国际旅游市场上，散客旅游人数约占所有旅游人数的 80%。

3.2.4 其他划分方式

(1) 按计价方式：可分为包价旅游和非包价旅游。

包价旅游是旅行社以一定价格向市场推销的成批量组合的旅行路线产品。它分为全包价和小包价两种。前者包括一次旅游活动的全部旅游服务；后者只包括其中主要的几项服务。

非包价旅游是指旅行社根据旅游者需要按单项计价的旅游活动。主要对象是散客，所以非包价旅游又称散客旅游。

(2) 按享受程度：可分为豪华旅游、标准旅游、经济旅游。

(3) 按旅游距离：可分为远程旅游、中程旅游、近程旅游。

(4) 按旅行方式：可分为航空旅游、铁路旅游、汽车旅游、邮轮旅游、徒步旅游、骑车旅游等。

(5) 按活动内容：可分为观光旅游、考古旅游、探险旅游、宗教旅游、种族旅游、文化旅游等。

(6) 按旅游资源特征：可分为风景名胜旅游、城市旅游、海滩旅游、山地旅游、温泉旅游、冰川旅游等。

(7) 按旅游要求的特殊性：可分为特种旅游(如自驾车旅游、攀岩旅游、潜水旅游、滑翔旅游、登山旅游、漂流旅游、科考旅游、探险旅游等)、专项旅游(为社会、经济、文化、科研、修学、宗教、保健、节庆等某一专门目的而进行的旅游活动)、生态旅游(如高科技农业观光旅游、生态农庄旅游、观鸟旅游、户外摄影旅游等)。

3.3 旅游活动的性质与特征

3.3.1 旅游活动的性质

由于旅游者在旅游过程中要同社会环境中的诸多方面发生联系，社会环境中的几乎一切现象都不同程度地表现于旅游者的旅游活动之中，因而旅游活动的性质也便成了社会环境中多种现象的综合反映。纵观人类旅行、旅游历史的演变，尤其是现代旅游的迅速崛起及其发展趋势，可以看出旅游是人类社会经济和文化发展到一定阶段的产物，是以经济活动表现出来的综合性的社会文化活动。

1. 旅游活动是一种社会文化活动

旅游活动不仅是物质资料的消费，更是一种精神文明的享受。因此，从文化角度看，旅游活动是一种文化活动，既是文化的创造过程，又是文化的消费过程。

1) 从旅游主体即旅游者来看，文化因素是旅游者的主要旅游动机

美国旅游学家罗伯特·麦金托什曾将旅游动机划分为 4 种基本类型：身体方面的动机、文化方面的动机、人际方面的动机、地位和声望方面的动机。日本学者田中喜一也把旅游动机归为 4 类：心情的动机(思乡心、交游心、信仰心)、精神的动机(知识需要、见闻需要、欢乐需要)、身体的动机、经济的动机。有的学者进一步指出，旅游者求知、求新、求美的文化动机是出自人类的天性，出自人类“远方崇拜”的特征。所谓“远方崇拜”就是人类对看不到、听不到的远方世界有一种天生的渴求和向往。生命自从它诞生的那一刻起，就在不断追求自身与外部世界的和谐。生命本身正是在这种不断求取与外部世界和谐的审美感应的漫长过程中，获得了从简单到复杂、从低级到高级的发展。“远方崇拜”所产生的憧憬、求索，即求新、求异、求知、求美的探险精神，是人类不断开拓前进的动力。这就从根本上揭示了旅游与文化的血肉联系。

2) 从旅游客体，即旅游资源来看文化是旅游资源的主要内涵

旅游资源不外乎自然旅游资源和人文旅游资源两大类。人文旅游资源包括历史文物古迹、民族文化及其展示场所、重大节庆活动、现代人造旅游资源和经济建设成就等，都是一个国家和民族文化的形象体现。中国的人文旅游资源，是中华五千年文化的结晶。文化意蕴越深厚、越独特，旅游资源的价值就越高。自然旅游资源虽然是大自然赋予的，但一般都经过人类的开发利用。在这一过程中，人们总是以自己的审美意识来对它进行整治、修饰、美化，从而打上自己所处社会文化的印记。构成我国自然旅游资源精华的名山大川，如泰山、黄山、峨眉山、长江三峡等景观，实际上已是“人化”了的自然，它们和华夏民族的传统文化和审美观念已是水乳交融、密不可分了。

3) 从旅游媒介，即旅游业来看，文化是旅游业的依托

旅游是一种高级消费活动，它的消费结构可以分为两大类：一类是物质消费，包括行、住、食、娱等方面的实物结构；另一类是精神消费，即在旅游过程中旅游者所享受到的无形的劳务性价值结构。在这两类消费中，精神消费是更为重要的。旅游者之所以出高价购买旅游产品，就是为了寻求美、获得精神上的愉悦和满足。以食来说，他们不仅要吃饱、吃好，还要享用具有传统文化特色的名菜、名点。住，不仅要消除旅途的疲乏，还要求能享受到具有异国他乡情调的接待和服务。购，不是购买一般的日用消费品，而是买具有文化内涵的工艺纪念品。所以，精神消费也就是文化消费。文化消费构成旅游消费的主体，一个旅游企业不应仅仅把自己的设备、设施看做一种供旅游者使用的物质条件，还应该重视它们的文化内涵，增强它们在文化方面，如建筑、工艺、艺术等方面的民族特色和地方特色，增加产品的吸引力，满足旅游者的需求。另外，为旅游者提供优质服务，需要旅游企业的管理人员和服务人员有较高的文化素质。领导干部除应具有专业知识外，还需要有现代管理意识、市场经济意识、公关意识、开拓意识。

2. 旅游活动是一种经济活动

旅游虽然是一项古老的社会活动，但在古代，却只能局限在少数人和狭小的范围里。旅游活动真正成为社会的一种普遍现象并不断扩大活动的天地，是随着社会生产力水平的不断提高而逐步发展变化的。由于生产力的提高，国民财富的增加，个人可自由支配的收入的提高，才为人们外出旅游创造了经济上的条件；现代科学技术的发展，高速公路的建设，私家车的普及，以及高速列车的出现，为人们开展区域性旅游提供了方便；超音速喷气客机的问世，使洲际距离相对缩小，为旅游者进行远距离旅游提供了现实可能性。从另一个角度而言，旅游活动虽然不是以经济活动为目的，但其整个活动过程必须以经济活动为基础。因为任何旅游者要想在旅游活动过程中，有效地实现旅游的目的和满足旅游需求，都离不开食、住、行、游、购、娱等各方面的服务，这样就需要有专门的服务部门，并与之发生一定的交换行为，从而产生一系列经济活动。因此，旅游活动已不是一种单一的社会文化活动，而是建立在以经济活动为基础，把多种要素集合在一起的综合性社会活动。特别是随着以提供旅游服务为主的旅游业的产生和迅速发展，现代旅游就逐渐发展成以旅游为目的、以经济活动为基础的旅游经济活动。

3. 旅游活动是一种综合性活动

随着理论研究的不断深入，人们逐渐认识到，旅游活动并不能被简单地归结为经济活动或者是文化活动，旅游活动事实上是一项综合性的社会活动。

自第二次世界大战以来，世界范围内生产力高速发展，经济整体大幅度向前推进，人员、货物空间流动成本不断降低，由此带动了旅游业的大发展。随着旅游产业体系在世界范围内被建立起来并不断得到完善，人们发现作为第三产业的旅游业因处于国民经济体系中产业链的下游位置，该产业的发展需要众多其他产业和部门的支撑，构成旅游业的很多部门(如旅游交通业、旅游饭店业)也分别属于其他传统的产业部门。无论是从产业发展的宏观角度考查，还是从微观的旅游者具体需求的满足过程来看，旅游活动的顺利进行都离

不开众多的其他产业和部门的支持。旅游业因此具有了综合性产业的某些特征。另一方面，旅游活动的开展也不只带来经济效应和社会文化效应，它还可能带来诸多的其他效应。例如，国际旅游的展开，不但有助于改善和提高接待国家的对外形象，而且还有助于加深国际间相互理解，消除彼此间的偏见和误会，从而有助于缓和并消除国际间的紧张局势，推进世界和平，这就是旅游活动的政治效应。

3.3.2 现代旅游活动的特点

旅游活动作为人类社会生活的一项重要活动，具有下列基本特征。

1. 现代旅游活动的大众性

现代旅游活动的大众性，意指现代旅游活动参加者的范围已普及到社会各阶层，且普通劳动大众已成为现代旅游活动的主体。与古代旅游和近代旅游相比，普通劳动大众成为活动的主体是现代旅游最重要的特征。在第二次世界大战之前，旅游活动作为一种精神享受，参与者主要以社会上的少数上层人士为主。第二次世界大战后，随着世界经济的增长、社会财富的增加，越来越多的劳动大众已有经济能力参与到旅游活动中来，从而使现代旅游活动在世界大多数地区演变为一种社会性活动。

在经济发达国家，旅游已经变成与衣、食、住、行同等重要的生活必需品。大多数家庭每年都有自己的旅游计划和旅游预算，即便是一些收入较低的家庭，依靠自己的经济实力无法实现旅游，政府和社会有关组织会提供资助或补助，帮助他们外出旅游，这便是所谓的社会旅游(social tourism)。总之，旅游活动是现代社会人人享有的权利已经成为社会的共识。

2. 现代旅游活动的季节性

旅游的季节性是指旅游活动因受到自然条件和社会文化因素的制约，而呈现出淡季与旺季的差异性。

首先，自然条件的影响。主要指那些以自然风光为主体的旅游目的地，因受所处地理位置的制约，其旅游观赏功能的发挥具有明显的季节性。例如，钱塘江观潮在每年农历八月十五日最为壮观；泰山观日出须在秋冬为宜；哈尔滨观冰雕只有在寒冷冬季，并非一年四季都具有吸引力。

其次，社会文化因素的影响。一是指因某些人文旅游资源诸如传统的民族、民间的节庆活动和某些宗教纪念日都有一定的时间(季节)性。二是指因受传统习俗的影响，导致人们出游的时间相对集中在一定的季节里。例如，具有中国人文特征的祭祖和清明节扫墓等习俗，正是广大港澳台同胞和一些华侨、华人选择在春节和清明节前后回内地和回国旅游的主要动因。而西方在圣诞节期间，也同样会掀起一阵旅游热潮。三是指人们的带薪假期和闲暇时间的分布具有一定的季节性。一般而言，学校师生集中在寒暑假出游；北欧国家的带薪假期相对集中在1～3月；而我国的清明节、端午节、中秋节、“五一”国际劳动节、国庆节、春节等节日又形成了“假日旅游”的小高潮。

3．现代旅游活动的地理集中性

当前全世界 90%以上的国际旅游者来自发达国家，它们是主要的旅游客源国，同时它们又接待了全球 80%的国际旅游者，是主要的旅游目的地国，其中欧洲又是当前国际旅游最主要的市场，历来占国际旅游人次及旅游收入的 60%～70%，这又体现出现代旅游的地理集中性特征。现代旅游的地理集中性还反映在一个国家、一个地区、一个城市旅游者分布的相对集中性，也就是说旅游者不是平均分散在各个城市进行活动，而是沿着他们选择的旅游线路到一些地方旅游，从而出现了一些需求较大的旅游线路和旅游地，即所谓的旅游热线和旅游热点。了解和认识现代旅游活动的地理集中性特征，无论是对于宏观层面上的旅游规划与管理，还是微观层面上的旅游企业管理，都具有十分重要的现实意义。

表 3-1　1950—2000 年全球各地区国际旅游接待量的市场份额

分区＼年份	1960	1970	1980	1990	2000
欧洲地区	72.5%	70.5%	65.8%	62.4%	57.8%
美洲地区	24.1%	23.0%	21.4%	20.4%	18.4%
东亚太地区	1.0%	3.0%	7.3%	11.6%	15.9%
中东地区	1.0%	1.4%	2.1%	1.6%	3.0%
非洲地区	1.1%	1.5%	2.6%	3.3%	4.0%
南亚地区	0.3%	0.6%	0.8%	0.7%	0.9%

(资料来源：世界旅游组织统计资料.)

表 3-2　1950—2000 年全球前 10 位旅游目的地国家的市场份额

排名	1950 年	全球份额	1970 年	全球份额	1990 年	全球份额	2000 年	全球份额
1	美国	71%	意大利	43%	法国	38%	法国	35%
2	加拿大		加拿大		美国		美国	
3	意大利		法国		西班牙		西班牙	
4	法国		西班牙		意大利		意大利	
5	瑞士		美国		匈牙利		中国	
6	爱尔兰	17%	奥地利	22%	奥地利	19%	英国	15%
7	奥地利		德国		英国		俄罗斯	
8	西班牙		瑞士		墨西哥		墨西哥	
9	德国		南斯拉夫		德国		加拿大	
10	英国		英国		加拿大		德国	

(资料来源：世界旅游组织统计资料.)

4．现代旅游发展的持续性

第二次世界大战后以来，国际旅游总的发展趋势是持续上升的。由于受供需等多方面因素的制约和影响，具体到一定地区或国家，现代旅游的发展在一定时期出现波动或倒退是完全可能的。但现代旅游活动具有较强的替代性，一个国家或地区旅游市场减少可能会被另一个国家或地区的游客增多所弥补；国际旅游人次下降可能被国内旅游人次上升所替代。总之，只要不发生新的世界大战或全球性的严重危机，现代旅游活动的持续增长一定会持续下去。

表 3-3　1950—2009 年世界国际旅游人数及收入增长表

年份	国际旅游人次/万	国际旅游收入/亿美元
1950	2 530	21
1960	6 930	69
1970	15 969	179
1980	28 484	1 023
1990	45 800	2 678
1998	63 500	4 394
2007	90 300	8 560
2008	92 400	9 000
2009	88 000	8 190

(资料来源：世界旅游组织统计数据.)

表 3-4　1980—2005 年中国入境旅游流量

单位：万人次

年份	总计	外国人	华侨	港澳台同胞
1980	570.25	52.91	3.44	513.90
1985	1 783.31	137.05	8.48	1 637.78
1990	2 746.18	174.73	9.11	2 562.34
1995	4 638.65	588.67	11.58	4 038.40
2000	8 344.39	1 016.04	6.00	7 320.80
2005	12 029.23	2 025.51		10 003.72

(资料来源：国家旅游局统计数据.)

5．现代旅游活动的竞争性

现代旅游活动的竞争是全方位、多层次的，也是空前激烈的。不仅表现在国家之间、地区之间，还表现在旅游企业之间。无论是国际旅游市场还是国内旅游市场，在争夺旅游客源、旅游代理商、扩大市场占有率等方面都使尽浑身解数，采用各种措施进行竞争。首先，旅游目的地国家(地区)或旅游企业争相免费组织旅游代理商进行踩线推介，以加深他们对该旅游目的地或旅游企业的全面了解，并向旅游代理商提供经营该旅游目的地产品的支持费；其次，加强旅游宣传与推介，充分利用各类旅游博览会、推介会及各媒体介绍旅游目的地的旅游产品；再次，各旅游企业注重旅游产品的创新，以引导和适应现代旅游的发展，从而提高自身的市场竞争力。例如，旅游服务方面，突出强调服务的全面、周到和细致，推出多样化、舒适化和个性化的服务；在旅游设施方面，在不断完善旅游基础设施建设的同时，大力发展旅游的上层设施，营造旅游发展的良好环境与氛围等。

本章小结

旅游是人们以休闲、愉悦为目的，离开常住地到异地做短暂停留过程中所引起的一切现象和关系的总和。旅游具有审美性、异地流动性、季节变动性等特点。旅游是一项以文化交流为基础，涉及政治、经济、社会等各方面的综合性大众社会活动。

关键词及概念

旅游活动　艾斯特定义　国际旅游　国内旅游

复习思考题

一、简答题

1．试析现代旅游活动的性质。
2．谈谈你对旅游属性的认识。
3．旅游活动的特点有哪些？认识旅游活动的特点有什么意义？
4．分析旅游季节性的成因。

二、论述题

1．试分析“艾斯特定义”的内容和特点，该定义是否有局限性？狭义的旅游定义是怎样的？

2．试析国际旅游与国内旅游之间的差别，并分析差别产生的原因。

三、讨论题

如果把人生比作一个波谱，那么，休闲行为就是这个波谱上的一段，而旅游将是休闲当中的一段。如果将每一次休闲所使用的时间长短和跨越的空间远近来衡量各种休闲行为的话，旅游将是用时最长、离家最远的一种休闲行为。但有人说旅游与其他休闲行为没有多少不同，不值得专门研究，而应该一般性地研究休闲行为(或现象)。你认为这种说法对吗？为什么？

四、案例分析题

旅游是产业吗？

在旅游理论界曾经有“旅游是产业”和“旅游不是产业，而是一种社会经济现象、一种部门或一种事业”两种不同的观点。对旅游是不是产业的争论也由来已久。1927 年罗马大学讲师里奥蒂(Riotti)出版了旅游专著《旅游经济讲义》，首次提出旅游活动是属于经济性质的一种社会现象，并从经济学角度对旅游现象做了系统的剖析和论证。1935 年柏林大学葛留克斯曼教授(Glucksmann)在出版的《旅游总论》一书中，提出了与里奥蒂完全不同的看法，他定义旅游活动是：“在旅居地短时间旅居的人与当地人之间各种关系的总和。”1942年瑞士学者汉泽克尔和克拉普夫提出了旅游定义，即“艾斯特”定义，把旅游现象界定为“综合性的社会现象”而不是仅指旅游业。

20世纪50年代中期，世界旅游发展进入“大众旅游”阶段，旅游所带来的大量外汇收入，使人们普遍认为旅游是具有重要经济意义的活动。1979年利珀(Leiper)给旅游下了一个定义，定义本身没有引起旅游界的认可，但定义中明确提出的“旅游业”(tourist industry)一词影响却比较大，使一些学者把旅游当成产业去研究。以利珀为代表的研究者主张旅游是产业，由服务于旅游者的相关企业组成。澳大利亚环境委员会娱乐和艺术部(the Senate Standing Committee on Environment，Recreation and the Arts)声称“旅游是澳大利亚增长最快的产业，已经成为澳大利亚最大的外汇赚取产业”。现代旅游给各国或地区带来的普遍的经济收入增长，使“旅游是产业”的观点影响越来越大。

但是，还有一些研究者坚持“旅游不是产业”的观点。例如，戴维森(Davidson)认为旅游不是产业，而是由旅游供给相关联的许多产业的集合。威尔逊(Wilson)认为旅游不是产业，而是一组与旅游有关的相关产业的组合。张广瑞认为“旅游不是产业”，因为：①旅游是一种社会现象，不是一种生产性活动；②所有旅游者支出的综合并不是这一组相似企业的收入所得；③旅游是一种经历或过程，不是一种产品——这种经历又是相差悬殊的。戴斌认为在市场经济社会里，旅游是经济活动(economic activities)，还具有社会互动、文化影响、环境保护等方面的色彩，提出从学术规范的角度出发，应该首先从“事业”(undertaking)而不是“产业”(industry)的角度去看待旅游。世界旅游组织也认为旅游不是产业，经济活动只是企业与旅游者之间发生关系的一个内容。

旅游究竟是不是产业？从以上争论还不能分辨，只有在理清旅游基本概念的基础上，才能做出判断。

(资料来源：韩春鲜．旅游概念诠释[J]．经济地理，2006(S2).)

问题：旅游究竟是不是产业？你持什么样的观点？

第4章　旅游客体

学习目标

知识目标	技能目标
1. 了解旅游资源的概念、特点与分类 2. 掌握旅游资源的开发与保护 3. 了解旅游产品的概念、特点与分类 4. 掌握旅游产品的生产原则及组合生产 5. 了解旅游新业态的概念、特点、形成机制与类型	1. 能够运用旅游资源的分类方法对特定旅游地的旅游资源进行分类 2. 能够运用旅游资源开发与保护理论对特定旅游地的旅游资源进行开发与保护 3. 学会对旅游产品进行分类 4. 能够运用旅游产品的主要生产原则开展旅游产品生产活动 5. 运用旅游新业态的相关知识开发旅游新业态

知识结构

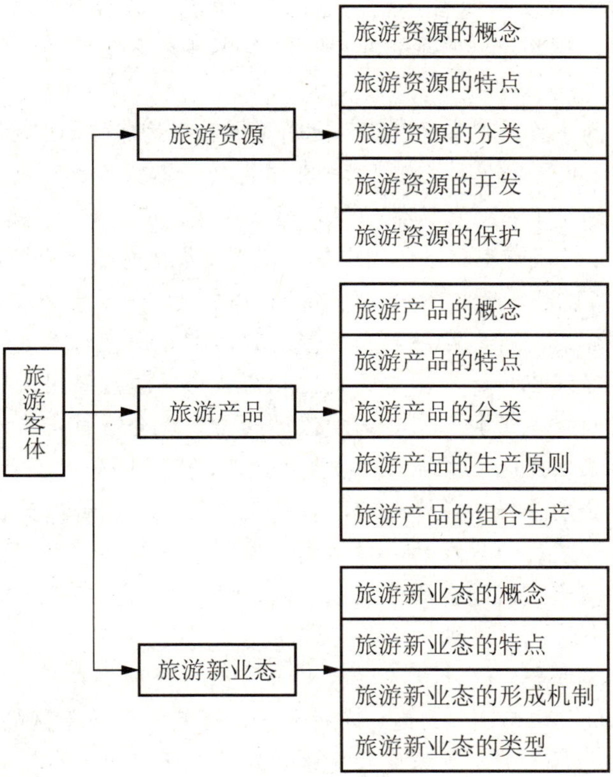

导入案例

黄山市旅游新业态精彩纷呈　不再“单一靠门票过日子”

黄山市歙县霞坑镇石潭村远近的山头上都是雪白的菊花，山风裹挟着淡淡的花香。“十一”国庆节期间，大大小小的旅游车辆几乎占据了石潭村中所有空余的空间，不收门票的村子里到处是全国各地慕名而来的游客，原本宁静的山村变得如同闹市。

石潭是黄山市推出的“百佳摄影点”之一。黄山市像石潭这样自然风光和人文精华俱佳的摄影点有 148 个。据统计，2011 年“十一”黄金周前 6 天，纷至沓来用镜头凝结黄山市内美景的国内外的摄影人和背包客有近 20 万人次。

近年来，黄山市加速推进的旅游产业转型升级，催生了百佳摄影点、乡村休闲会所等多姿多彩的旅游新业态，形成了以观光旅游、文化旅游、生态旅游、乡村旅游、休闲旅游为主的旅游产品体系，使黄山市旅游彻底告别“单一靠门票过日子”的历史。

旧称徽州的黄山市不仅历史悠久、文化灿烂，而且区域范围内风景名胜星罗棋布，黄山、太平湖、徽州民居等都是中外游客了解中国人文和自然风光的重要的旅游目的地。

但是，由于多年来始终沿袭“景区带动型”的发展模式，黄山市旅游业犹如“小马拉大车”，存在三大先天不足：一是自然观光型旅游唱主角，旅游产品结构单一脆弱；二是旅游消费以食住行为主，制约旅游产业链延伸；三是不适应多层次的游客不同需求，体验性差、“回头客”少。

2009 年，安徽省着手推进皖南的黄山、池州等市联手构建皖南国际旅游文化示范区，加快建设以黄山、九华山为重点的具有浓郁徽文化特色的世界级旅游胜地。经过近两年的努力，黄山市旅游业逐步开始变单一“景区带动型”为“景区、城市双带动型”，变传统的旅游景区开发模式为“中心旅游城市＋旅游休闲小镇”模式，加快自然观光型旅游向休闲度假型旅游转型，推动旅游服务以观景为核心向以消费为核心转变，一大批新兴旅游业态不断涌现。

碧波泛舟，廊桥环绕，行走在黟县秀里影视村，湖光山色与粉墙黛瓦交相辉映，引人入胜；徽州区唐模景区汪应川故居，中西文化相得益彰，这座经用法国家庭旅馆理念修缮装饰的徽派古民居因此重现光彩；东黄山度假区的篝火晚会、自行车漫游、知青遗迹、小镇风情，让到访的游人顿感这里洋溢着“罗曼蒂克”的情调……

黄山市旅游委员会副主任项敬贤介绍，目前该市形成了以黄山为代表的山岳观光休闲旅游区，以黟县西递和宏村为代表的乡村休闲旅游区，以歙县“徽州古城”为代表的古城体验旅游区，以太平湖为代表的会议休闲旅游区，以九华山、齐云山为代表的宗教文化和养生休闲旅游区等多个特色旅游板块。

来自黄山市旅游委员会的统计数字显示，“十一”黄金周前 6 天，该市累计接待中外游客已经超过 200 万人次，但黄山、西递、宏村和花山谜窟等传统景区的接待总数仅为 33 万余人次，将近 70%的游客是被众多深度开发旅游新业态所吸引。

（资料来源：http://news.xinhuanet.com/society/2011-10/07/c_122124752.htm.）

思考：黄山市推出了哪些旅游新业态，带动了旅游业的新发展？

旅游客体是指存在于自然环境和社会生活中的，对广大旅游者产生吸引力的事物和现象。它是旅游业赖以生存和发展的前提条件，是旅游业产生的物质基础，主要包括旅游资源、旅游产品和旅游新业态等内容。因此，全面而深刻地了解旅游资源、旅游产品及旅游新业态等相关内容，对促进旅游业持续和健康发展，将是一件意义深远的事情。

4.1 旅游资源

4.1.1 旅游资源的概念

旅游资源的概念，不同的学者有不同的定义，可谓是“仁者见仁，智者见智”。目前，关于旅游资源的定义主要有如下几种。

(1) 凡是足以构成吸引旅游者的自然和社会因素均统称为旅游资源(《旅游概论》编写组，1982)。

(2) 凡是能为人们提供旅游观赏、知识乐趣、度假休闲、娱乐休息、探险猎奇、考察研究，以及人们友好往来和消磨闲暇时间的客体和劳务，都可称为旅游资源(郭来喜，1985)。

(3) 旅游资源是在现实条件下，能够吸引人们产生旅游动机并进行旅游活动的各种因素的总和(陈传康、刘振礼，1990)。

(4) 凡能激发旅游者旅游动机的，能为旅游业所利用的，并由此而产生经济效益和社会效益的自然和社会的实在物(孙文昌，1989)。

(5) 自然界和人类社会凡能对旅游者产生吸引力，可以为旅游业开发利用，并可产生经济效益、社会效益和环境效益的各种事物和因素，都可视为旅游资源(国家旅游局开发司，1992)。

(6) 旅游资源是指通过开发后能够吸引旅游者的客观存在物。就是在自然环境和人文环境中，可以引起旅游者的兴趣并可加以利用的物质条件(钱今昔，1993)。

(7) 凡是自然力和人类社会造成的，有可能被用来规划、开发成旅游消费对象的物质或精神的诸多因素，都可以视作旅游资源(杨时进，1996)。

(8) 客观地存在于一定的地域空间并因其所具有的审美和愉悦价值而使旅游者为之向往的自然存在、历史文化遗产和社会现象(谢彦君，2001)。

分析上述各种定义，可以看出，虽然它们各自的出发点和强调的重点有所不同，但就资源的基本属性而言，大致是一致的。主要表现在以下三个方面。

首先，旅游资源与其他资源一样，是一种客观存在，是旅游业发展的物质基础。无论是水光山色、植物动物、变幻天象，还是文物古迹、古今建筑、民族风情等，都是物质的。对于这些形态化的物质资源，绝大多数人都有认同感。而人们对于诗词曲赋、神话传说、寓言故事等无形的、不易感知和触摸的非物质的意识现象，则往往缺乏认可与理解。但实际上，它们产生于物质基础，并依附于物质基础而存在。而且这种精神文化往往是物质景点的灵魂所在。例如，许仙和白娘子的故事，发生于西湖断桥和镇江金山寺，为上述两地注入了活的灵魂，吸引了大量的游客；上海海派文化与现代化都市风貌相结合，成为其旅游资源重要的组成部分。据此，无论是具体形态的旅游资源，还是依附于物质景观的精神文化旅游资源，其实质仍然具有客观实在性。

其次，旅游资源具有激发旅游者动机的吸引性。这是旅游资源的最大特点，也是旅游资源理论的核心。在现代旅游活动中，作为客体的旅游资源与主体(旅游者)的关系密不可分。西方人将“旅游吸引物”作为旅游资源的代名词，足以说明吸引功能对于一事物能否成为旅游资源的重要性。与其他资源相比，旅游资源最大的特点就在于它能激发旅游者的旅游动机，吸引游客到异地进行旅游观赏、消遣娱乐、休憩疗养、登山探险、科学考察、文化交流等旅游活动，以此来陶冶性情，丰富自己的文化生活。

最后，旅游资源能为旅游业所利用，并由此产生经济、社会和生态效益。资源一词，本身属于经济学范畴，离开资源的经济价值来谈资源是毫无意义的。旅游资源具有资源的一般属性，正是这种属性的界定，使得旅游资源的开发利用必能带来一定的经济效益。旅游资源的效益功能不能只用经济效益来衡量，还应注重社会效益。某些企业或个人用于招揽游客的赌博、色情、迷信活动等，虽然暂时可以得到可观的经济收入，但它败坏了社会风气，破坏了社会长远的经济效益和社会效益，是绝不容许的，绝不能成为旅游资源。旅游资源的利用对生态环境平衡的功能并没有被广泛认识。一座城市中的著名风景名胜区，除了能够为城市带来经济、社会效益外，从生态学的角度分析，也能对城市生态平衡起着积极的作用。

综上所述，旅游资源是指在自然和人类社会中能够激发旅游者产生旅游动机并进行旅游活动，为旅游业所利用并能产生经济、社会和生态效益的客体。

4.1.2 旅游资源的特点

旅游资源是自然、历史、社会等因素共同作用而形成的，是一种极为特殊的资源，它既有其他资源的一些共性，更重要的是它还有一些自身所独具的特性。例如，旅游资源是地理环境的一部分，故其具有地理环境组成要素所具有的时空分布特征和动态分布特征；同时作为旅游活动的客体，社会、经济、文化因素，又使它具有历史人文的特征和经济的特征。

1. 美学的观赏性

旅游资源同一般资源最主要的区别，就是它有美学特征，具有观赏性。既有雄、奇、险、秀、幽、旷、奥、野等形象美，又有动与静结合的形态美；既有蓝天、白云、青山、绿水等色彩美，又有建筑、造型、气势等时代美……它们都给游客以符合生理、心理需求的美的享受，使人们的精神、性格、品质等在最具美质的各类旅游资源中找到对象化的表现。

2. 分布的区域性

旅游资源总是分布于一定的地理空间，在其形成过程中又受到该特定区域地理环境各要素的制约，又反过来反映着区域环境的特色。例如，中国北方与南方地理环境的差异，造成自然景观、人文景观南北特色迥然不同。北方山水浑厚，建筑体型巨大，人的性格粗犷、豪放；南方山清水秀，建筑玲珑剔透，人的性格细腻、灵秀。正所谓“一方水土养一方人”。正是旅游资源的地域差异性，导致一地的旅游资源对另一地旅游者形成吸引力，从而产生旅游者的空间移动。有“无差异亦无旅游”之说，旅游资源开发中所讲究的特色原则，就是要求尽最大努力挖掘旅游资源地的地方特点，突出特色，吸引游客。

3．地域的固定性

旅游资源总是存在于某一特定的地理空间中，即旅游资源在地域上是固定的和不可移置的。旅游资源与区域环境融为一体，与地域文化密不可分，而区域大环境和地域特色文化，具有明显的空间固定性。各种旅游资源都分布在与之相适应的地理环境和区域环境中，带有强烈的地方色彩和区域特征，这也正是旅游资源个性特征的体现，而与之相适应的环境是个性特征及内涵存在的必要条件。离开了必要条件，它们的个性、特殊的内涵及其吸引力也就消失了或者大大降低了。自然旅游资源是在一定自然地理条件下形成的，因而不可移置；历史古迹旅游资源是人类社会在特定的地域环境和特定的历史条件下的产物，为过去历史的见证，它们在地域上也是固定的。例如，把秦始皇陵兵马俑运到外地去展出，脱离当地环境，人们就难以感受到两千多年前秦军兵强马壮、气势磅礴的阵容，以及秦始皇统率百万大军叱咤风云统一中国的宏伟业绩；在现代经济和技术条件下，在其他地方仿制的一些旅游景观由于脱离了当地的历史和环境，景观生态关系不完整，仿制品已失去了原有的魅力和意义，而是变成一项新的资源种类。因此，旅游资源地区的固定性使得旅游资源的开发利用一般应在当地进行，即旅游基本上是旅游者移动到旅游资源地的活动，而不是把资源运到其他地方再加工利用。

4．季节的变化性

旅游资源的季节变化性指景物有随季节变化的特征，并且影响到旅游活动和旅游流的季节变化。这表现在如下三方面：

第一，有些自然风景只在特定的季节或时期出现。洛阳的牡丹花，每年四五月最好看；开封的菊花要到秋季开放；观看北方的冰雪、雾凇要到冬季。

第二，同样的自然景物在不同的季节里展现出不同的风姿。例如，同样一座山，春夏秋冬四时之景不同。实际上，许多景物的命名就包含了一定的气候变化现象，如西湖十景中的苏堤春晓、曲院风荷、平湖秋月、断桥残雪等。

第三，一些人文景象或活动也是在特定的季节或时间里出现。庙会、传统民族节日都是在特定的时间出现。

从上面的内容可以看出，影响旅游资源季节变化的主要因素是自然条件，特别是气候条件的季节变化，其次是人为因素。由于旅游资源的季节性，形成了旅游明显的“淡季”、“旺季”和“平季”之分。例如，我国东部的城市多在一年内出现春、秋两个高峰期；西北干旱地区，如乌鲁木齐和呼和浩特全年只有八月一个高峰期；而哈尔滨的冰灯、潍坊的风筝节、洛阳的牡丹花会都会引起突发的旅游高峰。

5．生态的整体性

任何一种旅游资源都不是孤立存在的，而是与其他各种旅游资源相互依存、相互作用，共同形成一个和谐的有机整体。孤立的景物要素很难形成具有吸引力的旅游资源。存在于地域的各种各样的旅游资源，正是以一个有机整体来发挥其旅游吸引力，实现其旅游价值的。一般来说，一个地区的旅游资源的种类越多，联系越紧密，其生命力就越强，地区整体景观效果就越突出，综合开发利用的潜力也就越大。例如，桂林山水、杭州西湖、北京名胜，就是以种类繁多、综合特征突出而成为中国著名旅游区的。例如，一条河流要形成一条风景走廊，是其两岸的远山近木、水势峰情、民风民俗、飞桥高阁共同作用的结果。长江作为我国的一条“黄金旅游线”不仅是由于其具有江涛滚滚、银光闪闪的水色美，更由于游人泛舟江上，可以领略惊险、雄伟而秀丽的峡谷景观，可以探访巴、楚古代遗址、古建筑，可以游览河网稠密、湖荡棋布的水乡泽国、鱼米之乡，可以体验三峡工程之雄伟壮观，犹如在一条自然景观和人文景观都极其丰富的风景走廊和知识宝库漫游。例如，山和水的组合：“山得水而活，水得山而媚”，说明山、水组合的景观才更吸引人，否则是一潭死水或者是死气沉沉、毫无生气的山。

6. 吸引力的定向性

任何一种旅游资源的吸引力都有定向性，它只能吸引旅游市场的某一部分游客，而不可能对全部旅游市场都具有同样强度的吸引力。例如，宗教类旅游资源只对信仰宗教的人士和对宗教充满好奇的人具有吸引力；探险类旅游资源只对爱冒险的旅游者具有吸引力。因此，在发展旅游业、开发旅游资源的过程中，应根据自身旅游资源的特性，选择特定的旅游市场作为自己的目标市场。对于资源开发，以及有针对性地开展旅游目的地营销工作都具有重要的指导意义。

7. 不可再生性

旅游资源，除人工可以栽培与繁殖的动植物外，可以说是一种不可再生的资源，如果利用和保护不当，是很容易遭到破坏的，一经破坏，也难以恢复。例如，石灰岩溶洞，正常发育的钟乳石 100 年才长 1 厘米，即使游客高度文明，自觉维护洞穴环境，但若不控制洞穴容量，让过多的游客涌入，会改变洞穴小气候，加速洞穴化学沉积物的风化和破坏。再如，张家界石英砂岩峰柱是在 3.8 亿年前形成的，一旦被毁，就无法恢复。泉城济南，过去那种“家家泉水、户户垂柳”的美好景象，由于对水源地缺乏保护，已不复存在，甚至连著名的趵突泉、珍珠泉，也濒临断水的危机。许多人文景观是由特定的历史条件综合作用形成的，具有唯一性，一旦破坏，即使进行人工修复，也难现昔日风采。

旅游资源的不可再生性决定了对其进行保护的重要性。基于不可再生旅游资源开发所形成的产品，大多是自然创造物和历史遗存。旅游资源的开发，不是建造山水和文物，而是构筑向大众展示的平台，目的是让旅游者能够更好地从不同角度去感受这些旅游产品。

4.1.3 旅游资源的分类

旅游资源品种多、分布广，有着极大的开发利用潜力。为了深入认识与研究旅游资源，掌握其特点、规律，以便更好地加以开发利用和保护，更大限度地满足旅游者的需求并取得良好的经济效益和社会效益，必须对旅游资源进行科学分类。

1．旅游资源分类的概念

旅游资源的分类，是根据旅游资源的相似性和差异性进行归类或划分出的，具有一定从属关系的不同等级类别的工作过程。在所划分出的每一类别中，其属性上彼此有相似之处，不同类别之间则存在着一定差异。

2．旅游资源分类的原则

要对旅游资源进行分类，首先必须确定分类标准，标准不同，其分类结果必将大相径庭。人们可以从旅游资源产生的原因、是否可以再生、利用方式等各种角度来进行分类。分类的原则是分类的准绳、标准，只有遵循一定的原则才能保持分类的科学性和实用性。旅游资源分类的原则主要有以下几种。

1) 相似性与差异性原则

此原则也称共同性与排他性原则，即分类时不能把不具有共同属性的旅游资源归为一类，所划分出的同一级同一类型旅游资源，必须具有共同的属性，不同类型之间应具有一定的差异。

2) 与概念一致原则

此原则分类应以旅游资源的定义作为出发点，确定分类的范围和内容。所划分出的次一级类型内容，必须完全对应于上一级类型的内容，不能出现下一级内容超出上一级或少于上一级内容的现象。

3) 系统性原则

旅游资源是一个复杂的系统，它可以分为不同级别、不同层次的亚系统。因此，分类时，必须逐级进行分类，以避免出现越级划分的逻辑性错误。

4) 可操作性原则

旅游资源的分类是一项实践性很强的工作，在进行分类的过程中，必须考虑资源的定量评价与资源的实际开发问题，确定分类指标和体系。同时必须可以指导旅游资源的调查与开发，否则将会与实际脱节，成为纯理论的专项研究，淡化旅游资源分类的目的和意义。

3．旅游资源类型的划分

1) 1992 年版旅游资源分类方案

按照旅游资源的成因进行划分，将旅游资源划分为自然旅游资源与人文旅游资源两大系列，这是目前最常见、应用最广泛的一种分类方案。最为代表性的是始于 1990 年由中国科学院地理研究所牵头的“普查分类法”，将旅游资源划分为两级 8 大类 108 种。其中第一级 8 大类分别是地表类、水体类、生物类、气候天象类、历史类、近现代类、文化游乐体育胜地类和风情胜地类。

1992 年，在由国家旅游局和中国科学院地理研究所起草的《中国旅游资源普查规范》中，将上述资源分类体系进一步浓缩，形成了以旅游资源本身的特性作为分类标准的《中国旅游资源普查规范(试行稿)》向全国推荐。它提出的资源分类是由 2 大类 6 类 74 种基本类型组成，其分类情况如下。

(1) 地文景观类。地文景观类共有 13 种基本类型：典型地质构造，标准地层剖面，生物化石点，自然灾变遗迹，名山，火山熔岩景观，蚀余景观，奇特与象形山石，沙(砾石)地风景，沙(砾石)滩，小型岛屿，洞穴，其他地文景观。

(2) 水域风光类。水域风光类共有 7 种基本类型：风景河段，漂流河段，湖泊，瀑布，泉，现代冰川，其他水域风光。

(3) 生物景观类。生物景观类共有 6 种基本类型：森林，古树名木，奇花异草，草原，野生动物栖息地，其他生物景观。

(4) 古迹与建筑类。古迹与建筑类共有 32 种基本类型：人类文化遗址，社会经济文化遗址，军事遗址，古城和古城遗址，长城，宫廷建筑群，宗教建筑与礼制建筑群，殿(厅)堂，楼阁，塔，牌坊，牌碣，建筑小品，园林，景观建筑，桥，雕塑，陵寝陵园，墓，石窟，摩崖石刻，水工建筑，厂矿，农林渔牧场，特色城镇与村落，港口，广场，乡土建筑，民俗街区，纪念地，景观地，其他建筑或其他古迹。

(5) 消闲求知健身类。消闲求知健身类共有 11 种基本类型：科学教育文化设施，休疗养和社会福利设施，动物园，植物园，公园，体育中心，运动场馆，游乐场所，节日庆典活动，文艺团体，其他消闲求知健身活动。

(6) 购物类。购物类共有 5 种基本类型：市场与购物中心，庙会，著名店铺，地方产品，其他物产。

2) 2003 年版中华人民共和国国家标准分类

2003 年，在国家旅游局提出并由国家质量监督检验检疫总局发布的中华人民共和国国家标准 GB/T 18972—2003《旅游资源分类、调查与评价》中，提出了一种以旅游资源调查评价为主要目的，并适用于旅游资源开发、保护、管理等方面的应用性分类方案。该方案主要根据旅游资源的性状，即现存状况、形态、特征、特性等进行划分，其分类对象包括稳定的、客观存在的实体旅游资源与不稳定的、客观存在的事物和现象。分类结构包括“主类”、“亚类”、“基本类型”三个层次。旅游资源共划分为 8 个主类 31 个亚类 155 个基本类型，见表 4-1。

表 4-1　旅游资源分类

主类	亚类	基本类型
地文景观	综合自然旅游地	山丘型旅游地、谷地型旅游地、沙砾石地型旅游地、滩地型旅游地、奇异自然现象、自然标志地、垂直自然地带
	沉积与构造	断层景观、褶曲景观、节理景观、地层剖面、钙化与泉华、矿点矿脉与矿石积聚地、生物化石点
	地质地貌过程形迹	凸峰、独峰、峰丛、石(土)林、奇特与象形山石、岩壁与岩缝、峡谷段落、沟壑地、丹霞、雅丹、堆石洞、岩石洞与岩穴、沙丘地、岸滩
	自然变动遗迹	重力堆积、泥石流堆积、地震遗迹、陷落地、火山与熔岩、冰川堆积、冰川侵蚀遗迹
	岛礁	岛区、暗礁
水域风光	河段	观光游憩河段、暗河河段、古河道河段

续表

主类	亚类	基本类型
水域风光	天然湖泊与池沼	观光游憩湖区、沼泽与湿地、潭池
	瀑布	悬瀑、跌水
	泉	冷泉、地热与温泉
	河口与海面	观光游憩海域、涌潮现象、击浪现象
	冰雪地	冰川观光地、常年积雪地
生物景观	树木	林地、丛树、独树
	草原与草地	草地、疏林草地
	花卉地	草场花卉地、林间花卉地
	野生动物栖息地	水生动物栖息地、陆生动物栖息地、鸟类栖息地、蝶类栖息地
天象与气候景观	光现象	日月星辰观察地、光环现象观察地、海市蜃楼现象多发地
	天象与气候现象	云雾(含雾凇、雨凇)多发区、避暑气候区、避寒气候区、极端与特殊气候显示地、物候景观
遗址遗迹	史前人类活动场所	人类活动遗址、文化层、文物散落地、原始聚落遗址
	社会经济文化活动遗址遗迹	历史事件发生地、军事遗址与古战场、废弃寺庙、废弃生产地、交通遗迹、废城与聚落遗迹、长城遗迹、烽燧
建筑与设施	综合人文旅游地	教学科研实验场所、康体游乐休闲度假地、宗教与祭祀活动场所、园林游憩区域、文化活动场所、建设工程与生产地、社会与商贸活动场所、动物与植物展示地、军事观光地、边境口岸、景物观赏点
	单体活动场馆	聚会接待厅堂(室)、祭拜场馆、展示演示场馆、体育健身场馆、歌舞游乐场馆
	景观建筑与附属型建筑	佛塔、塔形建筑物、楼阁、石窟、长城段落、城(堡)、摩崖字画、碑碣(林)、广场、人工洞穴、建筑小品
	居住地与社区	传统与乡土建筑、特色街巷、特色社区、名人故居与历史纪念建筑、书院、会馆、特色店铺、特色市场
	归葬地	陵寝陵园、墓(群)、悬棺
	交通建筑	桥、车站、港口渡口与码头、航空港、栈道
	水工建筑	水库观光游憩区段、水井、运河与渠道段落、堤坝段落、灌区、提水设施
旅游商品	地方旅游商品	菜品饮食、农林牧产品及制品、水产品及制品、中药材及制品、传统手工产品及工艺品、日用工业品、其他制品
人文活动	人事记录	人物、事件
	艺术	文艺团体、文学艺术作品
	民间习俗	地方风俗与民间礼仪、民间节庆、民间演艺、民间健身活动与赛事、宗教活动、庙会与民间集会、饮食习俗、特色服饰
	现代节庆	旅游节、文化节、商贸农事节、体育节

3) 按照旅游资源的功能分类

(1) 观光游览型旅游资源以各种优美的自然风光、著名的古建筑、城镇风貌、园林建筑为主，以供旅游者观光游览和鉴赏，旅游者从中获得各种美感享受，借以陶冶性情。

(2) 体验型旅游资源包括冲浪、漂流、攀岩、赛马、龙舟竞赛、游泳、制作、品味、访问、节庆活动、集市贸易等。旅游者可以置身其中，亲自参与活动，可以得到切身的体验，以乐在其中，乐在其身。

(3) 购物型旅游资源包括各种土特产、工艺品、艺术品、文物商品及仿制品等旅游商品，主要供旅游者购买。

(4) 保健休疗型旅游资源包括各种康复保健、度假疗养设施与活动，如疗养院、度假村、温泉浴、沙浴、森林浴、健身房等。旅游者从中得到体质的恢复与提高，或对某种慢性疾病的治疗。

(5) 文化型旅游资源包括富有文化科学内涵的各类博物展览、科学技术活动、文化教育设施等。旅游者从中可以获得一定的文化科学知识，开阔眼界，增长阅历。

(6) 感情型旅游资源主要包括名人故居、名人古墓、各类纪念地等，可供开展祭祖、探亲访友、怀古等旅游活动，以表达旅游者的思古、怀念、敬仰等活动。

4) 按照旅游资源的价值及管理级别分类

(1) 世界级旅游资源主要包括被联合国教育、科学及文化组织(以下简称联合国教科文组织)批准列入《世界遗产名录》的名胜古迹、世界级地质公园和列入联合国“人与生物圈”计划的自然保护区等旅游资源。

(2) 国家级旅游资源主要包括由国务院审定和公布的国家级重点风景名胜区、国家级历史文化名城和优秀旅游城市、国家级重点文物保护单位、国家级森林公园、国家级自然保护区、国家级旅游度假区、国家级地质公园和国家 4A 级、5A 级旅游区。

(3) 省(市)级旅游资源主要包括省级风景名胜区、省级历史文化名城、省级文物保护单位，以及省级自然保护区、省级森林公园，有的省还公布了历史文化名镇。

(4) 县级旅游资源主要包括县级风景名胜区和县级文物保护单位。

5) 按照旅游动机分类

(1) 心理方面的，如宗教圣地、重大历史事件、探亲等。

(2) 精神方面的，如科学知识、消遣娱乐、艺术欣赏等。

(3) 健身方面的，如休疗养院、体育运动设施等。

(4) 经济方面的，如土特产、购物品等。

(5) 政治方面的，如国家政体状况、各种法律、革命纪念地等。

6) 按照旅游资源利用角度分类

从旅游资源利用角度可以将旅游资源分为：可再生性旅游资源与不可再生性旅游资源。前者是指那些旅游过程中被部分消耗掉，但仍能通过正当途径再生产所补充的一类旅游资源。后者是指那些在自然生成或在长期历史发展过程中的遗存物。

7) 按照旅游资源特性与游客体验的综合角度分类

1966 年克劳森和尼奇(Clawson and Knetsch)提出如下分类：

(1)利用者导向型游憩资源：以利用者需求为导向，靠近利用者集中的人口中心(城镇)，通常满足的主要是人们的日常休闲需求，如球场、动物园、一般性公园等。一般面积在40～100公顷，通常由地方政府(市、县)或私人经营管理，海拔一般不超过1 000米，距离城市在60千米的范围内。

(2) 资源基础型游憩资源：这类资源可以使游客获得近于自然的体验。资源相对于客源地的距离不确定，主要在旅游者的中长期度假中得以利用，如风景，历史遗迹，远足、露营、垂钓用资源，一般面积在 1 000 公顷以上，主要是国家公园、国家森林公园、州立公园及某些私人领地。

(3) 中间型游憩资源：特征介于上述两者之间，主要为短期(一日游或周末度假)游憩活动所利用，游客在此的体验比利用者导向型更接近自然，但又比资源基础型地区要次一级。

4.1.4 旅游资源的开发

1. 旅游资源开发的概念

旅游资源只有通过开发利用，才能吸引游客，发挥旅游资源的多种功能和作用。旅游资源开发是以发展旅游业为前提，以市场需求为导向，以旅游资源为核心，以发挥、改善和提高旅游资源对游客的吸引力为着力点，有组织有计划地对旅游资源加以利用的经济技术系统工程。

2. 旅游资源开发的原则

1) 市场导向原则

市场导向原则是指旅游资源在开发前一定要进行市场调查和市场预测，准确掌握市场需求及其变化规律，结合旅游资源特色，确定开发的主题、规模和层次。该原则要求了解和掌握旅游市场的需求状况，包括需求的内容、满足程度、发展趋势及潜在需求状况和整个市场的规模、机构及支付能力，然后根据这些因素进行旅游资源开发的筹措工作。由于市场需求处于动态变化之中，这使旅游资源的开发不仅局限于客源市场的现实需求的满足，还应把握市场的各种形成要素，认清现实的基本需求，了解长期的发展方向，预测潜在需求的变化趋势。

2) 独特性原则

独特性原则要求旅游资源开发中首先应把挖掘当地特有的旅游资源作为出发点，尽可能突出旅游资源的特色，从战略上认识到所拥有资源的优势，并通过开发措施强化其独特性，从而形成强大的吸引力和完整、独立的旅游形象。独特性原则，还要坚持在旅游资源开发中突出民族特色，增强地方色彩。特定区域内的民族风情、民族习俗、民族文化，是旅游资源开发取之不尽、用之不竭的源泉。当然，独特性并不是单一性，旅游资源开发在突出特色的基础上，还应具有多样化特点，以丰富旅游活动，满足游客多样化的需求。

3) 经济效益原则

旅游资源开发属经济活动范畴，经济利益是进行旅游资源开发的主要目的之一。因此，应当进行旅游经济投入—产出分析，确保旅游开发活动能带来丰厚的利润。要在充分了解市场的基础上，对旅游资源开发项目的可进入性、投资规模、建设周期、对游客的吸引力、资金回收周期等各方面，都应有相应的数据分析；对各种不同类型的旅游资源，应统筹规划、分清主次，选择重点项目优先发展，增强对游客的吸引力；考虑资金、人力、物力等供给因素及旅游需求的动态变化，旅游资源的开发应采取阶段式进行，开发规划布局要有一定的弹性，留有余地，以满足游客不断发展的新需求。

4) 注重保护与合理开发原则

在旅游资源开发过程中，要妥善处理好旅游资源的开发与保护两者之间的关系。旅游资源开发的直接目的是发展旅游业，使这些资源能够得到有效利用。对旅游资源进行保护的目的实际上也是利用旅游资源。因此，开发与保护两者并不是不可调和的矛盾双方。但在现实中经常出现的问题是，在有些旅游项目的建设中，人们在强调对某一旅游资源进行开发的同时，却不经意地破坏了与之相关的环境。例如，在某些自然景区景点的开发和建设过程中，为了解决该景区景点的可进入性和方便游客来访的问题，在修筑通往该景区景点的道路时，开发者不是科学地选择路线，而是不顾后果地开山炸石，严重地破坏了当地的植被，致使沿途景观满目疮痍，令人惨不忍睹。

3. 旅游资源开发的内容

旅游资源的开发是人们为了发挥、改善和提高旅游资源的吸引力而从事的开拓和建设活动。换句话说，就是通过必要的技术经济方式把旅游资源及其所在地改造成具有吸引力的旅游环境，从而使旅游资源的吸引力得以发挥、改善和提高，使其潜在的资源优势变成现实的经济效益。其基本内容包括以下几方面。

1) 景区景点的开发与建设

景区景点的开发与建设既包括对尚未得到利用的潜在旅游资源进行初始开发，也包括对已有景区景点进行深度开发和进一步的功能挖掘。这项工作是旅游开发工作的核心，也是资金投入的一个重要组成部分。

尤其要注意的是，在设计游览线路的时候，要关注游客心理和生理上的疲劳，在适当的位置采取适当的技术手段，缓解其疲劳，增加游客对景区的体验价值。

2) 解决和提高旅游资源所在地的可进入性

所谓可进入性是指旅游资源所在地同外界交通往来的通畅和便利程度。在很多自然景区景点的开发问题上，可进入性是首要的问题。根据景区吸引力模型，交通问题是产生阻力的重要因素，因此方便自由地来往将极大地提高景区景点的吸引力。也就是说，不仅要便利游客的来访，而且还要便利游客结束访问后离去。因此，解决和提高可进入程度不仅包括必要的交通基础设施的建设，而且还包括往来交通运输的运营安排。

3) 建设和完善配套设施

旅游配套设施分为旅游基础设施和旅游专用设施两类。这两者的划分是根据使用者主要是当地居民还是旅游者来区分的。如果使用者主要是当地居民就是旅游基础设施，旅游基础设施主要包括两类：第一类是一般公用事业设施，如供水系统、排污系统、供电系统、电信系统、道路系统等，以及与此有关的配套设施；第二类是满足现代社会生活所必需的基本设施和条件，如医院、银行、治安管理机构等。旅游专用设施是指其建造目的主要是供外来游客使用的接待服务设施，包括宾馆饭店、旅游问讯中心、旅游纪念品商店等。

4) 培训人才，完善旅游服务

旅游专业人才是旅游开发的人力资源保障。旅游服务质量的高低在一定程度上会起到增添或减少旅游资源吸引力的作用。因此，要不断加强和完善旅游服务，并培训能够提供专业服务的人员。

4. 旅游资源开发的模式

1) 自然风景类旅游资源开发模式

自然风景类旅游资源普遍可以开展游览观赏等较低层次的旅游项目。对各类自然旅游资源再进行深层次开发，开拓旅游活动项目的宽度和深度，还可以开展以下旅游活动项目：登山、探险、攀岩、野营、漂流、游泳、划船、快艇、垂钓、温泉浴、滑雪、滑冰、森林浴、植物栽培、采集、驯兽、喂养、狩猎、避暑、避寒、疗养、实习、考察、购买土特产品等。旅游者通过参加以上类型的旅游活动，增进对大自然的感性认识，获得自然美的享受。

2) 文物古迹类旅游资源开发模式

文物古迹类旅游资源的艺术观赏价值决定了它可普遍进行参观展览。然而，文物古迹类旅游资源在物质空间和规模上是有限的，极易被破坏。因此，深层次的开发活动要依据游客的需求变化，深度发掘文物古迹类旅游资源的科学价值、历史文化内涵，开展多种较高层次的专项旅游活动项目，如科学研究、历史考古、寻根拜祖、修学旅游等。

3) 社会风情类旅游资源开发模式

社会风情类旅游资源不仅可供游客参观游览，进行社会考察，其更加重要的开发内容是设计推出多样的参与性旅游项目。游客可以参观游览当地的民居、社会历史博物馆、民俗村、民族山寨、街巷胡同，考察社会经济发展水平、生活习惯、自然条件，体验风土人情等。可参与的活动如下榻民居、学习方言、访问家庭、举行异族风格的婚礼、参加民族传统节庆活动、观看艺术表演、学习演奏民族乐器、学跳民族舞蹈、学习地方绘画剪纸艺术、参加民族体验比赛、品尝地方风味佳肴、穿民族服饰留影、学习民族工艺、购买土特产品、学习民族书法等。开发这些参与性活动，主要靠挖掘当地的历史和社会风情的民族文化内涵，要力求真实自然，强化乡土气息，避免矫揉造作和为表演而表演的做法，淡化商业经营的气氛。要把真实性、艺术性、科学性和参与性相结合，才能真正成为吸引广大游客的活动。

4) 宗教文化类旅游资源开发模式

宗教文化类旅游资源的旅游内容主要是游览观赏、学习、考察和参与宗教活动，其开发的空间表现主要以宗教圣地的形式出现。应努力挖掘宗教文化的历史内涵和哲学理念，开展丰富多彩的可参与性强的旅游活动项目，如参观、学习、考古、文化交流、朝圣、庙会、敬拜、祈祷、占卜、修行等。在宗教圣地开发旅游活动，必须做好宗教文化资源的保护管理工作，防止宗教文物古迹遭到破坏；防止景区容量超载，造成人满为患；防止片面强调旅游的娱乐性、赢利性，不顾宗教特点和文化特色，大肆兴建宾馆饭店，破坏宗教圣地的宗教气氛。还应当注意，宗教文化旅游资源的开发必须在法律允许范围内进行，禁止封建迷信和祸国殃民的邪教活动，必须尊重信徒的信仰和生活习惯。

5) 消遣类旅游资源开发模式

消遣类旅游资源开发内容可以涉及室内活动和户外活动的各个方面。人们日常生活中的消遣内容，如散步、读书看报、与朋友聊天、看电视电影、唱歌跳舞、网上漫游；也有专门开发涉及的人造乐园、游乐园、微缩景观等各种活动项目，如过山车、激流勇进、摩天轮、碰碰车，高架车、海盗船、摩托艇、电子游戏等。

阅读资料 4-1

中国嵩山音乐大典《禅宗·少林》

1. 中国嵩山音乐大典《禅宗·少林》项目背景

地处中国河南省境内的中岳嵩山，雄居五岳之中，以它为标志的中原地区，是我国古代文明的制高点。嵩山风光俊秀，人杰地灵，是儒、释、道三教荟萃之地，特别是天下第一名刹少林寺，为中国禅宗的发源地，有“禅宗祖庭”之誉。

因为历史的厚重，似乎把一切的美都凝固了，庙宇、塔林、山川河流呈现一派遥远的庄严。少林寺、中岳庙、嵩阳书院、永泰寺、大法王寺……众多的寺庙星罗棋布，为曾经有过的辉煌做注释。嵩山在展示其伟大的同时，也呈现出某种单调和寂寞。有人说嵩山这本书，对于史学家，够他阅读一辈子；但对于普通游客，三小时可能已经不耐烦。

但旅游产品是为花钱的大众设计的，他们需要直观的体验和参与，而大幅度提高游客量并延长游览时间是嵩山旅游需要面对的问题。另一个重要课题是，在展览古代文明的同时，是否更应展示今人的创造精神？

嵩山需要对历史进行鲜活的解释，需要一个大型文化表演项目来释放肃穆的庙宇给游人的压力，使之达到某种审美的平衡。从旅游的角度上说，需要一种全新的产品，使嵩山从中原地区单调的庙宇旅游概念中解脱出来，摆脱厚重的困惑，走向飘逸浪漫。这也是禅宗的理念。如果把项目设定在晚上，则能很好地解决整个中原旅游缺乏夜间大型项目的问题，它对整合嵩山旅游资源，拉动地方经济，提升城市品格都有积极的意义。

2. 中国嵩山音乐大典《禅宗·少林》制作理念

1) 中国文化

将要制作的这台演出，因其内涵的深厚和广阔，其价值远远超出了一般旅游演出的范畴，它以禅宗与少林武功为载体，展示的是一种中国禅宗文化境界。

由少林寺发祥的禅宗文化，虽属佛教范畴，因与中国的儒、道结合，其内核已彻底中国化。自唐以来，禅宗对中国文化和中国人精神层面的影响是深刻的，从中国的古典诗歌、绘画、音乐、戏剧等都能感受到禅的意味，领略那种不可言说的美妙境界。也就是说，由少林寺发端的禅宗文化，影响了一千多年的中国文化品格，以至于今天每个中国人，心底都积淀着那样一份情怀。这是演出的审美基础，它保证了受众面的广泛，也涵盖了项目的价值。

2) 国家概念

禅宗中庸平和，内在修持，有和平、圆满的意味，在把握这一文化概念时，不必过分强调它的宗教色彩，而应更多地提取这方面的积极意义，它对于战火纷飞的地区，有着特别的安抚作用。如果提升到位，对全世界爱好和平的游客有强大的感召力。这是演出能从嵩山走向世界的理由，也是向世界输出中国文化的价值所在。这里所说的国家概念，是要将我国和平发展的姿态展示给世界。

3) 世界嵩山

禅宗与少林武功，是演出的两大主题内容。演出将以禅宗的理念引领少林武功，使它得到一种提升。它是中国核心文化在其发祥地向世界文化的一次召唤，是对生命本源、人类使命的审美探求。嵩山曾经是中国古代文明的制高点，也应当成为今天世界文化相互认同和交融的圣地。

3. 中国嵩山音乐大典《禅宗·少林》自然剧场

1) 选址

项目选址在距登封市南面五千米的待仙沟，主表演舞台为一片峡谷，山呈竖状排列，近、中、远景层次分明，构成典型的中国山水画散点透视关系。峡谷内有溪水、树林、石桥等，可构成实景表演的要素。山峰的高度和层次适合灯光的运用，山谷内回音不大，对音响设计影响很小。

山谷的入口为一片平地，大多为荒地，为大型停车场及项目配套酒店、景区商务、游客集散提供了很好的场所。不远处的马桩水库正好构成景区风光的一部分。此选址具备了中岳嵩山自然剧场所需要的良好条件。

2) 景观概念

现有的景观是纯自然的山林，不能完全表现嵩山的文化内容，需要在峡谷内建造一些与环境协调的用于演出的庙宇景观，以完成特定的禅宗文化的概念。这些景观也许只做一面，甚至可以移动(类似舞台上的布景)，除夜间演出外，白天还可供游人参观游览。(观众到此，不是看真的寺庙，而是看寺庙的布景，它是假定的，和所有真的庙宇不同，因此便有了独特性。)

3) 观众席概念

把观众席称为“禅座”，它由一些曲折的木廊和庙宇形态构成，里边放置着蒲团。观众将在蒲团上以坐禅的方式观赏演出，这是剧场的特色之一。

日常的观众席位设定为2 220个(分普通席与贵宾席)在旅游黄金周和节假日，可利用山林的空地将观众席扩张至10 000个以上。

4. 中国嵩山音乐大典《禅宗·少林》演出描述

中国嵩山音乐大典《禅宗·少林》演出按音乐形式排列，分为《风乐》《水乐》《光乐》《石乐》4个乐章。

《风乐》演绎的是禅宗祖庭少林寺的传奇故事，由“达摩面壁”开始，讲述千年古风的承传。而在嵩山实景间以全新方式演绎的少林武术，在禅与武之间行走，一动一静，亦文亦武，浑然天成，构成“万壑松风”的壮丽景象。

《水乐》是演出的诗境篇，它描绘了中国古典山水名画的优美禅意，以《溪山行旅》

《听泉抚琴》《踏水行歌》三章构成。雨景与溪流，月光与禅院，僧侣与农家，禅诗与野唱，构成和谐完美的人间生活图景。

《光乐》是演出的华彩乐章，它以顿悟的形式直面生命本体。雪景寒林，佛光塔影，远逝高僧在幻境中出现，向观众讲述禅宗故事，引导观众参透生死，彻悟人生。而吉祥的灯佛与世俗生活的交叠场面，表达了禅宗对生命万物的肯定与礼赞。

《石乐》是演出的唱颂篇，它用36亿年的嵩山古石制成乐器，奏出了“嵩山修禅，顽石开言”的大境界，而石乐礼佛，天花乱坠的奇异景象，将音乐大典演出推向高潮。演出结束时巨大的中岳佛山将现身云端，佛光普照，天地祥和。

中国嵩山音乐大典《禅宗·少林》的原创音乐由当今全球最具影响力的华人作曲家谭盾担纲，他曾获得包括“格莱美最佳电影原创音乐奖”、“格文美尔最佳作曲奖”等多项当今世界最具影响力的音乐奖项。2001年，又以《卧虎藏龙》配乐荣获第73届奥斯卡最佳原创音乐奖。音乐大典的总策划及制作人梅帅元是我国第一部山水实景演出《印象·刘三姐》的总策划和制作人。而少林寺方丈释永信大师将亲自担当演出的少林文化顾问，使演出正本清源，功德圆满。另外，舞美、灯光、编导、服装等设计者，均为中国一流的大师，他们把艺术当成了宗教，又把宗教精神融入艺术，使这台演出超凡脱俗，接近神品。

中国嵩山音乐大典《禅宗·少林》实景演出规模宏大，音画一体；近800人的武术演绎，少林僧侣的现场唱颂，春夏秋冬的景观变幻，唤醒心灵的佛乐禅音，合成了中岳圣地辉煌的交响。而每天夜间的定时演出，将成为中原旅游一大亮点，为中外旅行者提供了一把解读禅宗文化奥秘的钥匙，也为众多的朝圣者提供了一方觉悟人生、洗涤心灵的净土。

4.1.5 旅游资源的保护

1. 进行旅游资源保护的重要性

旅游资源是旅游业发展的根本基础。如果对其管理和利用不善，轻则会造成旅游资源质量的下降，即吸引力的减少；重则会导致这些旅游资源遭到损毁，从而使该地的旅游业失去生存的基础。从这一点上讲，保护旅游资源就是保护和发展旅游业。

另外，旅游资源既包括山川、江河、湖泊、动物、植物等自然旅游资源，也包括历史古迹、宗教建筑等人文旅游资源，前者是生态环境的重要组成要素，后者是重要的文化遗产。所以说保护好旅游资源，也是保护社会生态环境和旅游地文化。

不可否认的是，旅游资源的开发难免会使旅游资源的原始状态发生某些变化，从这个意义上讲，开发本身就意味着某种程度的“破坏”。开发者可以通过周密的计划和完善的设计将发生危害的可能性降至最小。要反对为了发展当地经济而进行的过度破坏，也不能为了保护这些资源而反对任何开发行为。开发和保护不是对立的，开发是为了利用，保护也是为了利用，两者之间没有根本的冲突。

旅游资源是人类共有的资源，从国家和人民的全局长远利益出发，保护它不致遭受不可挽回的破坏，使之可持续开发利用，充分发挥其整体效益，是各国政府和地球上每一位公民的共同责任。1972 年，联合国教科文组织通过了《保护世界文化和自然遗产公约》，强调了自然和文化珍品对人类的重要性。我国也相继颁布了《中华人民共和国文物保护法》、《中华人民共和国森林法》(以下简称《森林法》)、《中华人民共和国环境保护法》(以下简称《环境保护法》)等法规对旅游资源进行保护。

2. 旅游资源遭受破坏的原因

要想做好旅游资源的保护工作，首先要了解有可能致使旅游资源遭受破坏的原因。一般来讲，基本上可以划分为自然作用和人为作用两大类。

1) 自然因素的作用

(1) 自然灾害。自然界中突发性的变化，如地震、洪水、泥石流、海啸等自然灾害，虽不经常发生，但一旦发生，往往毁掉一个地区或国家部分或全部的旅游资源。例如，2008 年 5 月我国汶川大地震对当地旅游资源就造成了极大的损害。另外，由于温室效应所造成的全球气温变暖，引起南极、北极冰川的融化，海平面的上升，这些将引起全球气候的极大变化，很多受气候影响的旅游资源都将在未来遭受不同程度的损害。

(2) 自然风化。长年累月的风吹水浸、日光照射对暴露在外的旅游资源造成的损害最为常见。坐落在沙漠中的埃及狮身人面像，表面遭受含盐的水分的侵蚀，这座 4 500 年前的石灰石质的古迹正在一层层的剥落；意大利水城威尼斯的建筑日夜遭受流水和空气的侵蚀，腐蚀速度在不断加剧；我国云冈石窟、龙门石窟的雕像，由于风雨侵蚀和山石中的渗水浸泡，有的面目模糊，有的断头掉臂，损害极其严重。

(3) 动物毁坏。有很多文化遗产存在于山洞墓室里面，这些地方长期成为某些动物的巢穴，其食物、粪便、死后的尸体均在一定程度上对这些资源造成损害。另外，还有鸟类和白蚁等动物对古建筑和文物的损害在有些地方也非常严重。

2) 人为因素的作用

(1) 游客过多。快速扩张的旅游需求使某些景区尤其是著名景区游客过多，加剧了土壤板结，容易造成古树死亡，黄山名松的不断死亡不能说和游人过多没有任何关系。建筑物承载过多也容易被损害。另外，很多旅游者素质不高，乱刻乱画、乱扔垃圾、违规喂食动物、攀折树木等不文明的旅游行为，在一定程度和一定范围内造成了对旅游环境和资源的破坏和污染。

(2) 管理不当。生态旅游、森林旅游发展较快，但如果对生态旅游缺乏统一的规划和有效的指导，脆弱的环境资源将受到破坏，很难恢复。很多地方存在着旅游资源的不合理开发或低水平开发的问题。例如，有的海滨旅游区盲目围海造地及不合理建设，已引起沙质海岸向泥岸退化。还有一些旅游开发上会产生建设性破坏。例如，随意增加人工内容，使得很多景区的氛围、格调、布局都发生了极大的变化。很多城市在发展中不注意古旧遗产的保护，造成不可弥补的损失。另外在外来文化与现代商业价值的影响下，一些地区的民俗风情被改装成粗俗的商业表演，优秀的传统文化受到强烈冲击。

(3) 工业污染。由于工业污染而造成的酸雨正在威胁着世界上很多地区的生态环境，生活垃圾和工业废水对环境的影响也日趋严重。我国正处在工业化和城市化的加速发展过程中，工业污染和城市化引起的环境问题不断加剧，大江、大河和湖泊等水域污染和森林砍伐破坏对旅游资源构成严重威胁。

3．旅游资源的保护措施

对旅游资源的保护应该采取积极保护的方法，即以防为主，以治为辅，防治结合。积极运用法律、行政、经济和技术手段来加强对旅游资源的管理和保护。

1) 增强公众环保意识，倡导科学文明旅游

游客不文明的行为是造成旅游环境污染和生态破坏的一个不可忽视的原因，必须加强对游客进行广泛、长期、有效的环保宣传教育和管理，规范游客的行为，增强游客的环境保护意识，提高旅游伦理水平，实现科学文明旅游。这项工作在经济发达国家已经取得了良好的效果，一些经济比较落后的国家和地区仍然需要长期的努力，以期实现全球旅游者整体素质的提高，进而对旅游资源的保护起到极大的促进作用。

2) 正确处理经济建设和旅游资源保护之间的关系

很多地区往往优先考虑本地经济发展，对旅游资源保护不甚关注，有的甚至因此对很多资源造成了不可弥补的损害。很多资源是属于国家和人民的共同财富，从这个角度来讲，任何政府、企业都无权随意处理这些资源。各个国家机关、机构应该对各地区要优先保护的旅游资源进行分等级的评估，并以正式方式知会相关政府部门和组织，号召当地居民进行保护和监督，对于违规机构应采取强有力的法律措施。

3) 加强旅游法规建设

保护旅游资源除了要加强宣传教育，增强人民环保意识以外，还需要利用法律的强制力量来进行约束，这就要求建立健全旅游资源保护法规。要真正做到有法可依，违法必究，执法必严，这样才能从根本上杜绝人为因素对旅游资源的破坏，切实保障旅游业赖以发展的基础。

4) 采取技术工程保护措施

除了难以预知和不可抗拒的突发性天灾以外，针对其他自然作用所带来的危害，主要应采取必要的技术措施来加以保护和预防。例如，将某些暴露在外的观赏客体改为在室内观赏，就可以有效地减少风化的影响；在某些古建筑的某些部位架设隔离网罩来抵御鸟类的危害等。

5) 加强旅游资源保护方面的理论和应用研究

旅游资源保护是一个涉及全社会各个方面的问题，不同的国家地区、不同的经济文化背景下，其造成破坏的原因也不一样，对社会各方面造成损失也有差异。各个地区的旅游理论工作者应该结合本地的情况，加强这方面的研究，找出适合本地的旅游资源保护措施，来保障本地旅游业的可持续发展。

另外，各地旅游管理部门和景区工作人员还要关注研究目前科学技术的发展，在哪些方面可以应用到本地区的旅游资源保护上来，争取从技术上对旅游资源进行更为有效的保护。

4.2 旅游产品

4.2.1 旅游产品的概念

从不同的角度可对旅游产品进行不同的定义。

从旅游市场角度看，旅游产品是指旅游者和旅游经营者在市场上交换的，主要用于旅游活动中所消费的各种物质产品和劳务的总和。

从旅游者的角度看，旅游产品是指旅游者花费一定的时间、精力和费用所获得的一段旅游经历和感受。举例分析一下：一位上海的旅游者花了一大笔钱到湖南湘西去玩了一趟，回来时买了一套漂亮的苗族服装。能否说他花钱买到的“旅游产品”就是这一套漂亮的苗族服装呢？显然不能，因为这套服装只是他在湘西旅游时买到的一件“旅游商品”。那他买的旅游产品是什么呢？他向旅行社购买的“旅游产品”是“湘西风情游”，而他“买到”的则是游览武陵源的奇山异水，访问苗寨人家等这些“经历”。虽然他不能把武陵源也像他买的服装一样带回上海，但是他的钱并没有白花，因为他如果不花这笔钱，就不可能有体验湘西风情的“经历”。因此，可以看出，旅游者在旅游活动中付出的不仅是一定数量的货币，还包括一定的时间和精力；他所购买的并不是一件具体的实物，而是一次完整的旅游活动或旅游经历；他对旅游产品的感受是对这次旅游活动的“记忆”，获得的是一种精神上的满足。高质量的旅游产品给予旅游者的便是对其旅游经历长久的美好“记忆”，获得的是一种精神上的满足。从这个意义上说，旅游者购买旅游产品实际上就是“花钱买经历”，旅游者所购买的是一种无形产品。

从旅游经营者角度看，旅游产品是指旅游经营者凭借一定的旅游资源、旅游设施，向旅游者提供的、以满足旅游者需求的各式各样的物质产品和劳务的总和。这里，旅游产品最终表现为活劳动的消耗，即旅游服务的提供，如住宿服务、饮食服务、交通服务、娱乐服务、参观游览服务、购物服务等。旅游企业在提供这些服务时是凭借一定的旅游设备、设施和条件实现的，如各种规格的客房、不同风格的餐厅、各类旅游交通工具、风景点的名胜古迹与自然条件，以及丰富多彩的购物品，等等。但是，应该看出旅游者购买的并不是这些设施、设备和环境条件的所有权，而只是在一定时间内对这些设备、设施和环境条件的使用权。

旅游产品还有整体旅游产品和单项旅游产品之分。整体旅游产品是指满足旅游者在旅游活动中所需要的产品和服务的总和，如旅行社推出的一条旅游线路、一个专项旅游项目。而单项旅游产品则是指旅游目的地的各旅游企业分别提供的住宿产品、饮食产品及交通、游览、娱乐等方面的产品和服务。旅游者眼中的旅游产品，不单单是其在旅游过程中所购买的一个饭店的床位，一个飞机或火车的座位，或是一个旅游景点的参观游览，一次接送和陪同服务，等等，而是对所有这些方面的总体感受，是一次经历。整体旅游产品是由单项旅游产品构成的。每个单项旅游产品都是整体旅游产品的有机组成部分，并且存在一定的比例关系，如果违反了这个比例，如旅馆数量过少或交通运输能力较差，就会影响整体旅游产品的实现。

4.2.2 旅游产品的特点

1. 旅游产品的综合性

旅游经营者提供给旅游者的旅游产品，是为了满足他们在旅游活动过程中对食、住、行、游、购、娱等多方面的需求，因此，旅游产品的综合性首先表现在它是由多种旅游吸引物、交通设施、住宿餐饮设施、娱乐场地及多项服务组成的混合性产品，它既包括物质的、精神的劳动产品，又包括非劳动产品和自然物，是一种综合性产品。

其次，其综合性还表现为生产和提供旅游产品的部门与行业众多。其中既有直接向旅游者提供产品和服务的旅游业、餐饮业、交通部门、旅游景点、娱乐场地等旅游企业和部门，又有间接向旅游者提供产品和服务的行业和部门，如工业、农业、商业、建筑业、制造业、轻工业、食品业、纺织业、金融、邮电、海关、公安、文化、教育、科技、园林、卫生等，既有物质资料生产部门，又有非物质生产部门，既涉及经济领域，又涉及自然、社会、历史等非经济领域。

旅游活动的综合性和旅游者需求的多样性决定了旅游产品包含的内容必然相当广泛。因此，在生产和经营旅游产品时要全面规划、协调各部分之间的比例关系。每个单项产品的供应者也要认识到自己在旅游产品中的位置和重要性，齐心协力，树立一国或一地区的整体旅游形象，使旅游业发展顺利。

2. 旅游产品的不可转移性

一般的物质产品在生产出来后要经过一定的运输渠道和中间环节才能到达消费者手中，这个过程中物流和商流是结合在一起的。而旅游产品生产出来后，不能够运输，也不能够转移，只有通过旅游信息的传递，通过旅游中间商的促销活动将旅游者组织到旅游目的地进行消费。在这里，旅游产品的物流和商流是分离的，物流只表现为旅游产品信息的流动，是旅游者的空间转移，而不是旅游产品的移动。

另外，旅游产品的不可转移性还表现在产品销售后的所有权变更上。对于一般的物质产品，消费者支付货币后只获得了特定时间和地点上对旅游产品的暂时使用权，而不是永久性的所有权。旅游活动结束后，旅游者获得的是一段旅游经历，是在特定的时空中对旅游产品的消费，既无法转让，也无法出借。

旅游产品的不可转移性决定了旅游者在购买产品时，不像其购买其他物质产品那样可以亲临现场、实地考察，因此要求旅游经营者应及时将旅游产品的信息传达给旅游者，加强宣传和促销活动，以吸引旅游者来到旅游目的地。

3. 旅游产品的无形性

旅游产品对于旅游者来说是旅游经历中所需要的全部服务，对于旅游目的地和旅游企业来说则是借用一定的设施和条件所提供的全部服务。因此，无论从哪个角度来讲，旅游产品都属于非物质的无形产品。旅游产品主要表现在旅游服务。只有当旅游者到达旅游目的地享受到旅游服务时，才能感受到旅游产品的使用价值。而当旅游者在决定购买旅游产品之前却无法对其进行检查和验证，在旅游者心目中只有一个通过媒体宣传和相关介绍所形成的印象，这就是旅游产品无形性的反映。这也说明旅游目的地形象或旅游产品形象在旅游者行为决策中具有重要影响。其次，无形性还表现在旅游产品的价值和使用价值不是凝结在具体的物体上，而是凝结在无形的服务中。只有当旅游者在旅游活动中享受旅游服务时，才能认识到旅游产品使用价值的大小。也只有当旅游者消费旅游服务时，旅游产品的价值才真正得以实现。

4．生产和消费的同步性

旅游产品的生产(经营)和消费往往发生在同一时空背景条件下，密不可分，往往是一个过程的两个方面：旅游产品在生产开始的同时消费也即刻启动，消费结束时生产也不再进行。这个特性使旅游产品与一般消费品表现出巨大的差异，并深刻地影响着旅游企业管理原则的建立和管理方式的选择。

一般消费品从生产到消费往往要经过一系列的中间环节，包括储存与运输。由于生产与消费在时空上可能存在的差异，就允许企业在生产过程结束后，动员各种技术手段对产品的质量进行检验。凡不合格的产品，为确保企业的长期信誉，企业都会将其予以剔除，杜绝劣质商品进入市场。然而，旅游产品的生产和消费过程几乎同时在同一空间进行，生产者与消费者直接发生关系，旅游者(顾客)只有而且必须加入到生产的过程中去才能最终消费到旅游产品。这无疑使旅游企业的管理人员面临着更为严峻的挑战。

首先，旅游产品的生产过程中，由于旅游者参与旅游产品生产过程的事实，迫使旅游企业的管理人员正视如何有效地引导游客正确地扮演他们的角色，如何鼓励和支持他们参与旅游产品的生产过程(即旅游的体验过程)，如何确保他们获得足够的旅游知识以达成生产与消费过程的和谐进行。事实上，旅游企业所提供的追加利益越多，就越必须关注旅游者的参与过程。

其次，旅游企业服务人员与游客的互动行为，也严重地影响着旅游产品中所包含的服务的质量，以及旅游企业与游客的关系。由于旅游服务要按照旅游者的要求即时生产出来，这就使一般在生产车间进行质量管理的办法变得不适用了。而另一方面，客人的需要存在着自然的差异，对旅游产品的质量评价因人、因时、因地而异，这样，提供旅游服务的员工是否有足够的应变能力，以确保旅游服务能达到每一个旅游者所期望的质量水平就非常重要。导游服务人员与游客在沟通中出现的任何误会，所提供的服务有任何不可接受的缺陷，都可能影响客人对旅游产品的评价，甚至使旅游企业就此失去这位游客。

5．时间上的不可储存性

由于旅游服务和旅游消费在时空上的同一性，没有旅游者的购买和消费，以服务为核心的旅游产品就不会生产出来。因此，旅游产品不可能像其他有形产品那样，不断地生产出来并储存起来，留待以后销售。对旅游企业而言，旅游产品的效用和价值是不可储存的。旅游产品的效用和价值不仅固着在地点上，而且固着在时间上。例如，饭店客房一天无人租住，这一天客房的价值就得不到实现，虽然这间客房第二天可能被租用，但该客房只能实现第二天的价值，而未被租用的这一天的客房价值则永远无法得到补偿。因此，旅游企业必须十分关心自己产品的使用率，并想方设法地提高其使用率。这也是很多旅游企业对其产品实行差别定价，以及运用各种营销手段驾驭市场需求的根本原因。

6. 旅游产品的文化性

旅游者进行旅游活动，主要是为满足精神文化方面的需求。旅游产品既然以满足旅游者的需要为其核心价值，其所包含的旅游活动、项目，都渗透了文化的内涵，也就不难理解。几乎所有的旅游产品，都包含了观赏异乡风光、风土人情、文物古迹等，这本身就是一种文化活动，即便以观赏自然景色为主也具有文化背景，因为只有在一定的文化背景之下，旅游者才会产生对自然景观的强烈认同。同样，一定的旅游设施、导游服务人员的服务，也蕴含着旅游目的地的文化因素。在旅游实践中，比较成功的旅游产品，大多重视旅游内容的文化内涵发掘。例如，深圳的“锦绣中华”就是以展示中华文化为其主题，将博大精深的中华文化用人们易于接受和理解的形式展示出来，激发了包括港澳台同胞在内的中国游客的爱国热情，也激发了其他游客内心深处的文化认同感，因此获得了很大的成功。

4.2.3 旅游产品的分类

从不同的角度对旅游产品进行划分，可以有不同的分类，这反映了不同的观察角度，也反映了旅游产品本身的综合性特征。

1. 从旅游产品的价格形式上可以分为包价旅游产品和单项服务产品

包价旅游又可分为团体包价旅游和散客包价旅游。团体包价旅游是指 15 人以上的旅游者组团，将食、住、行、游、娱等活动以包价形式支付，由旅游企业统一进行接待服务。散客包价旅游是指单个或几个旅游者或家庭旅游者，通过旅游企业的外出旅游全包价或有选择的部分包价。团体旅游者和散客旅游者所需的服务通常有一定差异，前者多选择综合性服务，后者的选择比较灵活。单项服务产品是指旅游企业为旅游者提供的诸如住宿、餐饮等单项服务或者票务等委托代办服务。

一般来说，包价旅游产品的购买形式表现为旅游者一次性购买，逐步消费，即游客在向组团社缴纳团费之后，按照约定好的旅游线路和日程安排，依次享受旅游产品供给者所提供的服务。散客包价旅游虽然有较大的灵活性但整体的形式大致相同。单项旅游产品的购买是游客根据其需要，向旅游目的地不同的旅游供给部门进行分别购买，如向饭店订购房间、向餐饮部门购买食物、向景点购买门票等。单项旅游产品的购买者多是真正意义上的散客，这种散客不同于散客包价旅游中的散客，他们对旅游产品的购买往往不通过其常住地的旅行社。

2. 按照游客需要程度划分为基本旅游产品和非基本旅游产品

基本旅游产品是指大多数游客在旅游过程中，都需要或者说需要程度差异较小的产品和服务，主要包括住宿、交通、餐饮、游览等。这部分产品和服务在游客的旅游活动中占据着重要的地位，对大多数游客来说都是必不可少的，在需要程度上的收缩性较小，即需求弹性小。

非基本旅游产品是指并非大多数游客都需要或者说需要程度差异较大的产品和服务，如购物、医疗、邮电通信、美容美发、修理等。这部分产品和服务在游客的旅游活动中不占主要地位，对不同的游客来讲，其需要程度的伸缩性很大。但在有些情况下，非基本旅游产品也可能成为旅游活动中大部分游客的基本旅游需求。例如，人们前往购物天堂——中国香港旅游时，购物就可能成为该旅游活动中不可或缺的重要组成部分。又如，对疗养旅游者而言，作为非基本旅游产品的医疗服务却成为其主要的需求。这些例子说明，在一些情况下，非基本旅游产品也可能成为一种重要的甚至是基本的需求。

3. 按照旅游产品和旅游资源的结合紧密程度划分为资源依托型旅游产品和资源脱离型旅游产品

资源依托型旅游产品主要是指由已有的旅游资源开发而形成的，构成这种旅游产品的主体成分不是人们追加的劳动，而是自然或社会的既有赋存，如黄山、泰山、故宫、长城、秦始皇陵兵马俑等。

资源脱离型旅游产品是在缺少自然或社会遗存的条件下，通过人为的努力而创造出来的。典型的例子包括深圳的世界之窗、锦绣中华，美国的迪斯尼乐园等主题公园。

4.2.4 旅游产品的生产原则

现代旅游活动，是建立在经济活动的基础上，必须按照商品经济的运行规律来组织产品的生产活动。但是，由于旅游产品的特殊性，在生产时还应当坚持以下几个原则。

1. 旅游产品生产的配套性原则

旅游产品生产的配套性原则包括两个方面的内容，一方面指各种旅游单项产品的生产数量必须配套，即各种产品数量的比例相互协调。旅游所需产品是整体性的产品，在旅游活动过程中，每一位旅游者都需要食、住、行、游、购、娱等方面的产品，才能保证旅游活动的顺利完成。因此，作为旅游供给者，必须从总体上去满足旅游消费者的需要，生产出的各种旅游产品的数量比例必须协调，如果某种单项旅游产品过量生产，就无法全部销售出去。由于旅游产品生产和消费的同步性，作为旅游的宏观调控部门，必须对本地旅游市场进行科学预测，对各种旅游产品的生产数量给予宏观上的指导。另一方面，旅游产品生产的配套性是指一定的物资设备水平，必须要有相应的服务档次相配套。旅游产品是服务性的产品，要借助一定的物资设备条件，这些物资设备条件又是千差万别的。例如，不同星级的旅游饭店，其硬件设施的档次是不一样的，他们的服务方式和水平也必然有所差别，旅游饭店企业绝不能使硬件设施可以达到五星级的酒店标准，却采用二星级的服务方式和服务水平。

2. 旅游产品生产的多层次性原则

由于旅游者个人的经济条件、职业、性别、年龄、文化程度等方面的差异，他们在旅游中对同一类旅游产品的需求表现为不同的层次性，因此旅游产品的生产也必须保证多层次性的生产，来满足旅游者的多层次需要。就住宿和餐饮产品而言，有的旅游者在购买这类产品时，主要是为了满足生理上的基本需求，基本需求满足之后，他们会尽量减少这方面的消费支出；而有的旅游者，在购买这类产品时，不单纯是为了生理上的基本需求，更加注重追求在消费此类产品时的精神上的满足和享受，他们要投宿豪华的酒店，品尝具有地方特色的饮食，从中体验不同地域饮食文化的精髓，享受美食带来的快乐。

3. 旅游产品生产的多样性原则

现代旅游活动的不断发展使人们外出旅游的动机呈现多元化的趋势，人们对旅游产品的需求处在动态的变化之中。今天的所需未必是明天的需求，旅游企业只有不断地开发旅游新产品，才能吸引各种不同旅游目的的旅游者。传统的旅游产品主要是以游览观光旅游产品为主，时至今日，旅游新产品的发展突飞猛进，以往使人们不可思议的事物或事件，现在都能开发出来，成为新的旅游产品，如探险旅游产品、康乐旅游产品、度假旅游产品、文化旅游产品，以及近几年来新开发出来的农业生态观光、工业旅游、参与性旅游产品等。

4. 旅游产品生产的高文化含量原则

随着人们文化素质的不断提高，高品位的旅游文化生活，已经成为旅游业发展的趋势之一。因此，在从事各种旅游产品的生产时，必须注意发掘它的文化价值，使产品能融入更多的文化内涵。

5. 旅游产品生产的时效性原则

时效性原则要求在生产旅游产品时，一是必须针对不同消费者的需要，快者则快，慢者则慢，不能在同一种旅游产品的生产中采用机械的统一生产标准；二是旅游服务人员要真正对业务精益求精，具有娴熟的服务技能和技巧；三是要加强企业内部管理，不断提高企业的管理水平。

4.2.5 旅游产品的组合生产

旅游产品的组合生产是指整体旅游产品的组合生产，即整体旅游产品生产是由各种单项旅游产品生产组合而成，可以说，整体旅游产品生产，是一种组合型的产品生产。旅游产品组合生产通常是由旅行社来进行的。旅游产品组合生产就包括旅游者在旅游活动过程中所需产品的全部内容。

在旅游产品组合生产中，一般要考虑三个重要的制约因素：一是时间因素；二是空间因素；三是经济因素。即通常所说的，一次旅游用多长时间，到哪里去，花多少钱。

旅游需要时间，不同的产品组合，首先要考虑一次旅游需要花费多少时间。

旅游者到哪里去旅游，即选择哪个或哪几个景区景点，这是空间因素。旅游景区景点的确定，是旅游者最为关心的问题，也是最核心的因素，是旅游者旅游目的的体现。因此，在一组旅游产品的构成中，可能有多个旅游景区景点，这些不同的景区景点，分布在不同的空间上，通常用一条旅游线路把它们串联起来。

为保证旅游过程的顺利实现，还要将具体的住宿、餐饮、交通、娱乐等产品组合在旅游的整体产品之中。这些产品怎样组合，显然要受到空间和时间因素的制约。例如，在一定的时间内要实现一定数量的旅游景区景点的游览，就需要对交通工具进行选择。在产品组合中还有一个约束条件就是经济因素，因为选择不同档次的住宿产品、餐饮产品、交通产品等进行组合，就会形成不同的价格水平。由于旅游者收入水平的差异，各自对旅游产品价格的承受能力是不一样的，过高档次的产品组合所形成的较高的价格，往往会使一些旅游者望而却步。

4.3 旅游新业态

4.3.1 旅游新业态的概念

1. 业态的本质含义

“业态”一词来源于日本，大约出现于20世纪60年代，主要指“对某一目标市场，体现经营者意向与决策的营业形态”(《新经济词典》)。“业态”一词来源于零售行业，虽然它是日本人首先提出来的，但是美国人早在1939年就用“types of operation”表示零售业态在商业统计中的分类了，之后美国人还提出了相关的理论研究。

为介绍日本商业，我国从20世纪80年代开始引入“业态”一词，并逐渐在商业中推广应用，1998年6月5日，国家国内贸易局(于2001年并入国家经济贸易委员会)颁布了《零售业态分类规范意见(试行)》，表明该词得到了官方的认可。“业态”一词在我国推广与应用后，国内不同学者有不同的理解。萧新永认为“业态是以人为中心、以服务为手段的销售方式”。刘汝驹认为“业态是指零售业经营的形态。它不是以商品的特性，而是以行业经营方式，将零售店分为各种形态”。李飞认为“零售业态是指为满足某一特定目标市场需求而形成的零售形态”。蔡文浩认为“零售业态是指零售业为实现销售目的所采取的组织形式和经营方式的总称”。萧桂森认为“业态是针对特定消费者的特定需求，按照一定的战略目标，有选择地运用商品经营结构、店铺位置、店铺规模、店铺形态、价格政策、销售方式、销售服务等经营手段，提供销售和服务的类型化服务形态”。比较权威的是国家国内贸易局给出的概念，他们认为业态是指企业为满足不同的消费需求而形成的不同的经营形态。目前，国内学者对业态的普遍认识是，为满足不同的消费需求进行相应的要素组合而形成的不同经营形态。

2. 旅游业态的概念

随着旅游产业的深度发展和分工细化，传统的“产业”、“行业”概念难以描述旅游业的发展状态。故此，旅游学者将描述“商业”的“业态”一词引入旅游业。国内相关专家学者也对“旅游业态”概念进行了相关的探讨，其中杨玲玲、魏小安认为，旅游业态即指旅游企业及其相关部门，根据旅游市场的发展趋势，以及旅游者的多元化消费需求，提供特色的旅游产品和服务的各种营业形态的综合。“旅游业态”属于经济学的范畴，其与“旅游行业”、“旅游产业”概念具有渊源关系，业态是某个或多个企业的经营形态；行业是向同一个市场提供产品和服务的所有厂商；产业是具有某种同一属性组织的集合。业态是行业产生的基础和条件，行业的形成是以业态发展为前提的。产业是各行各业的统称，其概念是介于微观经济细胞(企业和家庭)与宏观经济单位(国民经济)之间的若干“集合”。相对于国民经济来说，它是国民经济的一部分。

3．旅游新业态的概念

一个产业或行业在发展中，不可能是一成不变的，而是逐步完善、逐渐改进和深化、转型、升级的过程。旅游业也不例外，尤其在激烈的竞争中，各地区、各企业为了提高其市场影响力和竞争力，在其发展中融入新的思路或转变新的内容，创造一些不同于传统业态的业态，即旅游新业态。旅游新业态是相对于旅游主体产业有新突破、新发展，或者是超越传统的单一观光模式，具有可持续成长性，并能达到一定规模，形成比较稳定发展态势的业态模式。

按照旅游学的一般定义，旅游业包括食、住、行、游、购、娱六大要素。旅游要素未来发展就是旅游新业态发展的主体内容。例如，“食”的方面强调特色，餐饮个性化的私房菜成为一种新的发展方向；“住”的方面强调舒适方便，主题酒店、度假型酒店、高档精品酒店将进一步发展；“行”的方面强调“旅速游缓”，游轮旅游、自驾车旅游等发育成一个新的旅游业态；“游”的方面强调体验生态，森林旅游、湿地旅游、滑雪旅游等旅游项目内容将会更加丰富；“购”的方面强调创意，所以旅游购物品在不断丰富的同时，创新旅游购物方式、增加旅游消费内容变得越来越重要；“娱”的方面强调文化，旅游演艺等新型业态将备受关注。

旅游新业态的“新”具有相对性，既有相对于业态本身的“新”，也有相对于同行业、同产业其他业态的“新”，还有相对于国民经济中其他产业的“新”。总之，旅游新业态是旅游产业发展的结果，是社会经济发展的自我完善过程。这些新的业态有时处在完全创新的状态；有时处在新旧交织的状态，即新的业态形式不断产生，但传统模式仍然存在，仍然有市场；有时处在新老交替，即新模式产生后，传统模式比重下降，随着产业的不断发展，又有新模式产生，构成新老交替的格局。

4.3.2 旅游新业态的特点

1．复合性

旅游新业态不仅指旅游产品的业态创新，还指所涉及旅游六要素各个方面的业态创新。旅游新业态不仅指旅游行业(企业)经营方式本身，还指旅游产业的构成、生存状态及其发展历程。旅游业复合性、关联性较高，旅游新业态不仅涉及旅游业本身，还涉及国民经济其他各行业。

2．动态性

从时间维度来考量，旅游业是全球发展速度最快的行业之一，几乎总是处于日新月异的发展变化中。与之相对应，“旅游新业态”也是一个动态的概念，随着时间的变化，其内涵和形态也在不断发展变化，它不断地从低级向高级、从简单向复杂、从浅层次向深层次过渡。从空间维度来考量，随着地理位置的变化，在甲地的旅游业态在乙地也可发展成新业态。只要是能满足当时当地游客新需求的新产品，它就属于旅游新业态的范畴。因而，只有从动态的角度去分析旅游新业态，才能在一定意义上得出旅游新业态发展的普遍规律。

3. 特色性

旅游新业态产业属性决定了旅游新业态竞争是一种综合性、全方位的竞争，但这种综合性竞争必须以特色为基础，离开特色而谈综合，综合也失去了其存在的前提。因而，在分析和评价旅游新业态的过程中，应始终将特色是否显著和鲜明作为判断旅游新业态是否良性发展的一个重要标志。在强调业态综合竞争的同时，更应注重特色的培育和发展。走以特色为基础的综合发展之路，是现代旅游产业获得竞争优势的重要途径。

4. 创新性

旅游新业态本身包含着创新的理念和思想，是一个与时俱进、不断发展的过程。旅游新业态是根据时代的变化和时尚的变化，围绕着生产、经营和流通等各环节上的具体方法和过程的创新，是涉及食、住、行、游、购、娱等旅游六要素各个方面的业态创新。创新是旅游新业态发展的灵魂，没有创新就谈不上旅游“新业态”。这种创新可以是旅游业的各个产业链上的全面综合创新，也可以是某一环节、某一链条上的局部创新。旅游新业态也是文化创意产业的一个分支，需要注入创意和智慧，好的创意是开发旅游新业态不可或缺的元素。

5. 体验性

旅游新业态是在原有观光性的基础上融入更多的体验性和参与性。继农业经济、工业经济和服务经济后，社会已步入体验经济时代。体验式旅游已经成为旅游新业态最具开发潜力的部分，以观光为主流的旅游产品，正逐渐让位于新、奇、特的感同身受的参与性体验。乡村旅游、露营旅游、户外探险、自行车游、自驾游等旅游新业态，正逐渐成为体验经济时代的新的利润点。2008 年奥运会期间，有大批游客集中到北京或其他有赛事的城市，亲自体验这次盛会，这是一个比较典型的体验性旅游。另一个比较别样的体验性旅游算是体验“入狱”的旅游。位于大西洋浅海区的罗德岛是美国著名的风景区，岛上有一座仿造监狱的旅馆，寻找刺激的游客，可以自己宣判自己的罪行，进入“监狱”，过上几天“货真价实”的“监狱”生活。这种与“自由”反方向的别样体验性旅游，吸引了大批游客纷至沓来。可见，只要注入好的创意，融入体验元素，传统观光游也可以发展成旅游新业态。

6. 休闲性

随着我国社会经济的持续发展，将旅游作为一种休闲方式已成为人们比较普遍的选择。休闲旅游已逐渐成为旅游新业态发展的重要组成部分。中国旅游和世界旅游的消费特征已有了很大变化，休闲旅游正成为旅游新业态的重要发展方向。因此，要在食、住、行、游、购、娱等旅游要素方面，发展能够满足人们休闲需求的旅游新业态。

4.3.3　旅游新业态的形成机制

1. 旅游产业的发展促使新业态不断涌现

改革开放以来，我国旅游业高速发展，已经成为国民经济新的增长点。随着人民生活水平的不断提高，旅游已经成为广大人民群众日常生活的一个重要组成部分。旅游业将逐渐成为国家和各级地方政府的支柱行业、主导行业。同时，旅游消费呈现出动机更加多元化、出行方式更加多样化、出游时间更加分散化、投资主体更加多渠道的特点。这些因素促使旅游新业态不断出现。

2. 休闲产业浪潮为新业态发展提供机遇

当今，休闲产业浪潮席卷世界。进入21世纪以来，经济与科技的迅速发展、劳动生产率的提高给人们带来更多的闲暇时间，休闲成为产业，成为一个新的经济增长点。对于旅游业这种服务性、综合性和关联性极强的产业来说，它与休闲产业具有天然的耦合性，必将随着人们消费观念和需求结构的变化，逐渐形成经济的休闲化和休闲的经济化的发展趋势。而休闲度假旅游需求的快速增长，也给旅游产业发展新业态提供了新的机遇。

3. 旅游产业升级要求发展新业态

当前，我国旅游业已经进入了重大战略调整期，即旅游产业由粗放型向集约型方向转变，由注重规模扩张向扩大规模和提升效益并重转变，由注重经济功能向发挥综合功能转变。旅游产业的转型升级成为战略调整的重中之重，而旅游业态创新则是实现旅游产业转型升级的必经之路，旅游业通过创新对各行业资源进行整合，把原来的单一业态转变重组为复合业态，把低端业态转变为高端业态，进而实现产业结构的升级，完成产业生态的创新。目前众多特色各异的旅游新业态的出现，不仅是当今旅游业发展成熟的一个标志，也在广度与深度上推动了旅游业的进一步跨越式发展。

4. 服务分众化促进新业态的产生

所谓“服务分众化”是指休闲产业向消费者提供的服务，必须根据不同消费群体的具体特征和特定需求进行设计，这一服务理念是从“市场细分”的营销策略借鉴过来的。当前，旅游业分众化的时代正在到来，必须根据现实发展的需要，不断开辟细分市场，才能满足不同消费群体的需求。例如，依据交通方式来分，有自驾车游、巴士游、火车专列游，以及针对高端客户的房车游、包机游、邮轮旅游；农家乐产品细分为采摘游、生态游、养生游；面向青少年的有修学游、科普游、校园游；面向公务员的有会展旅游、商务旅游、奖励旅游等。服务分众化会不断催生出旅游新业态，反过来，不断出现的旅游新业态又进一步刺激旅游需求的产生。

5. 投资多元化推进旅游新业态的高速运营

如今，旅游业已逐步发展成为相对独立的综合性经济行业，成为我国第三产业的发展重点。旅游业迅猛发展的一个重要原因是旅游业的产业关联作用相当强，它能广泛地带动第三产业其他部门的发展，进而带动第一、第二产业的发展。目前，全国各省、自治区、直辖市相继把旅游业确立为支柱产业、先导产业或第三产业的龙头产业，出台了一系列促进旅游业发展的政策措施，尤其是旅游业投融资政策。越来越多的社会资本、海外资本投向了旅游业。许多工业企业将企业多元化发展的道路指向了旅游业，由于这些企业不是传统旅游企业，因此他们更能够发挥自身的技术优势、资金优势、营销优势，结合自身的行业特点，创新旅游业态。

例如，深圳华强集团有限公司(以下简称华强集团)是一家以高科技产业为主导的大型投资控股公司，2004 年华强集团在芜湖市整体开发建设“芜湖华强旅游城”项目，形成了“高科技旅游娱乐＋房地产开发＋公共配套服务”的多元化产业布局的运营模式。其投资的“芜湖方特欢乐世界”已成为亚洲规模最大的第四代主题公园，是融现代计算机、自动控制、数字模拟与仿真、数字影视、声光电等高科技手段与艺术为一体的高科技主题公园。这是一个从设计到制造、从软件到硬件、从管理到运营都完全掌握在中国人手中的主题公园。

4.3.4 旅游新业态的类型

1. 全新型旅游新业态

全新型旅游新业态是指应用科技新成果，运用新原理、新技术、新工艺和新材料开发的市场上前所未有的旅游业态。它一般是由于科技进步或为满足市场上出现的新的需求而开发出来的，该类业态具有明显的新特征和新性能，甚至能改变用户或消费者的生产方式或消费方式。但全新型旅游新业态的开发难度大，开发时间长，需要大量投入，成功率低。一旦成功，消费者还需要有一个了解认知和接受普及的过程。全新型旅游新业态的旅游内容、形式、功能等都是前所未有的，不同于现有的任何业态的经营方式和经营内容。例如，由于技术进步、生活水平提高所出现的科技旅游、邮轮旅游等。这类旅游业态是旅游市场需求不断变化催生的全新旅游模式，也是社会进步、经济技术发展的产物，其特点是旅游内容和形式十分新颖，同时旅游产品中能够体现出社会经济技术进步、消费者求新求异的需求变化特征。旅游者需要一个认识到接受进而推广的过程，如信息技术产业下的数字旅游。它是指整个旅游活动过程的数字化和网络化。其整个体系包括数字体验——旅游活动全过程，人们突破常规的旅游方式，借助数字信息平台尽享自助旅游，实现全程的数字旅游新体验；数字管理——旅游经营全流程，旅游企业、旅游行政管理部门采用全程的数字化管理方式；全程服务——旅游产业全链条，实现旅游产业的全面整合。这些数字化旅游、经营、管理方式都是依赖信息技术而存在的，是符合旅游者自身需求特点的，旅游者在认识并接受了这一新型旅游产品之后，就可以足不出户了解和控制整个旅游过程中的各方面，减少出游风险和偏差；同时能够提高旅游企业、旅游管理部门的经营管理效率。

2. 改进型旅游新业态

改进型旅游新业态是指对原有旅游业态在形式、内容、功能等方面进行改进，使其更加符合消费者的需求特点。该类旅游新业态只是在原来的业态模式的基础上进行改进或提升，因此在一定程度上降低了开发的风险性，缩短了市场推广普及的时间。其改进方式主要有两种，第一种是其他产业向旅游业渗透或是结合而形成的新型旅游业态。例如，旅游业与咨询业的融合而形成的旅游咨询中心。又如，旅游业与信息产业的融合而产生的旅游信息网络、旅游电子商业。携程旅行网就是一个典型的电子商务企业，它将传统旅行社的委托代办业务放大了，并通过电子网络平台发展起来形成新型业态形式。还有就是旅游业与其他行业的融合而产生的新业态，如农业旅游、工业旅游、旅游金融、旅游保险等。它们以各自不同的方式与传统旅游业融为一体，成为一种新型的旅游业态，新生的旅游业态既满足了旅游者的旅游需求，丰富了旅游市场，同时也为自身更好的发展探索出了新的道路。第二种是将原有业态的某一环节或某一项目独立出来，做强、做大，注重差别，突出特色，细化服务，从而创立出异质化的业态模式。例如，将传统业态的功能转变成一种新的模式的乡村度假、休闲旅游、商务会展等。改进型旅游新业态的实质是从同到异，摒弃了传统的那种单一、静态的观光旅游业态模式，形成了各种新型的旅游产品，符合市场细分的发展趋势，有利于旅游市场的开拓和可持续发展。

3．换代型旅游新业态

换代型旅游新业态是在原有旅游业态的基础上，部分加入了新技术、新元素、新思想而开发出来的旅游产品，这些旅游产品可能在功能、形式等方面有一定提高。换代性旅游新业态开发相对容易，只需投入较少的资金，费时不长，能快速取得好的收益，同时有利于满足消费者日益增长和变化的需要。这类新型业态产生的前提是在发现了原有旅游业态存在一定的缺陷的基础上产生的。例如，在传统业态模式中注入新的功能而形成新的业态形式的经济型酒店、主题酒店等。主题酒店也称为“特色酒店”，是以某一特定的主题，来体现酒店的建筑风格和装饰艺术，以及特定的文化氛围，让顾客获得富有个性的文化感受；同时将服务项目融入主题，以个性化的服务取代一般化的服务，让顾客获得欢乐、知识和刺激。这类酒店比传统的星级酒店，更具特色，更具有市场针对性，同时更符合消费者的需求特点，因而也就具有更强的市场吸引力和生命力。

4．仿制型旅游新业态

仿制型旅游新业态，是指参照市场上已有的某种旅游业态模式来创建同类型的旅游模式，如主题公园、农家乐等。这类旅游业态在其他的国家或是地区早已有之，并且发展现状和前景良好，仍然具有很大的市场潜力，所以仿制这类产品，可以在一定程度上减少开发的风险性，同时对于本土市场也是一个挑战和机遇。例如，中国的主题公园发展可以很好地证明这一点。从 20 世纪 80 年代深圳首次引入并建造了我国首个主题公园开始，全国各地开始跟风建造了大批主题公园，最终的结果是全国近七成主题公园是亏损的，这种仿制无疑是不科学的、失败的。但是芜湖方特欢乐世界在总结了经验教训后，在充分把握旅游市场需求现状及趋势的基础上，建成了我国首个第四代主题公园，在主题公园界掀起了一场波澜，芜湖方特欢乐世界的仿制是成功的，这样的仿制形成的新型旅游业态是符合旅游市场发展规律的，更是符合旅游者消费需求的。因此仿制型旅游业态一定要在充分了解掌握市场发展规律、市场需求特点的基础上进行仿制开发，这样开发出的旅游新业态才可能是有市场生命力的。

本章小结

旅游客体是指存在于自然环境和社会生活中的，对广大旅游者产生吸引力的事物和现象。它是旅游业赖以生存和发展的前提条件，是旅游业产生的物质基础。旅游资源是指在自然和人类社会中能够激发旅游者产生旅游动机并进行旅游活动，为旅游业所利用并能产生经济、社会和生态效益的客体。旅游资源具有美学的观赏性、分布区域性、地域的固定性、生态的整体性、吸引力的定向性、季节的变化性和不可再生性等特征。旅游资源开发过程中应坚持市场导向原则、独特性原则、经济效益原则和注重保护与合理开发原则；旅游产品从旅游经营者角度是指旅游经营者凭借一定的旅游资源、旅游设施，向旅游者提供的、以满足旅游者需求的各式各样的物质产品和劳务的总和；旅游新业态是相对于旅游主体产业有新突破、新发展，或者是超越传统的单一观光模式，具有可持续成长性，并能达到一定规模，形成比较稳定发展态势的业态模式，是旅游业态未来的发展方向。

关键词及概念

旅游客体　旅游资源　自然旅游资源　人文旅游资源　旅游资源开发　旅游资源保护　旅游产品　旅游新业态

复习思考题

一、名词解释

1．旅游客体　　2．旅游资源　　3．旅游产品　　4．旅游新业态

二、简答题

1．旅游资源的特点有哪些？
2．旅游资源的分类原则是什么？
3．旅游产品的特点有哪些？
4．旅游产品的生产原则是什么？
5．旅游新业态有哪些类型？

三、论述题

1．如何处理旅游资源开发与保护的关系？
2．如何进行旅游产品的组合生产？
3．试述旅游新业态的形成机制。

四、案例分析题

无中生有的淡季旅游产品——原点旅游

原点旅游是指旅游目的地即为旅游客源地，在无明显位移情况下的旅行社旅游经营活动。淡季是困扰旅游业经营的一大难题，旅行社都苦于淡季无生意可做。其实市场上并不缺少“生意”，只是旅游经理人缺少对“生意”的观察能力，这是中国旅游营销策划实战专家王祖淦先生对旅游产品策划的认识。他在 2005 年年初独创性地提出“旅游原点营销”这个概念，并特别选择全国旅游市场进入空白期、也是最无奈的冰点时段，依靠他的实验平台——天津市黄土地旅行社来进行运作。

一切创意都来自社会，来自对生活的观察。王祖淦观察到冬天的天津动物园门前特别冷清，根本没有游客。另一方面，他也观察到老年人离退休后，往往是被社会忽略了的群体，但他们自身都希望能老有所为，继续体现自身的社会价值。在这样的联系下，没有需求，可以创造需求。于是“关爱珍稀动物——老年朋友献爱心大联动”的旅游产品就这样被策划出来了。

他们提出了这样的理念：“冬天的动物园里几乎看不到游人了，动物的喂养资金也成了问题。难道我们能对我们人类最亲密的朋友——珍稀动物置之不管吗？让我们一起呵护我们人类的朋友‘走过冬季’吧！”

此外，他们还制定了这样的激励：“考虑到此次活动的社会效益，我们将请《天津老年时报》酌情将参加‘关爱珍稀动物——老年朋友爱心大联动’人员的荣誉名单公布在《天津老年时报》上，以弘扬老年人的和谐观和爱心行动。”

在所有人都认为不会有旅行社在春节前夕有所作为的时候，天津市黄土地旅行社却在 2005 年 1 月 10—28 日，即农历三九第三天至五九第三天，数九隆冬的天气里，在春节前夕旅游市场进入零客源的冰点时刻，成功组织五批次冬季没有出游消费习惯的老年人游览天津动物园……这无疑是天津市旅游界的一个奇迹，也是中国旅游市场淡季营销的成功典范，是无中生有的淡季旅游产品营销经典案例。

问题：什么是原点旅游？你所在的地区可以开展哪些原点旅游项目？

第5章 旅游主体

学习目标

知识目标	技能目标
1. 掌握旅游者的概念、特点 2. 了解旅游者的类型 3. 了解马斯洛需求层次理论的主要内容 4. 了解旅游者的特点 5. 掌握旅游者形成的客观影响因素	1. 能够正确理解各种学者、机构关于旅游者的定义 2. 能够运用旅游动机对旅游者进行分类

知识结构

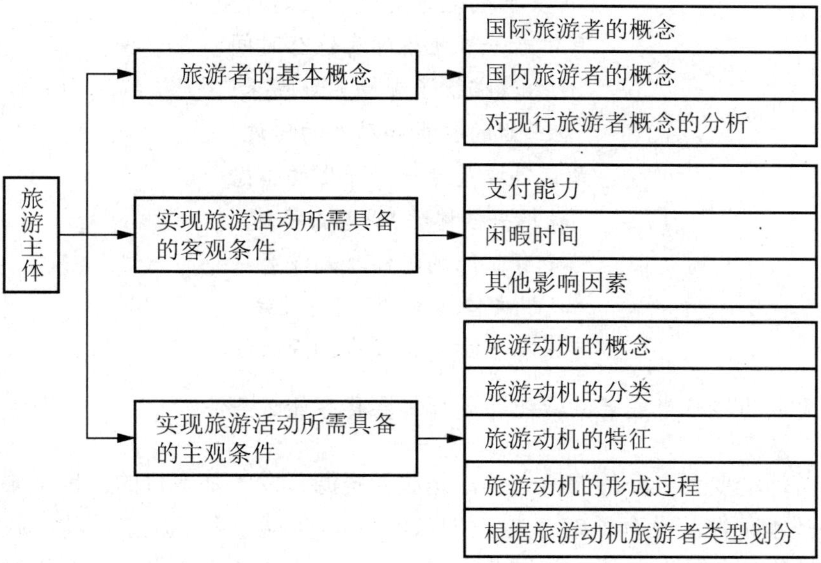

导入案例

我想去桂林

作词：陈凯　作曲：张全复　演唱：韩晓

我想去桂林呀 我想去桂林
可是有时间的时候我却没有钱
我想去桂林呀 我想去桂林
可是有了钱的时候我却没时间
Hoo I want to...
在校园的时候曾经梦想去桂林
到那山水甲天下的阳朔仙境
漓江的水呀常在我心里流
去那美丽的地方是我一生的祈望
有位老爷爷他退休有钱有时间
他给我描绘了那幅美妙画卷
刘三姐的歌声和动人的传说
亲临其境是老爷爷一生的心愿
我想去桂林呀 我想去桂林
可是有时间的时候我却没有钱
我想去桂林呀 我想去桂林
可是有了钱的时候我却没时间

思考：要成为旅游者或者旅游能够成行需要具备什么条件？

作为旅游活动要素之一的旅游主体，是旅游资源开发的基本目的，也是旅游业得以生存和发展的基本条件。没有了旅游主体(即旅游者)，也就没有了旅游活动，旅游资源开发便失去了市场价值和针对目标，旅游业也就成了无源之水和无本之木，业界对旅游主体的重视由来已久。

5.1 旅游者的基本概念

1867年瑞士一部词典对旅游者的解释是“出于一种好奇心，为了得到愉快而旅行的人”。但旅游者的确切含义并不明确，在名词的使用上也不一致，有的用“visitor”，有的用“tourist”。出行多少距离和离开常住地多长时间以上才算旅游者，难以判定。什么目的和性质的旅行才是旅游者的目的，关于旅游者的界定，不仅仅是一个概念问题，还是对旅游者本质属性的高度概括。

旅游者是指离开常住地到异地旅行和访问的人，其停留时间不超过一年，其外出的目的可以是消遣性旅游，如观光、度假等；也可以是非消遣性旅游，如公务、会议，但主要不是为了赚钱[①]。

旅游者是为满足物质和精神文化需求进行旅游消费活动的主体，是旅游服务活动的需求者和服务对象[②]。

王敬武在 1999 年指出，旅游者应该是指“离开住地以寻求改变精神状态、获取最大的身体和心理满足，达到精神愉快过程的人”。

各种旅游组织和个人对旅游者所下的定义并不一致，以下介绍关于“国际旅游者和国内旅游者”的几个代表性定义。这些定义相对以上“概念性”定义来说，可谓“技术性定义”。

5.1.1 国际旅游者的概念

1. 国际联盟定义

1937 年国际联盟定义为“离开自己的居住国，到异国旅行和访问至少 24 小时的人”。

2. 罗马会议定义

1963 年罗马会议定义为“除为获得有报酬的职业以外，基于任何原因到一个不是自己通常居住的国家访问的人”。

这两种定义的共同特点如下：

(1) 以来访者的目的区分其是否属于旅游者。

(2) 根据来访者的定居地(通常居住国)，而不是根据其所属国籍来界定其是否属于国际旅游者。

(3) 根据来访者停留时间，将国际旅游者分为(过夜)国际旅游者和(不过夜的)一日游游客(或短程旅游者)。

3. 世界旅游组织定义

1975 年世界旅游组织成立后采纳了罗马会议定义。1981 年出版《国内与国际旅游统计资料收集与提供方法手册》对罗马会议定义做了补充和完善[③]。1991 年 6 月 25—28 日，世界旅游组织在加拿大召开了“旅游统计国际大会”。经过三天议程，形成了《旅游统计国际大会建议书》，其中对一些旅游基本概念重新做了定义。

旅游是指一个人旅行到他或她通常环境以外的地方，时间少于一段指定的时段，主要目的不是在所访问的地区获得经济效益。

“通常环境”是为了排除那些在居住地以内的旅行和日常的旅行；“少于一段指定的时段”是为了排除长久的移民活动。

---

① 魏向东．旅游概论[M]．北京：中国林业出版社，2000．

② 见国家旅游局发布的 GB/T 16766—2010．

③ 魏向东．旅游概论[M]．北京：中国林业出版社，2000：89．

国际旅游者是指一个游客至少一夜，最多不超过一年，主要目的不是为了从访问国获得经济效益。

阅读资料 5-1

世界旅游组织

世界旅游组织是联合国下属的政府间国际组织，其宗旨是促进和发展旅游事业，使之有利于经济发展、国际间相互了解、和平与繁荣。

该组织主要负责收集和分析旅游数据，定期向成员国提供统计资料、研究报告，制定国际性旅游公约、宣言、规则、范本，研究全球旅游政策。该组织最早可追溯到1898年设立的旅游协会的国际联盟，1919年改称国际旅游同盟，1925年5月4—9日在荷兰海牙召开了国际官方旅游协会大会。1934年在海牙正式成立国际官方旅游宣传组织联盟。1946年10月1—4日在伦敦召开了首届国家旅游组织国际大会。1947年10月在巴黎举行的第二届国家旅游组织国际大会上决定正式成立官方旅游组织国际联盟，成为联合国附属机构，其总部设在伦敦，1951年迁至日内瓦。1969年联合国大会批准将其改为政府间组织，1975年1月2日正式改用现名，总部设在西班牙马德里，1976年成为联合国开发计划署在旅游方面的一个执行机构。

4. 我国的界定

我国国家旅游局关于旅游者的定义：来我国参观旅行、探亲、访友、休养、考察或从事贸易、业务、体育、宗教活动、参加会议等的外国人、华侨和港澳同胞，均属旅游者。至于应邀来我国访问、部长以上的代表团成员、外国驻华使馆人员、常驻我国专家、新闻记者、留学生、导游、归国定居的华侨，以及出国人员，都不能算是旅游者。一般将来华旅游入境人员称为“海外游客”，包括外国人、华侨、港澳台同胞。

(1) 外国人：外国国籍的人(包括华人)。

(2) 华侨：持有中国护照，但侨居外国的中国同胞。

(3) 港澳台同胞：居住在我国港澳台地区的中国同胞。

非海外游客：(中国国家统计局规定的非国际旅游者)政府高层访问团；驻华使领馆人员和常驻我国的外国专家、留学生、记者；航班过境旅客、边境往来的边民；来华定居的外国人、华侨、港澳台胞。

5.1.2 国内旅游者的概念

1. 国外的定义

(1) 加拿大：离开居住地边界至少50英里(约合80千米)以外的地方去旅行的人。

(2) 美国：处于工作上下班之外的其他任何原因而离家外出旅行至少50英里的人，而无论其在外过夜还是当时返回。

(3) 英国：基于上下班之外的任何原因，离开居住地外出旅行过夜至少一次的人。

(4) 法国：基于上下班之外原因离开自己的主要居所，外出旅行超过 24 小时但未超过 4 个月的人。

(5) 世界旅游组织(1984 年对国内旅游者的定义)：为了娱乐、度假、体育活动、公务、集会、会议、学习、探亲访友、保健、慈善工作或宗教目的而在自己定居的国家对某个目的地进行至少 24 小时但不足一年的访问旅行者。

2. 中国的定义

国内旅游者是在旅游住宿设施内至少停留一夜，最长不超过 6 个月的国内游客(魏向东，1992)。

国内一日游游客，中国国家统计局标准为离开长住地外出距离在 10 千米以上，时间超过 6 小时但不足 24 小时，未在旅游住宿设施内过夜的国内游客。

中国国家统计局规定，将下列人员不作为国内游客统计：①到各地巡视工作的部以上领导；②驻外地办事机构的临时工作人员；③调遣的武装人员；④到外地学习的学生；⑤到基层锻炼的干部；⑥到其他地区定居的人员；⑦无固定居住地的无业游民；⑧到外地务工的农民。

综合国内旅游者的定义，国内旅游者是离开住地以寻求改变精神状态、获取最大的身体和心理满足，达到精神愉快过程的人(王敬武，1999)。

5.1.3 对现行旅游者概念的分析

1. 概念是反映事物的一般的、本质的特征

把感觉到的事物共同特点抽象出来，加以概括，形成概念。从现行的旅游者概念定义中，并没有涉及旅游者的本质特征，仅仅把旅游者行为现象做了概括和分类。这种定义方法带有明显的统计操作性。所以，这类定义是统计旅游者人数的操作性说明。

2. 现行旅游者定义中包含了众多类型的旅游者

在实际生活中，有些人虽然满足旅游者定义，但未必是真正的旅游者。例如，购票进入公园的人群中，那些天天在该公园锻炼身体的公园附近的居民，就不是旅游者。公园统计旅游者人数，是由所售出门票的数量统计，并不考虑每位游人的行为动机。所以，统计意义上的旅游者定义，实际上是依靠能标定或反映人数的“记录器”上，增加一个“过滤器”，滤掉不属于旅游者的“成分”。在旅游饭店，“记数过滤器”就是旅店登记的客人数量；对于娱乐设施，确定旅游者数量就是门票销售数量；对于海关，就是旅客护照分类登记；等等。统计意义上的旅游者定义，目的在于确定某一单位地域内，在某一时间内，曾经存在过多少旅游者。

5.2 实现旅游活动所需具备的客观条件

旅游行为的产生，是内外因素共同作用的结果。客观因素指的是外部因素，即旅游供给目的地方面的因素和制约游客出游的现实条件，这些客观条件是限制因素。主观因素是内部因素，当人们具备旅游的客观物质条件，在主观上没有旅游的愿望，旅游活动还是无法成行。所以，影响旅游活动的外部因素是客观的，影响旅游活动的内部因素是主观的。

5.2.1 支付能力

1. 支付能力的概念

日常生活中，询问亲朋好友假期有没有出游计划，很多人的回答是："有吧，孩子大了，条件好了，有(支付)能力了，需要行万里路来增加阅历。"也有三四十岁的人回答，"条件是不错了，家里有小孩(或老人)外出不方便"或者是"附近已经玩遍了，在去距离远点的，费用太高负担起来压力较大"。从日常生活的回答能够看出一定的支付能力是一个家庭决定是否外出的首要条件。

衡量一个家庭是否具备支付能力一般使用可支配收入和可随意支配收入来衡量。可支配收入是个人或家庭收入中扣除应缴税款之后的剩余部分，其中个人或家庭收入包括工资、奖金、兼职所得、第二职业所得、接受的赠与等。

可随意支配收入：也称作可自由支配收入，指个人或家庭收入中扣除应缴纳所得税；扣除赠与他人；扣除应缴纳的养老金、失业保险金(保证金)、健康保险、住房公积金等社会保障费用(一般由工资发放单位代扣代缴)；扣除家庭或个人的日常生活开支(衣食住行)等开支后的收入部分。从"可随意支配收入"的字面意思可以理解为这部分收入为家庭或个人可以"为所欲为"的支配消费，家庭的旅游支出也是这个范畴。因为可随意支配收入包含的赠与他人的钱物、社会报账支出、日常开支因人(或每个家庭)而异，旅游研究部门及研究人员无法精确的统计，因此在多数相关的研究中常将可支配收入作为研究收入水平对旅游活动的影响因素。

如何衡量一个国家或居民家庭的收入水平，国际上通用的衡量居民生活水平高低的一项重要指标是恩格尔系数(Engel's Coefficient)，一般随居民家庭收入和生活水平的提高而下降。联合国根据恩格尔系数的大小，对世界各国的生活水平有一个划分标准，即一个国家平均家庭恩格尔系数大于 60%为贫穷；50%～60%为温饱；40%～50%为小康；30%～40%属于相对富裕；20%～30%为富裕；20%以下为极其富裕。按此划分标准，20 世纪 90 年代，恩格尔系数在 20%以下的只有美国，达到 16%；欧洲、日本、加拿大，一般为 20%～30%，是富裕状态；东欧国家，一般为 30%～40%，相对富裕；发展中国家基本上分布在小康、温饱乃至贫困的水平上。

随着生活水平的日益提高，需要用新的评价指标来衡量一个国家经济发展水平和居民的生活水平。对于富裕起来的中国居民来说，旅游消费在他们的消费中扮演着越来越重要的角色。旅游作为一种发展和享受性消费，自然与恩格尔系数形成反相关的关系。随着恩格尔系数的降低，旅游消费占总消费支出的比重会增加。根据马斯洛需求层次理论(Maslow's hierarchy of needs)，人的需要可以分为 5 个层次，由下至上分别为生理需求、安全需求、社交需求、尊重需求和自我实现需求。马斯洛(Maslow)认为，人的需求总是由下至上逐步得到满足的。当社会经济发展水平较低的时候，多数家庭处在贫困或者温饱状态，这时候居民主要是解决生理需求，居民在食品上的消费需求相对较大，恩格尔系数因此相对较高，而此时，居民在旅游消费上的支出相对较少，甚至少到可以忽略不计，旅游消费支出占居民消费总支出的比重相对较低。随着居民收入的逐渐提高，在满足了低层次的需求之后，人们就会追求高层次的需求，增加的消费支出必然投入到非食品消费上，可以用来改善住宿条件，增加教育费用，购买奢侈用品，也可以外出旅游开阔视野、增长知识，等等。满足自身需求的住房、汽车等消费属于中间层次的需求，达到一定水平后，其消费支出就处于停滞或递减的状态，比较而言，外出旅游成了居民满足高层次需求更好的选择：一方面，旅游作为一种高层次的消费品(特别是高端旅游)，在某种程度上是社会地位和财富的象征，中国人大都有面子情结，通过旅游可以在某种程度上满足他们受尊重的需求；另一方面，通过旅游居民可以更多、更好地了解世界、增长知识、开阔视野，这也在一定程度上满足了他们自我实现的需求。因此随着经济的发展和人民生活水平的提高，旅游消费支出占居民消费总支出的比重是一个逐步提升的过程。而这恰恰和恩格尔系数呈反相关(刘思敏，2010)。

阅读资料 5-2

恩格尔系数

恩格尔系数是食品支出总额占个人消费支出总额的比重。

19 世纪德国统计学家恩格尔(Engel)根据统计资料，对消费结构的变化得出一个规律：一个家庭收入越少，家庭收入中(或总支出中)用来购买食物的支出所占的比例就越大，随着家庭收入的增加，家庭收入中(或总支出中)用来购买食物的支出比例则会下降。推而广之，一个国家越贫穷，每个国民的平均收入中(或平均支出中)用于购买食物的支出所占比例就越大，随着国家的富裕，这个比例呈下降趋势。

简单地说，一个家庭的恩格尔系数越小，就说明这个家庭经济越富裕。反之，如果这个家庭的恩格尔系数越大，就说明这个家庭的经济越困难。当然数据越精确，家里的经济情况反映也就越精确。恩格尔定律的公式为

$$\text{食物支出对总支出的比率}=\frac{\text{食物支出变动百分比}}{\text{总支出变动百分比}}\times 100\%$$

或

$$\text{食物支出对收入的比率}=\frac{\text{食物支出变动百分比}}{\text{收入变动百分比}}\times 100\%$$

注意：食物支出对收入的比率又称为食物支出的收入弹性。

2. 支付能力对旅游活动的影响

1) 决定个人或家庭能否实现外出旅游

国际经验统计：当一国人均国民生产总值达到 800～1 000 美元时，居民普遍产生国内旅游动机；达到 4 000～10 000 美元时，居民普遍产生国际旅游动机；超过 10 000 美元时，

居民普遍产生洲际旅游动机。

2) 决定旅游消费水平

收入水平高的家庭在国内区域旅游、国内远程旅游、出境游、洲际旅游的自由度较大，而收入水平低的家庭或个人在旅游行程的远近上选择的自由度较小。世界旅游组织曾调查估算，当家庭收入水平达到外出旅游的水平后，其收入每增加一个百分点，旅游消费就会增加1.5个百分点，统称为旅游收入弹性系数为1.5。

3) 影响旅游消费构成

多数学者认为交通、食宿及游览购物等的比例通常为 4∶3∶3，家庭富有者在旅游的食、住、行、游、购、娱等方面的支出都较高，交通、食宿及游览购物等的比例可能达到2∶4∶4。例如，家庭富有者在外出旅游交通选择上可以是飞机，也可以是自驾车，住宿方面一般最低标准是三星级饭店，在旅游的用餐标准方面丰盛许多，选择的自由度大些。

5.2.2 闲暇时间

在本章的案例导入中有一句是这么表达“我想去桂林啊，我想去桂林，当我有了钱的时候我却没时间”，就说明闲暇时间是影响旅游活动形成的另一个注意因素。

闲暇时间是在日常工作、学习、生活及其他必需时间(如人际交往时间)之外，可用以随意自由支配，从事消遣娱乐或自己乐于从事的任何其他事情的时间。闲暇时间不是百无聊赖地虚度光阴，而是人们每天除工作时间和睡眠、用餐及家务劳动等生活必要时间以外，用于个人发展、文化娱乐、消遣、社会交往等自由支配时间。闲暇时间重点在强调非限制性。闲暇时间的不断增多，是社会进步的一个重要标志。马克思和恩格斯多次指出：闲暇是人的全面发展所需要的自由时间。并不是所有的闲暇时间都可以外出旅游，这与闲暇时间的连续性有关。

一般闲暇时间分为以下4类：一是每日闲暇，表现为一天中除了工作、学习、生活之外的时间，这类时间较短，一般很少用作旅游，可以参与居住地及附近的生态采摘品尝旅游；二是每周闲暇，通常是周末休息时间，可以用作短途旅游；三是公共假日，我国的假日分布为元旦、清明节、劳动节、端午节、中秋节5个3天的小长假和春节、国庆节两个7天的长假，这7个假期也是旅游的旺季；四是带薪假期。欧洲的带薪假期普遍为4周。美国除了有固定的带薪假期之外，每年还会有4天的额外假期，一般作为病休或是照顾家庭病人。加拿大的周末大多数都是3天，因为加拿大的许多法定假日定在周一。瑞典支持国民休长假，政府规定自动脱离岗位休假长达1年的居民可以领取85%失业保险金。中国目前在特定人群里有带薪假期，如教师。带薪假期也是开展长途旅游的最佳时机。

5.2.3 其他影响因素

对于旅游活动的成行，仅仅有充足的制服能力和闲暇时间是不够的，还要考虑到家庭其他成员状况等其他因素。

1. 年龄

不同年龄的人身体生理状况不同，兴趣爱好表现各异。

少儿：少儿对游乐设施感兴趣，具有这样的资源或环境的旅游地比较受欢迎。少儿出游需要成年人的陪同，如少儿年幼的话，旅游过程的路途中、住宿用餐都有特殊要求，以及幼儿的特殊生理条件都是外出旅游的限制性因素。

青年：青年人年轻、体力充沛，喜欢参与猎奇、冒险、刺激性强、体能消耗大的活动。青年人基本处于求学时期，外出旅游限制性较大。

中年人：家庭、事业、收入都非常的稳定，非常适合外出旅游。

老年：随着经济的发展、医疗技术设施的提高，老年人退休以后，没有抚养子女的压力和限制，既有充裕时间又有经济实力旅游。近几年兴起的“银发旅游”市场异军突起，发展迅速，成为新型的旅游类型。

阅读资料 5–3

银发旅游市场

我国目前是世界上老年人口最多的国家，占全球老年人口总量的五分之一。2004 年年底，我国 60 岁及以上老年人口为 1.43 亿。退休人口每年增加 300 万。预计 2014 年将达到 2 亿；2020 年将达到 2.43 亿，占总人口的 17%；2026 年将达到 3 亿；2037 年将超过 4 亿；2051 年将达到最大值 4.37 亿；之后一直维持在 3 亿～4 亿的规模。我国的未富先老现象，给我国社会提出了一系列严峻的课题，同时也给一些行业创造了庞大的商机。笔者认为，旅游行业应该认真探索这个课题，应该花大力气培育银发族旅游这一大商机，在促进旅游业发展的同时，也为我国的经济建设及和谐社会建设作出贡献。

旅游是银发族的一大需求，不少银发族具有外出旅游的经济实力。虽然我国总体上是未富先老，但在老年人中，本人有经济实力，或者子女有经济实力的仍占有相当的比例。他们辛劳一生，晚年赶上政通人和、经济发展的大好时机，不少人都愿意并且希望出去看看，去游览一些祖国的大好山河，是可以想象和预见的。据统计近几年来东北每年约有近万名“候鸟老人”飞往海南避寒，在三亚“猫冬”(“猫冬”是东北人的一个词汇，意思是冬季的大部分时间里人们只能待在家里，以躲避冬天的酷寒)。由这个例子可以看出，旅游确实是银发族的一大需求，就看旅游行业如何组织引导，如何去拓展和实施这一大商机了。

(资料来源：江浩．培育银发族旅游商机为建设和谐社会作贡献[J]．中国商贸，2009(13).)

2．社会阶层

社会阶层受教育程度和职业的影响，中上层阶层的人其收入较高且收入相对稳定，根据马斯洛的需要层次理论，这些阶层的人士比较注重精神享受，旅游需求较大，旅游选择的自主性很大；中层阶层的人，通常主张文化内涵和教育意义的旅游产品与服务，对出国旅游也很感兴趣；下层阶层的人，往往对长途旅游缺乏兴趣，通常选择离家较近的旅游目的地，开支也不会太大。

3．健康状况

身体健康状况良好的人外出旅游的可能性较大，体能差的人外出旅游几率很小。例如，南北朝画家宗炳这样形容自己“老病将至，名山恐难遍游。唯当澄怀观道，卧以游之”。体能会影响旅游需求的实现也不是绝对的。例如，温泉浴、泥浴、阳光充足的地方是受到风湿病人、皮肤病人青睐的旅游地。

4. 家庭生命周期

家庭生命周期指的是一个家庭诞生、发展直至结束的运动过程，它反映了家庭从形成到解体呈循环运动的变化规律。家庭随着家庭组织者的年龄增长，而表现出明显的阶段性，并随着家庭组织者的寿命而消亡。家庭生命周期概念最初是美国人类学学者格里克(Greek)于 1947 年首先提出来的。消费者随着年龄的增长，对旅游的需求不断地发生变化。家庭生命周期分为青年无子女阶段(或丁克家庭)、青年子女年幼阶段、中年子女成长阶段、老年子女独立阶段。在家庭生命周期第一阶段外出旅游可能性最大；在第二阶段出游几率较小，会有选择性的出游，第三阶段和第四阶段外出旅游的可能性最大。

5.3 实现旅游活动所需具备的主观条件

在现实生活中有些人有充足的收入和闲暇时间，但是他没有旅游的愿望，即没有旅游的动力。因此，旅游活动能够成行不仅需要客观的闲暇时间和旅游支出足够的金钱，还需要主观上的旅游意愿，即旅游动机。

5.3.1 旅游动机的概念

从心理学上来讲，动机是促进和维持人的活动，并使活动指向一定目的的心理倾向。按照心理学的原理，人的各种活动都是由动机所引起的，它支配着人的行为。动机产生于人的某种需要，当人产生某种需要时，心理上会产生紧张和不安的情绪体验，成为一种内在的驱动力，这就产生了动机。有了动机，进而需要选择或寻找目标。当目标确定之后，随之就为满足、解除紧张而活动。行为使产生的动机在需要得到满足中不断减弱，直至行为结束，人的心理紧张也随之解除。然后又产生新的需要，引起第二次行为。

旅游动机是直接驱动人们外出旅游的内部驱动力，在旅游动机的驱使下，人们确定旅游目标后采取行动，使旅游需要得到满足，从而消除紧张。

最常见的旅游动机的分类是：①日本学者田中喜一提出的 4 种旅游动机，即心情的动机、身体的动机、精神的动机、经济的动机；②美国罗伯特·麦金托什和沙西肯特·格普特(Sahibkent Gypt)提出的 4 种旅游的基本动机，即身体健康的动机、文化的动机、交际的动机和地位与声望的动机；③利奥得(Leowas)提出的健康、好奇心、运动、娱乐、宗教、公务商务、探亲访友及寻根、自我显耀等八大动机；④还有学者把“推”与“拉”的要领引入旅游动机分析。所谓“推”属于社会心理方面的因素，主要包括逃避、自我发现、休息放松、名望、挑战和冒险等。“拉”是指旅游目的地对旅游者的吸引力，包括独特的自然景观、历史悠久的名胜古迹、文化活动、体育活动等。但是无论哪种分类都围绕两个问题进行：一是旅游者自身需要；二是旅游本身的特点。关于旅游动机是人类的一种心理需要的解释，最为详细的要数马斯洛的层次理论(刘啸等，旅游动机—人类本性的回归—旅游动机的新探讨，2006)。马斯洛需求层次理论亦称“基本需求层次理论”，是行为科学的理论之一，由美国心理学家亚伯拉罕·马斯洛(Abraham Harold Maslow)于1943年在《人类激励理论》论文中提出，该文中将人的需求按阶梯状排序(如图5.1所示)分为：生理需求，安全需求，社交需求，尊重需求，自我实现需求。另外求知需要和审美需要未被列入他的需求层次排列中，他认为这两者应居于尊重需求与自我实现需求之间。

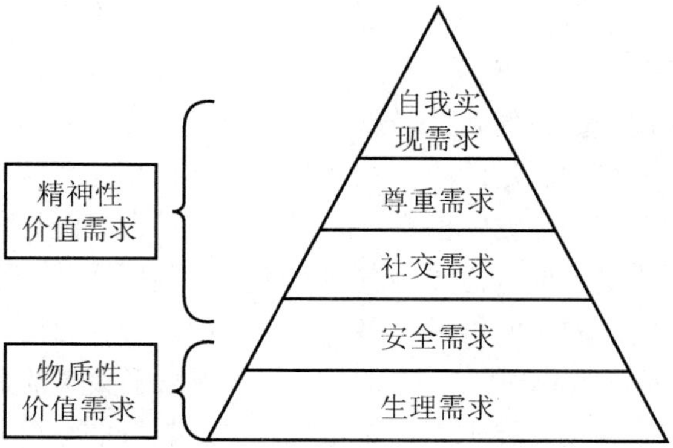

图 5.1　人的需求层次阶梯图

按马斯洛的理论，个体成长发展的内在力量是动机。而动机是由多种不同性质的需要所组成，各种需要之间，有先后顺序与高低层次之分；每一层次的需要与满足，将决定个体人格发展的境界或程度。马斯洛认为，人类的需要是分层次的、由低到高的。

生理需求是人们最原始、最基本的需要，如空气、水、吃饭、穿衣、医疗等。若不满足，则有生命危险。这就是说，它是最强烈的不可避免的基础需要，也是推动人们行动的强大动力。

安全需求要求职业安全、生活稳定、希望免于灾难、希望未来有保障等。安全需要比生理需要较高一级，当生理需要得到满足以后才有此种需要。每一个在现实中生活的人，都会产生安全感的欲望、自由的欲望、防御的实力的欲望。

社交需求也叫归属与爱的需要，是指个人渴望得到家庭、团体、朋友、同事的关怀、爱护、理解，是对友情、信任、温暖、爱情的需要。社交需求比生理和安全需求更细微、更难捉摸。它与个人性格、经历、生活区域、民族、生活习惯、宗教信仰等都有关系，这种需要是难以察悟，无法度量的。

尊重需求可分为自尊、他尊和权力欲三类，包括自我尊重、自我评价及尊重别人。尊重需求很少能够得到完全的满足，但基本上的满足就可产生推动力。

自我实现需求是最高等级的需要。满足这种需要就要求完成与自己能力相称的工作，最充分地发挥自己的潜在能力，成为所期望的人物。这是一种创造的需要。有自我实现需求的人，似乎在竭尽所能，使自己趋于完美。自我实现意味着充分地、活跃地、忘我地、集中全力全神贯注地体验生活。

马斯洛需求层次理论的特点如下：

(1) 5种需要像阶梯一样从低到高，按层次逐级递升，但这样的次序不是完全固定的，可以变化，也有种种例外情况。例如，刘胡兰英勇就义，就没有考虑安全需要，直接考虑自我实现的需要。

(2) 需求层次理论有两个基本出发点：一是人人都有需要，某层次需要获得满足后，另一层次需要才出现；二是在多种需要未获满足前，首先满足迫切需要，该需要满足后，后面的需要才显示出其激励动力作用。

(3) 一般来说，某一层次的需要相对满足了，就会向高一层次发展，追求更高一层次的需要就成为驱使行为的动力。相应地，获得基本满足的需要就不再是激励力量。

(4) 5 种需要可以分为两类，生理上的需要、安全上的需要和感情上的需要都属于低一级的需要，这些需要通过外部条件就可以满足；而尊重的需要和自我实现的需要是高级需要，它们是通过内部因素得到满足的，而且一个人对尊重和自我实现的需要是无止境的。同一时期，一个人可能有几种需要，但每一时期只有一种占支配地位的需要起决定作用。任何一种需要都不会因为更高层次需要的发展而消失。各层次的需要相互依赖和重叠，高层次的需要发展后，低层次的需要仍然存在，只是对行为影响的程度减小。

(5) 马斯洛和其他的行为心理学家都认为，一个国家多数人的需要层次结构，是同这个国家的经济发展水平、科技发展水平、文化和人民受教育的程度直接相关的。在不发达国家，生理需要和安全需要占主导的人数比例较大，而高级需要占主导的人数比例较小；在发达国家，则刚好相反。

阅读资料 5—4

马斯洛与马斯洛需求层次理论

亚伯拉罕·马斯洛(1908—1970)出生于纽约市布鲁克林区。美国社会心理学家、人格理论家和比较心理学家，人本主义心理学的主要发起者和理论家，心理学第三势力的领导人。

马斯洛 1926 年考入康乃尔大学，三年后转至威斯康星大学攻读心理学，在著名心理学家哈洛(Halow)的指导下，1934 年获得博士学位。之后，留校任教。1935 年在哥伦比亚大学任桑代克学习心理研究工作助理。1937 年任纽约布鲁克林学院副教授。1951 年被聘为布兰迪斯大学心理学教授兼系主任。1969 年离任，成为加利福尼亚劳格林慈善基金会第一任常驻评议员。第二次世界大战后转到布兰迪斯大学任心理学教授兼系主任，开始对健康人格或自我实现者的心理特征进行研究。曾任美国人格与社会心理学会主席和美国心理学会主席(1967)，是《人本主义心理学》和《超个人心理学》两个杂志的首任编辑。

对于大多数人来说，旅游动机的产生跟需要的满足有关。在旅游过程中旅游者会为了满足自身生理需要在旅游地尝试各种各样的美食小吃，世界各地的多种多样的美食吸引着众多的游客前往。这些美食对游客来说是旅游吸引物，但游客外出旅游不是为了满足生理需要。从本章第一节世界旅游组织关于旅游者的定义可以得知，旅游者外出旅游不是为了获得经济效益。安全需要的满足稍高于生理需要的满足，也就是说，满足了生理需要后才会有安全需要的满足。例如，人在饥饿的状态下，人们需要有食物来消除饥饿，在特殊情况下会有“饥不择食”，在安全需要的满足阶段，人在有选择的情况下就会选择自己喜欢的美食了。在安全需要的满足阶段会刺激旅游活动的产生。例如，2008 年汶川地震，能够幸存下来的人知道中国云南、贵州、四川是地震的频发且余震频繁的地区，所以外出旅行躲避短暂的危险。在社交需求阶段，人们外出参加专业培训、探亲访友、寻根问祖都是社会交往的需要，甚至有的时候外出旅游到地域风情浓郁的地方去认识结交当地的朋友，在旅途中也是认识结交朋友的过程。在此阶段社交需求刺激较多的旅游活动产生。据调查显示人们一方面希望自己对世界有用，另一方面希望借助某些行为或外部事物去表现和提升自我形象(李天元，旅游学，2010)。笔者在旅游归程中的交通工具上经常听到这样的说辞“你好啊，我这两天不在家，去贵阳旅游了……”，“我刚刚从昆明旅游回来，联系你一下……”。有调查显示，到多数人难以到达的异国异域风景名胜旅游，容易受到他人的尊重。自我实现的需要，如攀登珠穆朗玛峰或穿越罗布泊，都是为了满足自我实现的需要。但是自我实现的需要刺激少数人旅游活动的产生。总之，旅游动机的产生与高层次需要的刺激有关。安全需要的刺激有少量旅游活动产生，社交需要和尊重需要对旅游动机的刺激最大，而追求尊重需要的满足对旅游动机的刺激因其他等级需要满足状况不同而减弱。

5.3.2 旅游动机的分类

在对旅游动机的研究中，许多国家的政府机构和旅游组织都做了调查工作，关于旅游动机类型的划分问题，国内外的学者持有不同的观点。

1. 根据旅游的目的进行分类

美国的学者约翰·A. 托马斯(John A. Thomas)早在 1964 年就归纳除了所谓的“18 种重要的旅游动机”，实际上，如果进一步详细罗列还能得出更多直接的旅游动机。为此，另一位美国的著名旅游学者罗伯特·麦金托什则把一些具体旅游动机分为四大类型：身体方面的动机、文化方面的动机、人际方面的动机、地位和声望方面的动机。

2. 根据游客心理失衡的原因进行分类

格雷(Gray)在他 1970 年出版的《国际旅行——国际贸易》一书中，提出了休闲旅行的两种驱动力：追求漫游(wander lust)和追求阳光(sun lust)。追求漫游是人类的一种内在的本质特征，它催发着人们离开熟悉的环境和事物而前往异域他乡去观赏令人激动的异域文化和事物的欲望，即一种内在的“推动”因素；相反，追求阳光这种欲望的满足有赖于客观存在的，能符合特殊意愿的优美的异域风光，即是对存在于异地的“拉动”因素做出的反应。这种认识的价值主要揭示导致游客心理失衡，从而形成旅游行为的内部驱动力的内在机制。

3. 根据马斯洛的“需求层次论”进行分类

日本心理学家今井省吾指出，现代人的旅游动机含有“消除紧张感的动机”、“自我完善的动机”和“社会存在的动机”，这三种动机具体细分为：一是消除紧张感的动机，包括交换气氛、从繁杂中解脱出来、接触自然；二是自我完善的动机，包括对未来的向往、接触自然；三是社会存在的动机，包括朋友的友好、大家一起旅行、了解常识、家庭团圆。今井省吾的观点与马斯洛的需要结构的三个高层次的需要不谋而合，揭示了旅游与人们丰富多样的需要息息相关。

4．根据旅游者的旅游活动进行分类

旅游者的具体旅游活动复杂多样，同一种动机可以产生不同的活动，不同的动机也可以产生相同的活动。根据所列出的旅游活动，也可以发现这些复杂的旅游活动主要产生于三种动机，即消遣动机、情感动机和发展动机，见表 5-1。

表 5-1　旅游动机类型与旅游活动

动机类型	动机产生的原因	动机产生的旅游活动
消遣动机	为了放松心情、追求愉悦而产生的动机	观光型旅游、娱乐消遣型旅游、购物型旅游、生态/探险型旅游
情感动机	为了抒发情感或寄予理想而产生的动机	宗教型旅游、寻根型旅游、探亲型旅游、访友型旅游
发展动机	为了自身发展的需要而产生的动机	度假保健型旅游、文化教育型旅游、商务/公务型旅游

5.3.3　旅游动机的特征

旅游活动是人类社会发展到一定阶段的产物，当人类在满足了较低层次的需要时，便产生了较高层次的需要，旅游需要便是其中之一。旅游动机则是在人类具有旅游需要的前提下而产生的一种较为复杂的动机，它与人类的其他动机不同，具有自己的显著特征。

1．旅游动机的多样复杂性

娄世娣认为旅游动机的多样性可以从两方面理解：首先，不同旅游者因需要不同，旅游动机不尽相同，在同一时期、同一社会环境下，有的是为了探亲访友，有的是为了好奇探险，有的是因健康原因去休息疗养等；其次，同一旅游者在不同时期、不同阶段、不同社会环境中的旅游动机也是不同的，同一旅游者的需要也是多方面的，因此旅游动机就不可能是单一的。例如，某人去年外出旅游是为了探亲访友，今年是为了考察某地历史文物，明年准备进行探险旅游等。

2．旅游动机的交叉并存性

在一次旅游中，每个旅游者的旅游动机也不是单一的，而是一种动机和另一种动机相互交错同时并存的，往往是以某种动机为主，兼有其他旅游动机，即其中某一方面是主导动机，其他方面为辅助动机。例如，在一次观光旅游中，既探望了老友，又结交了新朋，还增长了见识；在一次度假旅游中，既逃避了现实，又锻炼了身体，还寻到了人间真爱。

3．旅游动机的非显性

旅游者的旅游动机有的被意识到了，有的则没有被意识到，因为人的许多需要在许多时候处于沉寂状态，需要人的内外条件将需要唤起才能成为支配行为的动力。旅游动机的非显性(即内隐性)与交叉并存性不同，后者是旅游者进行旅游的比较清晰、明确的动机，而前者则是不够清晰或是不能准确表达的动机，只是在旅游过程中，偶然的被具体的旅游活动表现出来。

4．旅游动机的循序渐进性

美国著名心理学家马斯洛曾在研究个人动机与行为的关系中，主张社会中的每一个人都可以通过一个系列循序渐进的行为方式和步骤，将个人的资质充分地发掘出来。如果将马氏的“动机与人格”理论移植到旅游研究中，同样具有可借鉴价值。运用马斯洛的理论，游客的旅游动机呈现出一个不断向上递进的阶段性进程。它显示出个人的需求在行为上的表现：从生物需求、安全保护需求到关系发展和延伸需求，再到特别利益与自我发展需求，最后完成或自我实现。游客可以通过旅游行为和旅游活动的实践，进入到一个不断递进的“梯级体系”中，从开始的“体验心理类型的快乐过程”，到富有经验的游客“利用旅游去发展各种关系”，最后达到“自我尊重和自我实现的目的”。

5.3.4 旅游动机的形成过程

1．第一阶段：刺激性因素输入

旅游动机的产生必然会受到游客个人因素和外部诸多刺激性输入因素的影响，这两大类影响因素从内力和外力两个方面来推动或阻碍旅游动机的产生。因此，游客目的地选择的第一阶段输入变量，主要包括内部因素和外部因素两部分来讨论是必要的。内部因素主要是指其个人因素，包括个人的教育程度、性别、年龄、收入水平等。由于个体因素的差异，不同游客对相同的旅游地的感受相差很大。外部因素主要包括市场营销、外部刺激性因素两大类。市场营销包括市场细分、目标市场选择、形象与市场定位、旅游产品设计、传播与促销策略和分销渠道设计。选取目的地形象与知名度、大众媒体传播效果和旅行社的推荐三大因子作为市场营销的代表因素。其他的信息刺激包括消费者在同他人的社会交往中产生的刺激，最常见的是亲友的推荐和口碑、示范群体的行为与决定等。

2．第二阶段：感知过程——完成信息的处理

为了满足旅游需求，个体往往会通过各种途径和渠道搜集偏好目的地的相关信息，然而，在信息的搜集和过滤过程中，信息的来源，以及对信息来源的信任程度，共同对他人参考意见的重视程度会产生影响，同时，目的地相关属性，游客的感知印象、旅游经历对旅游者的选择行为都有直接影响。感知过程被心理学家称为“消费者暗箱”，是消费者内部自我完成的复杂心理活动。

3．第三阶段：输出——旅游者对信息产生的反应与采取的行动

最后，在接收一系列的输入变量的刺激以后，引起注意，进行探索，产生感知，激发冲动。游客会根据自身需求，考虑预算和时间等限制，在旅游动机的推动、营销渠道和促销活动的拉动下，在外界条件适宜的时机，最终做出决定，从多处备选目的地中确定对某个旅游地的选择，从而产生旅游消费的冲动。旅游归来，旅游者最终形成在该目的地的实际价值感知，主要包括利益感知和风险感知，这些感受及评价将成为他们旅游经历的一个部分，对下一次的旅游决策产生影响。

5.3.5 根据旅游动机旅游者类型划分

人们为满足各种需要，产生了外出旅游的愿望，当具备了一定的客观条件之后，各种旅游动机也随之产生，归纳起来主要的旅游动机有以下几种。

(1) 观光型旅游动机。指为满足观赏异地自然和人文景观，开阔视野、陶冶情操的需求而产生的旅游动机。特点是逗留时间不长；对价格较敏感；重复观光较少。

(2) 娱乐消遣型旅游动机。指以娱乐、消遣求得精神松弛为主要目的而产生的旅游动机。它能使游客解除紧张状态，消除身心疲劳，产生精神上的超脱和自主、自由之感；其行为不仅表现为观赏，更重要的是参与。特点是追求消遣；外出季节性强；灵活性大，如遇到不安全因素可临时改变计划；多系自费，对价格较为敏感。

(3) 文化型旅游动机。指为满足精神文化需求，达到扩展心智、了解和欣赏异地文化、艺术、风俗、宗教及体验具有文化品位的事物等目的而产生的旅游动机。表现出游客具有较高文化修养，求知欲较强；具有某种专长或特殊兴趣，愿与同行切磋交流；希望日程安排周密且有较好的导游服务等。主要有文化旅游，考古、地质、生物考察旅游，工业旅游，专业学习旅游等。随着人们文化素质的提高，以此为旅游动机的人越来越多。

(4) 医疗保健型旅游动机。指为治疗慢性疾病或增进身体健康，避寒、避暑或避开日常紧张的生活、消除身心疲劳及健康重建而产生的旅游动机。主要包括医疗旅游、温泉旅游、度假村旅游、避暑旅游、体育保健旅游等。

(5) 家庭和人际交流型旅游动机。指为思乡、寻根、探亲访友或与家人同游、结识新友，求得在旅游交往中处理好人际关系等而产生的旅游动机。多为自费，对价格比较敏感。

(6) 尝试体验型旅游动机。指为追求新、奇、异、美、特的感受，满足特殊兴趣和爱好而产生的旅游动机，如岩洞探险、登山、漂流、滑雪、越野、骑车旅游等。

(7) 地位与声望型旅游动机。指以完成公务为主要目的，为满足自尊、引人注目、受人赏识、个人能力得以发挥并创造出成绩等需求而产生的旅游动机，包括商务、会议、考察、交流、讲学、产品展销等。特别是游客有一定身份和地位，支付能力强，强调舒适方便，消费较高，人数相对较少，但出行次数频繁，不受季节影响；目的地和出行时间无选择余地；对价格不太敏感。随着各地间交往日益频繁，此类旅游者必然逐渐增多。

(8) 宗教型旅游动机。指对宗教的虔诚而产生到宗教圣地朝圣的旅游动机。

(9) 寻根型旅游动机。指因历史原因造成的种族或民族迁移而离开故土，使他们及其后裔产生的故地重游或认祖归宗的动机，是人们自发的民族感和归属感产生的一种特殊的心理需求。

本章小结

旅游主体就是通常所说的旅游者，是旅游客体的浏览主体。有旅游主体，才有旅游客体和旅游媒体。旅游主体是旅游活动的主体，是旅游审美的主体，只有与旅游客体相观照和相审视时，它才能成为旅游主体。旅游者能够实现旅游活动必须有足够的支付能力(可随意支配收入)、闲暇时间和旅游动机(旅游的愿望)。可随意支配收入是个人或家庭收入中扣除应缴纳所得税；扣除赠与他人；扣除应缴纳的养老金、失业保险金(保证金)、健康保险、住房公积金等社会保障费用(一般有工资发放单位代扣代缴)；扣除家庭或个人的日常生活开支(衣食住行)等开支后的收入部分。闲暇时间是在日常工作、学习、生活及其他必需时间(如人际交往时间)之外，可用以随意自由支配，从事消遣娱乐或自己乐于从事的任何其他事情的时间。可用于旅游的闲暇时间有每日闲暇、每周闲暇、公共假日和带薪假期。旅游动机是直接驱动人们外出旅游的内部驱动力，在旅游动机的驱使下，人们确定旅游目标后采取行动，使旅游需要得到满足，从而消除紧张。足够的支付能力和闲暇时间是实现旅游活动的客观条件，是旅游活动成行的必备物质基础。旅游动机是实现旅游活动能够成行的主观能动条件。旅游活动是在主客观条件同时具备的基础上实现的。

关键词及概念

旅游主体　旅游者　可随意支配收入　闲暇时间　旅游动机　需求层次理论

复习思考题

一、名词解释

1．旅游者　　2．旅游动机　　3．马斯洛需求层次理论

二、简答题

1．旅游动机的特点有哪些？
2．旅游动机的类型有哪些？
3．根据旅游动机如何划分旅游者？

三、论述题

1．世界旅游组织对旅游者定义的最新规范有哪些？
2．我国是如何统计国内旅游者和国际旅游者的？
3．分析一下，一个人要成为现实的旅游者需要具备哪些条件？

四、案例分析题

如何让旅游休闲成为生活方式之一

2010年“十一”国庆节长假期间，“2010宁波旅游节”如火如荼，旅游部门精心准备的旅游大餐精彩纷呈，并采取赠送万张景区门票等惠民措施，吸引省内外游客纷至沓来，呈现出“黄金效应”。但坦率地说，要把旅游节提出的“让旅游成为生活方式，让休闲融入幸福指数”的主题口号变成现实还有很长时间的路要走。

旅游休闲，于国，可以扩大就业，拉动内需，刺激经济增长；于民，可以放松身心，陶冶情操，提高生活品质。据说一些发达国家的公民一旦成年，便会制订一份周游列国的

计划，而“世博奶奶”日本家庭妇女山田外美代疯狂进出世博的行为，更让人领略了旅游休闲成为她日常生活的一部分。2005 年，日本举办 185 天的爱知世博会，山田就创下进场 243 次的纪录，作为陪护者的丈夫和儿子，分别入园 80 次和 50 次。4 年前，上海世博会场馆还未开建，山田就来探路，4 年中先后往返 18 次。上海世博会开馆，她购买 7 183 张门票，每天都出现在世博园区。对比可知，国人在旅游方面的差距太过明显。

一是收入偏低，没有闲钱。为看世博，山田举家从日本搬到中国，门票、机票和租房等方面的开支约合人民币 70 万元。可以想象，敢于在旅游上如此支出，山田肯定家大业大。专家预言，当一国人均 GDP 突破 3 000 美元，居民消费结构将日益高档化和多元化，旅游休闲将逐渐成为人们的生活方式。我国 2008 年人均 GDP 就达到 3 266 美元，但由于收入分配差距悬殊，尤其中国还有 1.28 亿人口(中科院 2012 年统计数据)还在为生计发愁。除去吃、穿、住、用、行之类的日常开销，已是捉襟见肘，更有改善住房、孩子上学、家人就医、自身养老等后顾之忧，如何能整日“泡”在世博园？

二是时间偏紧，没有闲暇。为了陪同母亲，山田 37 岁的儿子在 4 月底辞去在日本的教师工作，到日本馆当起了工作人员。山田的丈夫则买了 90 多张世博门票，准备陪同她半程，然后再回日本赚钱。可见，山田一家工作比较自由，时间比较充裕。旅游是需要闲适心情的，而大多数人整日疲于奔命。有识之士早就呼吁带薪休假，但应者寥寥无几，一些企业甚至把加班加点当成提高经济效益的主要手段。把工人“绑”在机器上，长年累月超负荷运转。人心里总想着干不完的事情，便如芒刺在背。哪有那份闲情逸致？

三是观念偏旧，缺乏闲心。山田热衷于看世博，是因为尝到了旅游的甜头。2005 年她抱病在家，家人常带她去爱知世博园，一次次锻炼，她的身体逐渐好转。她认为，把钱花在让自己幸福的事上很值得。反观国人，要说钱，一般“中产阶级”不能周游列国，总可以周游祖国；负担不起豪华游，可以去农家乐、进行“低碳游”。但一些人认为钱“浪费”在闲逛上觉得心疼。至于时间，认为工作是正经事，旅游休闲偶尔一次即可，大可不必成为生活方式。

四是其他因素也会抵消人们旅游休闲的意愿。例如，一些景点设施落后，甚至危及安全；管理混乱，服务不周；景区脱离公益属性，门票、餐饮、停车价格高得离谱；游客扎堆，影响兴致等。为此，政府要想方设法提高城市居民收入，企事业单位要给劳动者充分的闲暇时间，景区要强化管理、整治环境、降低门票价格，而个人则需要转变观念。相信经过共同努力，旅游休闲终将会成为人们的生活方式。

(资料来源：姜德源，韩燕平．旅游学概论[M]．北京：北京理工大学出版社，2010.)

问题：将旅游休闲作为一种生活方式需要具备哪些条件？

第6章 旅 游 业

学习目标

知识目标	技能目标
1. 了解旅游业的概念 2. 掌握旅游业的特点 3. 了解旅游饭店、旅行社的特点及作用 4. 掌握旅游市场的作用、划分方法 5. 掌握旅游饭店的划分方法	1. 能够运用旅游饭店的分类方法对某地的旅游饭店进行分类 2. 能够运用旅游业的特点分析某地旅游业发展的优劣势 3. 学会对旅行社进行分类 4. 能够运用旅游市场的特点进行旅游市场细分 5. 能够根据现有旅游市场情况分析未来旅游市场的发展趋势

知识结构

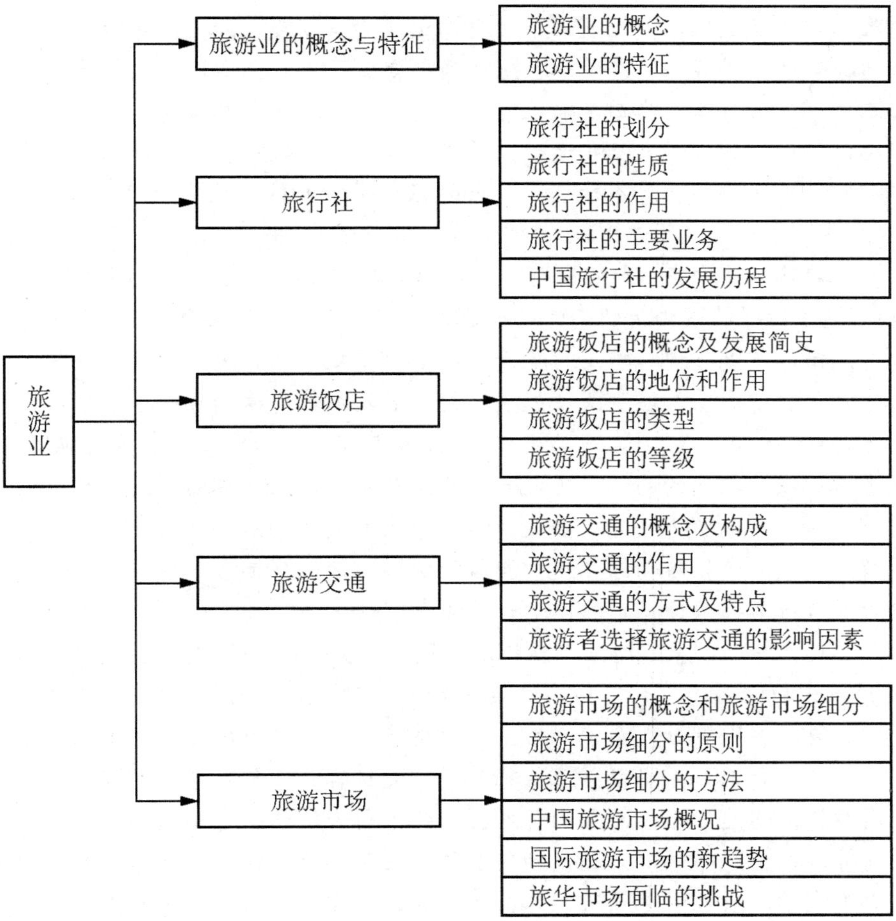

导入案例

成都—台湾环岛八日游——成都中国青年旅行社

乐途旅游网发布成都—台湾环岛八日游线路，标准双飞往返八天，五星级宾馆住宿，途径台北中山纪念堂、阿里山、101大楼。

第一天，搭乘航班转机飞台北，办理好入境手续后，入住酒店。

第二天，参观台北或桃园、雪山隧道、花莲(太鲁阁国家公园)早餐后，途经台湾最美丽的苏花公路，全线公路均为峭壁悬崖，车行每一转弯均是一幅美丽的图画，让人目不暇接。先游览太鲁阁公园，欣赏壮丽的峡谷风光，“太鲁阁”取自于原住民话意思为“美丽的峡谷”，以雄伟壮丽、几近垂直的大理石峡谷景观闻名。燕子口因对岸大理石峭壁上可见到许多小洞穴，每当春夏之际，常有小雨燕和洋燕在峭壁间穿梭鸣唱，故而得名燕子口。九曲洞，是太鲁阁峡谷最让人心动的自然奇观，也是峡谷最窄的部分，临溪侧辟有人行步道供游客漫步欣赏。稍后参观精湛的大理石工艺中心 。

第三天路线是花莲、花东海岸、台东(七星潭海滨公园、北回归线、八仙洞、三仙台)。早餐后前往七星潭风景区，在七星潭，更可以远眺清水断崖，此地海滩呈一优美的弧形海湾。海水洁净湛蓝，黑石晶莹剔透，在此可远眺青山苍郁，公路绵延。再沿着优美的台11线海岸公路——花东海岸公路南下前往台东，首先抵达八仙洞参观海蚀洞。再至三仙台，花东海岸公路沿途可欣赏世界第一大的蔚蓝太平洋的美丽风景。于傍晚抵达台东，参观台东地区特有的珊瑚博物馆。台东地区以优质的温泉闻名世界，晚餐后可尽情享受饭店内的温泉设施(需自行准备泳装及泳帽)。

第四天主要路线是台东、南回公路、垦丁、高雄(猫鼻头、船帆石、鹅銮鼻灯塔、爱河、六合夜市)。早餐后经蜿蜒曲折的南回公路前往垦丁，后经屏鹅临海公路前往恒春镇垦丁，体验南台湾热情，首先参观台湾海角之南的两端岬角之一的猫鼻头。猫鼻头位于恒春半岛的东南岬，介于台湾海峡和巴士海峡的交界处，其外形像蹲坐的猫而得名。经过了垦丁街头不久，一块珊瑚巨石耸立在碧海蓝天中，这就是船帆石，由于看起来像起航船帆而得名。之后游览台湾的海角之南的两端岬角之一的鹅銮鼻灯塔，自高潮面算起，至灯火中心的高度是56.4米。享用精致的午餐后，抵达南台湾最大的都市、有海洋首都之称的高雄，前往闻名世界做工精致的金钻石精品参观。稍后游览爱河河滨公园，参观整治后的爱河游河之旅。晚餐后可自行前往六合夜市，体验台湾的夜市风情。

第五天参观高雄、嘉义、阿里山森林游乐区、南投(西子湾、打狗英国领事馆、高山品茗)。早餐后首先前往西子湾，打狗英国领事馆是座二级古迹，经过整建让这栋台湾第一洋楼的绝代风华再次展现到世人面前。后出发前往嘉义。有樱都之称的阿里山风景区，地处海拔 2 000 米以上，游览著名的景点：姐妹潭、受镇宫、三代木等。阿里山森林以桧木名闻国际，漫步林间随处可见。阿里山神木，三代木同一根株，先枯而后荣，如今第一代、第二代的前身均已枯老横颓，第三代却仍然欣欣向荣。接着前往姐妹潭，姐妹潭是两个大小不同的邻近湖泊，后人附会而称姐妹潭。随后前往品尝台湾特有的阿里山茶，惯称高山茶，是指海拔 1 000 米以上茶园所产制的包种茶，另俗称乌龙茶。

第六天早餐后前往位于南投县的埔里镇的中台禅寺。中台禅寺是结合中西建筑元素，主体建筑以石材为主，象征修行的坚固和永恒不变。后到达台湾第一大淡水湖——日月潭，因潭景雾薄如沙，水波涟涟而又得名为水沙连。随即搭乘豪华游艇游湖饱览美丽风光。而后抵达伊达邵，旧名德化社、化蕃社，是原住民邵族主要居住地。午餐于邵族文化村内享用原住民风味餐，下午返回台北市，首先至中山纪念堂参观。而后到世界第一高大楼的台北市地标——台北 101 大楼及素有台北曼哈顿之称的信义商圈游览。

第七天首先前往野柳风景区。野柳风景区属于岬角地形，因岩层经海水冲击与风化的侵蚀，形成各种嶙峋峥嵘、争奇斗妍的瑰丽奇岩景象，未经人工雕凿。最著名的有女王头、仙屦鞋、蕈状石、蜂窝岩等特殊地形景观，都堪称鬼斧神工的作品。午餐后再参观台北“故宫博物院”，位于台北市近郊阳明山麓下的外双溪，占地 1 200 亩(1 亩≈666.67 平方米)，于 1965 年兴建完成，为一座中国宫殿式的建筑，院内藏有全世界最多的无价中华艺术宝藏。之后参观台湾精品店，稍后前往品尝台湾地道的凤梨酥饼及台湾的各式各样糕饼，一尝台湾特有的风味。晚餐后前往台北市著名的士林夜市，自费品尝台湾小吃。

第八天早餐后至免税店为自己和家人带点小礼物，再前往机场办理好出境手续后，搭乘航班回航。

费用包含如下：

① 全程机票(经济舱)，含机场税、燃油附加费、入台证费；

② 全程住宿 4 花+5 花酒店(双人标准间)；

③ 观光巴士；

④ 行程内所列景点门票(除 101 大楼观景台)；

⑤ 全程持证领队服务一名，台湾当地持证导游服务一名；

⑥ 12 岁小孩以下不占床位(不含 12 岁)收总费用的 90%，12 岁以上收全额团费；

⑦ 台湾没有自然单间，若出现单男或单女由我旅行社安排，领队将有权调配房间，客人如不接受此种方式，须在出发前补房间差价。

费用不包含如下：

① 台湾通行证费；

② 全程司机和导游小费 50 元/天；

③ 私人消费(如酒店洗衣费、电话费等)；

④ 行李物品的保管费及超重费；

⑤ 因交通延阻、天气、战争、罢工或其他不可抗力所引致的额外费用；

⑥ 一切超出费用(如在外延期签证费、住、食及交通费、国家航空运价调整等)公司有权追加差价。

(资料来源：http://chengdu.lotour.com/loxingshe/01073283/huodong_13144.shtml.)

思考：旅游包括哪些要素？如何把这些要素有效地串联起来？

旅游业(亦称旅游媒体)是指实现旅游活动的载体，主要包括旅游饭店、旅行社、旅游交通，这些旅游基础设施的存在及其作用的发挥，为旅游者的食、住、行、游、购、娱提供重要的物质基础保障。

旅游业是伴随着人类旅游活动而诞生和发展的，是旅游者实现旅游目的的桥梁和手段。在现代旅游中，旅游者的需求主要是通过旅游业提供的产品和服务来满足的。虽然使用旅游产品和服务并非旅游者的旅游目的。但旅游业在旅游客源地与目的地之间建立了一条提供便利的纽带，使旅游者不必为旅游过程中的食、住、行、游、购、娱等问题和困难而担心和烦恼。所以，旅游业既是旅游发展的必然产物，同时也是旅游发展有效的促进因素。因此称旅游业是旅游活动的媒体。正是由于旅游业为旅游活动提供了便利条件，才使旅游活动大规模、远距离、高速度、时尚化地发展起来。第二次世界大战结束后的半个多世纪以来，世界旅游在大众旅游蓬勃发展的推动下，获得了空前的繁荣和快速的发展，一跃成为与汽车产业、信息技术产业、石油产业并肩的世界大产业之一。旅游业所创造的产值在全球产业中的比例已经超过了10%，旅游业被誉为“永远的朝阳产业”和“国际经济贸易发展新的增长点”。

6.1 旅游业的概念与特征

6.1.1 旅游业的概念

旅游业是以旅游资源为凭借，以旅游设施为物质条件，为旅游者提供各种商品和劳务服务的一系列相互关联的行业。旅游业是文化性的经济产业，是实现现代旅游活动的媒介、手段和条件，其中旅行社、旅游饭店和旅游交通被称为现代旅游的三大支柱。旅游业也可以定义为以旅游资源为依托，以旅游设施为条件，以出售劳务为特征的经济产业部门。

由于旅游者旅游需求的多样性和旅游活动的全方位性，旅游业的行业范围十分广泛。从国家和地区的旅游发展角度来看，旅游业主要由五大部分组成，除“三大支柱”之外，还包括游览场所经营部门和各级旅游管理组织，即“五大部门”包括住宿接待部门、游览场所经营部门、交通运输部门、旅游业务组织部门、目的地旅游组织部门。

6.1.2 旅游业的特征

1. 综合性

旅游者的消费特点决定了旅游业是一个综合性极强的产业。为满足旅游者食、住、行、游、购、娱等多种需求，就需要与饭店、交通、金融、商业娱乐和景区等系列的企业提供相应的服务，只有它们通力合作，才能保证旅游者的全部需求的满足。另外旅游产品要由多种不同类型的企业或行业提供，如轻工业、建筑业、农业、畜牧业、林业、水产业等，还包括一些非物质资料生产部门，如文化、文物、宗教、科技、邮电、教育、商业、金融、海关、公安、环保、保险等。它们按照产业划分标准分别属于若干相互独立的行业，提供旅游服务这一共同职能把它们综合为有机整体。因此，综合旅游产品，提供旅游服务，方便旅游活动，是旅游业的重要特征之一。随着经济的发展和市场竞争的加剧，旅游业的综合性特点将更加显著。

2. 涉外性

旅游服务从业务上划分主要分为三项：一是接待外国人来国内进行旅行游览活动；二是组织国内人员出国进行旅行游览活动；三是组织国内人员在国内进行旅行游览活动。前两项业务活动，都是涉外性质的业务。由于各国的社会制度、社会文化、生活方式等诸多方面都存在较大差异，因此，发展国际旅游业的政策性很强并且具有较强的涉外性。

3. 敏感性

旅游业比其他经济行业更具脆弱性。从旅游业的内部看，旅游活动中任何环节出现意外，耽误了旅游行程，就会发生一系列的连锁反应，造成整个旅游供给的失调，从而影响旅游业的经济效益。从旅游业的外部看，旅游业对各种自然、政治、经济和社会等因素的变化异常敏感，各种因素的微小变化都可能引起旅游业的较大波动。

4. 服务性

旅游业属第三产业，本质上是服务性产业。一般来说，旅游服务所提供的服务有以下几方面的内容：一是通过服务促进旅游产品的销售，如旅游景点的销售和饭店客房的销售；二是通过服务提供有形产品，如提供给旅游者的纪念品、餐厅提供的餐饮产品；三是服务者提供服务的过程也是旅游者的消费过程，两者在同时间完成，如导游服务。

5. 季节性

旅游业的季节性表现在：一方面自然旅游资源受季节性自然条件的影响，如气候变化、日月运动、四季更替等都会引起观赏价值和体验感受的变化；另一方面，旅游淡旺季的出现与社会上从业人员的节假日安排密切相关，甚至学校放假的时间、季节对旅游业都有一定程度的影响。只有设法缩小淡旺季的差别，充分利用旅游资源和设施才能够创造最佳的经济效益。

6. 依托性

旅游活动涉及面广，因此旅游业具有高度的依托性。主要表现在三个方面。第一，旅游业的发展以旅游资源为依托。旅游资源是发展旅游业的客观基础，一个地区旅游资源的特色与丰富程度决定了其旅游业的发展方向和规模。第二，旅游业的发展以国民经济的发展为依托。因为国民经济的发展决定了人们的可随意支配收入和闲暇时间，从而也就决定了旅游者的数量、消费水平和消费频率；国民经济发展水平还决定着旅游供给水平，表现为旅游资源和设施的投入能力。第三，旅游业的发展以各相关行业的协调发展为依托。任何相关行业的脱节都会影响旅游经营活动的正常进行，旅游业永远受发展程度最低的相关行业的制约。

6.2 旅 行 社

2009 年 2 月 20 日，国务院正式颁布《旅行社条例》，自 2009 年 5 月 1 日起施行。该条例称，旅行社是指从事招徕、组织、接待游客等活动，为旅游者提供相关旅游服务，开展国内旅游业务、入境旅游业务或者出境旅游业务的企业法人。

旅行社提供与旅游有关的服务是旅行社企业的基本职能。由于世界各国国情不同，发展目标和经济水平不一，使得旅行社分类存在着不同的划分标准和类别。

6.2.1 旅行社的划分

1. 欧美旅行社的划分

欧美国家按照旅行社的业务类型将其划分为两类：旅游批发经营商和旅游零售商。旅游批发经营商是指根据自己对市场需求的理解和预测，大批量地订购各类不同的旅游产品，如航空运输公司、饭店、旅游景点等产品和服务，然后对这些单项旅游产品进行组合并融入自身的服务内容，使之成为能满足旅游者整体性需要的包价产品的旅行商。旅游批发经营商又可分为旅游批发商和旅游经营商两种。旅游经营商的规模一般都比较大，因而数量相对较少。在组团来华旅游的欧美旅游商绝大多数都是旅游批发经营商。旅游零售商是指主要经营零售业务的旅行社。旅行代理商是其典型代表，他是其他企业的预订机构的代理人。一般地讲，旅行代理商的角色是代表顾客向旅游经营商及各有关提供食、住、行、游、购、娱等方面的旅游企业购买其产品，也就是说旅行代理商的业务是代理上述旅游企业向顾客销售其产品。

旅游批发经营商和旅游零售商是对以欧美国家为代表的世界的旅行社的分类。现实中有不少旅行社既经营批发业务，也从事零售业务。托马斯·库克公司便是其出名的代表。

2. 国内旅行社的划分

1985 年颁布的《旅行社管理暂行条例》形成了我国最早的旅行社分类管理制度，旅行社被分为三类：有海外组团权的一类旅行社，无海外组团而有国际旅游接待权的二类旅行社，以及只能经营国内旅行业务的三类旅行社。

1996 年颁布的《旅行社管理条例》，按照经营业务范围不同，将旅行社分为可以经营出境旅游业务、国内旅游业务及入境旅游业务的国际旅行社和允许经营国内旅游业务和入境旅游业务的国内旅行社两类。

2009 年 5 月付诸实施的《旅行社条例》，从法律上取消了国际旅行社和国内旅行社的划分，满足以下三个条件：①有固定的经营场所；②有必要的营业设施；③有不少于 30 万元注册资本的旅行社，即可经营国内旅游业务和入境旅游业务，取得经营业务许可满两年，且未因损坏旅游者合法权益而受到行政机关罚款以上处罚的，即可经营出境旅游业务。

《旅行社条例》中所称招徕、组织、接待旅游者提供的相关旅游服务，主要包括：①安排交通服务；②安排住宿服务；③安排餐饮服务；④安排观光游览、休闲度假等服务；⑤导游、领队服务；⑥旅游咨询、旅游活动设计服务。

旅行社还可以接受委托，提供下列旅游服务：①接受旅游者的委托，代订交通客票、代订住宿和代办出境、入境、签证手续等；②接受机关、事业单位和社会团体的委托，为其差旅、考察、会议、展览等公务活动，代办交通、住宿、餐饮、会务等事务；③接受企业委托，为其各类商务活动、奖励旅游等，代办交通、住宿、餐饮、会务、观光游览、休闲度假等事务；④其他旅游服务。

前款所列出境、签证手续等服务，应当由具备出境旅游业务经营权的旅行社代办。

6.2.2 旅行社的性质

1. 营利性企业

《旅行社条例》中的旅行社是指以赢利为目的的从事旅游业务的企业，这说明了旅行社的性质。旅行社是以赢利为目的的企业，而不是其他非经济性的组织，更不是政府的接待机构；旅行社是为旅游者提供各种便利和服务的组织，其主要业务是为旅游者提供各种周到细致的服务。

2. 中介性企业

旅行社是旅游目的地和游客市场之间联系的中介者。它传导信息，沟通旅游地与客源市场之间的相互了解，为游客提供咨询，反馈市场变化动态，从而拉近了旅游地和游客市场的距离，完成了供给与需求之间平衡对接，促进了旅游市场的活跃与繁荣。作为旅游活动的组织者，旅行社同旅游业其他各部门也应密切地联系，应及时、准确、全面地将旅游目的地相关部门或企业最新的发展和变化情况，传递到旅游市场中去，以便销售并促进旅游者购买。作为旅游产品的重要销售渠道，旅行社始终处于旅游市场的最前沿并首先直接同旅游者接触，熟知旅游者的需求变化和市场动态，这些信息若能及时提供给相关部门或企业，会对他们的经营管理起到指导作用。

旅行社作为旅游中间商，不属于生产性的企业，它在组合设计旅游产品的过程中并不产生价值，它所提供给消费者的产品都是由相关的企业生产，它仅仅组合销售或零售。旅行社组合产品的科技含量不高，旅游服务项目和旅游线路也不是哪一家旅行社的专利，多家旅行社可以推出一条相同的线路。所以，旅游产品的设计、组合、包装注重在观念、认识上，不在技术上的突破。

6.2.3 旅行社的作用

旅行社的出现，标志着旅游业的产生，并极大地促进了旅游业的发展。它在旅游中具有重要的地位和作用。

1. 旅游活动的组织者

旅行社不直接承担生产旅游产品的任务，它把各地各类的旅游产品和产品要素组合成各种不同的形式，适应不同游客多样化的需求。其具体工作内容就是编排日程计划，组成路线产品的形式供游客选择和消费。从旅游者需求角度来看，旅行社起着旅游活动组织者的作用，这种组织作用从托马斯·库克开始。以团队出游为主要形式的现代大众旅游的迅速发展，与旅行社这种组织作用的推动是分不开的。人们只要选定旅游目的地，其他一切活动皆可由旅行社负责组织安排。因此，使用旅行社的旅游服务，参加由旅行社组织的旅游已成为现代大众旅游者外出旅游，尤其是国际出境旅游的常规化模式。此外，旅行社在将包价旅游产品及线路出售给顾客之后，并不意味着组织旅游活动的结束，反而是旅游活动的刚刚开始。旅游活动的开展，以及各有关旅游企业之间的业务衔接，仍有赖于旅行社的组织和协调。

2．旅游产品的销售渠道

由于旅游活动的“异地性”特征，决定了旅游产品很难直接对游客销售。旅行社地处世界各地，对当地游客的旅游需求把握比较准确，对市场比较敏感。它们的促销是旅游销售最主要的形式。旅游业中的交通运输部门、住宿业部门及其他旅游服务部门，虽然也直接向旅游大众出售自己的产品，但其相当数量的产品都是通过旅行社销售给旅游者的。在现代大众旅游的迅速发展情况下，旅游产品各组成部分的生产者通常不直接与消费者发生购销接触，而是通过旅行社这一中间媒介完成销售工作。

分布在世界各地的潜在旅游者，通过旅行社了解和购买旅游目的地的各项旅游产品。因此，旅行社不仅在客源地与目的地之间架起联系的桥梁，还为目的地旅游产品生产者理顺了销售渠道。所以旅行社在了解需求及指导旅游产品供给方面、指导旅游者消费方面起到了重要作用。

3．旅游业的先锋

旅行社是旅游活动的组织者，使旅游接待向规模化、专业化、规范化、品牌化方向发展。旅行社使旅游的大众化发展成为可能。旅行社的发展壮大，使旅游接待能力大为提高。旅游企业的产品也正是通过旅行社的产品组合才得以销售出去，并依靠旅行社组织的大量客源生存和发展。没有了旅行社的率先努力，其他旅游企业的生产和销售将难以适应变化着的市场的需要，并且难以有充足的客源保证。旅行社与其他旅游企业的关系，真可谓“一荣俱荣，一损俱损”。旅行社也就当之无愧地是旅游业的先锋。

6.2.4　旅行社的主要业务

旅行社的经营业务按不同的标准有不同的划分方法。例如，按经营范围分为入境旅游业务、出境旅游业务和国内旅游业务；按旅游者的组织形式又可分为团体旅游业务和散客旅游业务，团体旅游业务又可分为组团业务和地接业务。不同国家和地区的旅行社在具体业务上可能存在些许差异，但共性还是主要的，旅行社的基本业务主要表现在以下几个方面。

1．外联业务

旅行社的外联业务包括旅行社产品的营销，以及与社区、相关业务单位、管理部门建立良好的关系。旅行社需要多元化的营销方式促进销售，或派遣外联人员出境招徕，或邀请海外客来华考察线路，或是组织参加国际、国家、区域的旅游推介会，通过全方位的独具特色的营销方式，赢取客户的信任、消费。

旅行社是旅游活动的组织者，造成旅行社之间的竞争也日益激烈，要保证旅游接待的不断增加，在竞争中获得有利市场地位，就必须与游客、景区、饭店、餐馆、交通部门、海关、保险公司、公安等部门保持良好的关系，同时还要处理好与兄弟旅行社的合作关系，特别是经常业务往来的地方接待社、出境旅游业务旅行社。

2. 采购业务

旅行社要做好委托代办业务，必须首先做好采购业务，这也是做好旅游接待工作的前提。旅行社必须建立广泛的采购网络，网络越广泛，取得紧缺服务的能力、满足广大顾客需求的能力就越强，产品供应就越有保障。在旅游旺季时就不会因为床位、餐饮、交通票据的问题而拒绝慕名而来的客源。在充足供应的前提下，应尽可能地降低价格，节约成本，增加企业竞争力。采购方式一般为集中采购(批量采购)，从而获得比较优惠的价格。

3. 设计旅游产品

旅行社所提供的所有服务项目、旅游线路都可称为旅游产品。旅游产品可以是单项或多项。例如，一条旅游线路包括食、住、行、游、购、娱等多项综合服务，它能够满足旅游者的整体需要。旅行社的经营是以旅游者为中心的。旅游产品的组合、设计必须考虑旅游者的需要，所以旅游产品的设计要具有针对性、科学性、可行性和独特性。所谓针对性，就是根据不同消费群体的特点来组合设计旅游产品，以满足不同层次的消费者的需求。所谓科学性主要体现在旅游产品的组合是否科学，时间上是否高效，内容上是否丰富，经济上是否节约，旅游者身体能否承受，等等。所谓可行性体现在消费者对产品的经济承受能力、各项服务保证程度、安全性等方面。所谓独特性体现在产品的个性化特色，在产品内容、服式等方面的唯一性，要求尽量做到人无我有，人有我优，人有我新。

4. 接待业务

接待是旅行社的主要业务。旅行社应做好接待准备工作，如订票、订车、订房、办理保险、办理护照，签证、安排导游等，在接待过程中还要向旅游者提供相关服务，如代办行李托运业务、安排会见等。旅行社的接待人员应具有较高的素质和较强的能力，还要懂礼懂法。接待结束阶段还要做好征询旅游者的意见和做好行程结束的回访工作、投诉等。

5. 咨询业务

随着旅游业竞争的加剧，旅游产品的宣传促销显得尤为重要，它可以使消费者更好地了解旅游及旅游产品，用以激发购买行为，促使潜在的消费者更快地变为现实的消费者或现实购买者的再次购买。旅游产品宣传促销方式多种多样。例如，可以通过新闻广告媒体进行；也可以在闹市区、大型超市商场或饭店举行宣传促销活动，发放宣传资料。通过宣传促销，可以树立旅行社较好的形象。通过选择适当的销售途径和恰当的价格策略，把旅游产品推向市场，可以促使旅游者快速购买，给企业带来利润和实现企业价值。旅行社提供信息咨询服务，一般都是义务性的。对于咨询者来说，当他有这方面的需求才会去咨询，工作人员应当认真、热情、耐心地说明情况，这样能够争取更多的消费者来购买、宣传旅行社的产品。

6.2.5 中国的旅行社发展历程

中国的旅行社业经历了萌芽、发展到成熟的过程。20 世纪早期即有外国人在中国设立旅行机构。1923 年，上海商业储蓄银行设立旅行部，1927 年更名为中国旅行社，是中国最早的旅行服务机构。1949 年 11 月 19 日厦门市军管会侨务组接管了华侨服务社，同年 12 月开业，这是新中国第一家华侨服务社，负责办理或代办侨胞一切出入境手续，帮助侨胞解决回国可能遇到的困难。1951 年 12 月 15 日，泉州华侨旅行社正式成立，广东和福建等地成立了相应的机构。1954 年 4 月 15 日成立的中国国际旅行社(以下简称国旅)，总社设在北京，并在全国各地成立了 147 个分社。1957 年 4 月 22 日华侨旅行社总社正式成立。1974 年经国务院批准，成立了中国旅行社(以下简称中旅)，与华侨旅行社合署办公。1980 年，成立了中国青年旅行社(以下简称青旅)。“国旅”、“中旅”和“青旅”三驾马车形成了我国旅行社“三足鼎立”的局面。随后，职工旅行社、妇女旅行社、体育旅行社等相继成立。

1984 年，我国旅行社进行体制改革，旅行社企业化运作。1985 年，《旅行社管理暂行条例》的出台，为旅行社的发展提供了法律依据。此后旅行社的数量迅速增加，1988 年达到 1 573 家，1991 年后旅行社数量猛增，2000 年年底，我国共有旅行社 8 993 家，其中国际旅行社 1 268 家，国内旅行社 7 725 家。到 2008 年年底，我国旅行社数量已经达到 20 691 家，其中国际旅行社 1 970 家，国内旅行社 18 721 家。2009 年年底，我国旅行社数量已超过 21 600 家，截至 2011 年三季度达到 23 273 家。出现上海春秋国际旅行社有限公司(以下简称春秋国旅)、上海锦江国际旅游股份有限公司、中国康辉旅行社有限责任公司、中国天马集团有限公司、中信旅游总公司等一大批有实力、有层次的旅行社。1993 年以来，对外商投资旅行社政策的实施，特别是修订后的《旅行社条例》出台后，外资进入中国市场，陆续出现了一批合资旅行社。为规范旅游市场，提高旅行社服务质量，强化行业管理，2010 年出台了《旅行社质量保证金暂行规定》，使我国旅行社业的接待质量上了一个新台阶，旅行社竞争有序进行。适应了经营者市场转向消费者市场形势的变化，加强了对旅行社的管理，保障了旅游者和旅行社的合法权益，维护了旅游市场秩序，促进了旅游业进步健康发展。

6.3 旅 游 饭 店

6.3.1 旅游饭店的概念及发展简史

1. 旅游饭店的概念

“饭店”一词起源于法语，原意是指法国贵族在乡下招待贵宾的别墅。目前，饭店已经成为国际性的定义，其含义已经发生深刻的变化。《利尔百科全书》解释饭店一般地说是为公众提供住宿、膳食和服务的建筑与机构；《大不列颠百科全书》指饭店是在商业性的基础上向公众提供住宿也往往提供膳食的建筑物；《美利坚百科全书》阐述饭店是装备完好的公共住宿设施，它一般都提供膳食、酒类及其他服务；《牛津插图英语辞典》给出饭店是提供住宿、膳食等而收费的住所的解释。

从上述的定义，总结出饭店必须同时具备以下四个条件：

(1) 饭店是由建筑物及装备完好的设施组成的接待场所；

(2) 饭店必须提供住宿、餐饮及其他服务；

(3) 饭店的服务对象是公众，主要是外地旅游者，同时也包括本地居民，即包括某些其他特殊身份或阶层的人士，也包括广大的普通消费者；

(4) 饭店是商业性的服务企业，以营利为目的，所以其使用者一定要支付一定的费用。

2. 旅游饭店的历史沿革

饭店的产生和发展过程源远流长，已有几千年的历史。现代的饭店，就是从中国的古代驿馆、中东的商队客店、古罗马的棚舍、欧洲的路边旅馆及美国的马车客栈演变而来。

1) 世界饭店业的发展

现代的饭店是在传统的饮食、住宿产业基础上发展起来的，它的发展进程大体上可以分为四个时期。

一是饭店的萌芽时期。客栈是随着商品生产和商品交换的发展而逐步发展起来的。最早期的客栈，可以追溯到人类原始社会末期和奴隶社会初期，是为国家的外交交往、宗教和商业旅行、帝王及贵族巡游等活动的要求而产生的。在西方，客栈作为一种住宿设施虽然早已存在，但真正流行却是在 15 世纪以后。当时，虽然欧洲的客栈已经非常普遍，但以英国的客栈最为闻名。当时的客栈有以下几个特征：一般规模小，建筑简单，设备简易，价格低廉；仅提供简单食宿和车马等交通工具；这些场所仅仅是个简单的提供食宿的场所，很少提供其他的服务；管理上，以官办为主，民间经营为辅。随着社会的发展，旅游活动种类的日益增多，客栈的规模也逐渐扩大。到了 15 世纪，有些客栈已拥有 20～30 间客房，当时比较好的客栈通常拥有了酒窖、食品室、厨房，以及简单的服务人员居住空间。许多古老客栈开始出现有壁炉的宴会厅和舞厅。这期间，欧洲的客栈开始成为有人们的聚会、交流的场所。

二是饭店的发展时期。随着资本主义经济和旅游业的产生和发展，旅游成为一种频发性经济活动，专为上层贵族服务的豪华饭店随即产生。

在欧洲大陆上出现了许多以“饭店”命名的住宿设施。整个饭店体现出豪华的建筑外形、高雅的内部装修、奢侈的设施设备、精美的餐具及各种不同档次的奢华服务。饭店不仅仅是为了向旅游者提供食宿，更是为游客提供奢侈的享受。旅游业界习惯称这段时期为豪华饭店时期。欧洲第一家豪华饭店是德国巴登的巴典国别墅。随后，欧洲各国开始大兴土木，豪华饭店遍地开花。欧洲闻名遐迩的巴黎大饭店就修建于这个时期，同时期的还有德国柏林的恺撒大饭店、法兰克福的法兰克福大饭店和英国伦敦的萨沃伊饭店等。

同一时期美国也出现了一些豪华饭店，其中利兹开办的饭店，是美国豪华饭店时代的典型代表。“利兹”这个词在现代社会变成了饭店的最豪华、最高级、最时髦的代名词。利兹在饭店服务、管理方面的经营方法和实践经验，在世界各国高级饭店继承和沿用，利兹的“客人永远没有错”成为许多饭店的经营格言。豪华饭店的特点是：规模宏大，建筑与设施豪华、讲究；摆设最高档的家具设备。很多豪华饭店是现代世界建筑艺术的奇葩。美洲的饭店内部出现了专门管理机构，促进了饭店管理方法和管理理论的发展。

三是饭店的大发展时期。商业饭店时期，是全球饭店发展最为迅速的时代。饭店成为平民百姓可以消费得起的场所，以此奠定了现代饭店繁荣发展的基础。

商业饭店最早出现在美国，1908 年斯塔特勒(Statler)在美国布法罗建造了第一个由他亲自设计并用他的名字命名的商业饭店——斯塔特勒饭店，开创了以一般平民所能负担的饭店价格，却提供以世界上最佳服务为目标的新型饭店，开创了饭店业发展的新时代。

斯塔特勒在饭店经营中有许多创新，表现在：集团饭店统一管理，并实行标准化的服务；饭店里增设通宵洗衣、自动冰水供应、马桶坐圈消毒、送报上门等；讲究经营管理艺术，制定有《斯塔特勒服务手册》，开创了现代饭店服务的先河。斯塔特勒的饭店经营思想既科学又合理，如他提出的对饭店业经营有很大启迪的“饭店经营第一是地点，第二是地点，第三还是地点”。

商业饭店的基本特点是：商业饭店的服务对象是旅游大众，主要以接待商务客人为主；规模较大，追求设施设备的舒适、清洁、安全和实用，不追求豪华与奢侈；实行低价格政策；饭店经营者与拥有者逐渐分离，饭店经营管理完全商品化，饭店经营以追求经济效益为第一目标；饭店管理逐步科学化，注重市场调研和员工的培训。

四是饭店的繁荣发展时期。第二次世界大战后，随着世界范围内的经济复苏和人口迅猛增加，世界上出现了国际性的大众化旅游。科技的进步，铁路、飞机的民用，以及迅速发展扩大了旅游的需求，加快了旅游活动的普及化和国际化，这种社会需求的变化，促使饭店业由此进入到了现代饭店发展时期。

20 世纪 60 年代，大型汽车饭店开始在美洲出现，并逐渐扩散到世界各地，建筑物也越建越高，使汽车饭店与普通饭店难以区分。至 20 世纪 60 年代中期，汽车饭店联营和特许经营得到迅速发展，饭店的客源依赖于联营网络中饭店之间的相互推荐。

在现代新型饭店时期，饭店业发达的地区并不仅仅局限于欧美，而是遍布全世界各地。在美国《机构投资者》杂志每年组织的颇具权威性的世界十大最佳饭店评选中，亚洲地区的饭店往往占有半数以上，并名列前茅。例如，泰国曼谷东方大饭店、日本的大仓饭店集团、日本的新大谷饭店集团、中国香港文华东方酒店集团、中国香港丽晶半岛国际酒店管理集团、新加坡香格里拉酒店集团、新加坡文华酒店集团等蜚声世界，其连锁集团也已扩展到世界各地。

现代饭店的主要特点：旅游市场结构的多元化促使饭店类型多样化(如会员俱乐部饭店)；市场需求的多样化引起饭店设施、饭店的经营管理不断变化；饭店经营的集团化发展。

圣·乔治大酒店、恺撒大酒店、喜来登大酒店、假日大酒店、凯悦大酒店等就是全球著名世界饭店连锁集团，常采用以下方式实现连锁经营。

(1) 所有直营式。集团经营自己所拥有的或实行控股的所属饭店，实现方式有自建或购买饭店。这是一种较为原始的扩大规模的方式。

(2) 租赁式。饭店集团租借其他企业的土地和建筑物进行饭店经营。

(3) 委托经营式。饭店集团与饭店所有者签约，仅接受业主的委托，派出中高层管理人员对饭店进行经营管理，雇佣员工。饭店的盈亏完全由业主承担，集团收取定额管理费用。

(4) 连锁合约式。所有权与经营权仍属原业主，集团承担连锁后饭店的经营、管理的责任。收取连锁入网费用。

(5) 特许转让经营式。饭店集团将自己的经营模式有偿地出让给其他饭店，所出售的内容包括经营规程(指饭店各个部门的经营细则，提供员工的培训指导)、技术协作(指饭店选址、营造、物资采购等)和营销手段(指推销技巧、预订网络和部分稳定的客源等)。

6.3.2 旅游饭店的地位和作用

饭店是旅游业的主要支柱之一，它集食、住、行、游、购、娱旅游六大服务要素于一体，在旅游业中具有重要的地位和作用，主要表现在以下几点。

1. 饭店是提供旅游服务的重要基地

饭店是旅游业发展不可或缺的物质基础，缺乏适量饭店的依托，任何一个地方要想发展旅游业都是不切实际的。作为旅游业“三大支柱”之一，饭店不仅是较为理想的食、宿场所，它同时还能为广大游客提供娱乐、购物、保健、订票等多种服务，以满足现代旅游者日益多元化的需求。旅游者在旅游过程中，不仅有吃饭、住宿等基本生活需求，而且也有娱乐、健身、消遣、购物的需求。旅游供给方要有一定的设施和服务解决这些问题，而饭店正是满足这些需求的主要场所，是旅游者临时的家。现代饭店的功能日益多样化，是为客人提供综合服务的综合基地，客人可以在饭店内就能解决各种生活和工作上的问题。

2. 饭店是进行社交活动的重要场所

现代饭店不仅仅向投宿者提供服务，更向更广泛的人群甚至为当地居民提供服务。饭店往往是文化、科学、技术交流和社会交往的中心。许多新闻发布会、学术研讨会、产品推介会等都会在饭店中举行，尤其是一些国际性的盛会，吸引着来自五湖四海的宾客到访，极大地促进了文化艺术和科学技术的交流；同时，饭店提供的幽雅环境，如咖啡厅、茶坊和娱乐场所等也促进了社交活动的发展。特别是一些知名度高的大饭店是政府和民间开展政治、经济、文化、科技、外事交流、会务等交往的主要场所。许多重要的会议、仪式、讲座、新闻发布会、企业的产品促销会都在饭店举行，许多旅游者和当地居民把饭店当做社交场所，在此访客会友和休闲，饭店则为他们提供场所、设施和服务。

3. 饭店是旅游创收的主要渠道

饭店是以获取经济效益为主要目的的经营企业，饭店收入是旅游业创收的重要组成部分。2011 年，我国星级饭店达到 1.4 万家，营业收入达到 2 354.06 亿元，上缴营业税高达 158.20 亿元(根据国家旅游局的季度公报整理得来)。旅游者在饭店里的各种消费都要支付费用，并且他们消费能力比一般人员强，为饭店带来大量收入。另外，饭店对许多物质产品，以及公共设施、用水、资源等方面的大量需求，刺激了有关行业的发展，带来经济的繁荣，为当地的经济发展做出积极的贡献，饭店的税收支持了国家和地方建设。

4. 饭店是为社会提供就业机会的重要行业

饭店业属于劳动密集型行业，具有很强的就业吸纳能力和产业关联带动能力，可以直接或间接地解决相当数量人员的就业问题，社会效益显著。据估算，平均一间客房可以带来1～2个直接就业机会，带来10个间接就业机会。另外，饭店还为向饭店建设和供应物资的建筑业、家具业、农业、食品饮料业等相关行业，以及煤、电、水等供应企业带来很多间接的就业机会，有人推算，每增加一间客房可提供2～2.5个间接就业机会。这对充分利用人力资源及促进社会安定起到了积极作用。

5. 饭店是衡量旅游地接待能力的重要标志

现在衡量一个地区的旅游接待能力，往往使用饭店数、床位数、餐位数等数字。饭店往往又以最高星级饭店作为地区接待水准的标志。高档饭店所在区域一般是一座城市或人员聚集的中心。许多国家和地区，在考虑旅游业甚至是整个城市的发展规划时，往往以饭店的建设放在基础和根本的位置。从这个意义上，饭店的发展水平已经成为旅游地接待能力的重要标志。

6.3.3 旅游饭店的类型

饭店的分类有利于营销活动的开展，便于对同一类饭店进行比较。世界上对饭店类型的划分并无统一的标准，分类方法较多，一般分为以下几种。

1. 根据饭店市场和客人特点划分

一是商务型饭店，也称暂住型饭店，主要位于城市的中心地区；接待商务客人、旅游客人及因为各种原因做短暂逗留的其他客人；适应性广，在饭店业中占有较大的比例；根据细分市场的需求，分为各种等级。二是长住型饭店，主要接待住宿时间较长、在当地短期工作或度假的客人或家庭；饭店与宾客之间签订租约，建筑布局多采用家庭型，以套房为主，提供厨房设施，宾客自理饮食；服务亲切、周到、针对性强；饭店的组织、设施、管理较为简单。三是度假型饭店，以接待游乐、度假的宾客为主；地理位置多在海滨、山区、温泉、海岛、森林等地，开辟有各种娱乐体育项目。四是会议型饭店，主要接待各种会议团体；通常设在大都市和政治、文化中心，或交通方便的游览胜地；设置足够的多种规格的会议厅或大的多功能厅；必须具备各种规格的会议设备；提供高效率的接待服务。五是汽车饭店，常建于欧美国家公路干线上，其设施、设备较为简单，规模较小，主要接待驾车旅行者。

2. 根据饭店计价方式划分

一是欧式计价饭店，客房价格仅包括房租，不含食品、饮料等其他费用。世界各地绝大多数饭店均属此类。二是美式计价饭店，客房价格包括房租及一日三餐的费用。三是修正美式计价饭店，客房价格包括房租及早餐和一顿正餐的费用，以方便宾客有较大的自由安排白天活动。四是欧陆式计价饭店，客房价格包括房租及一份简单的欧陆式早餐即咖啡、面包、果汁。此类饭店一般不设餐厅。五是百慕大计价饭店，客房价格包括房租及美式早餐的费用。

3. 根据其他分类方法划分

一是根据设施规模大小，可以分为大型饭店，拥有600间以上的房间；中型饭店，300～600间客房；小型饭店，客房的房间数在300间以下。

二是根据所在地区不同可以划分为游览饭店、城市饭店、过境饭店、机场饭店、车站码头饭店。

三是根据营业时间的长短划分为全年性营业饭店、季节性营业饭店两类。

4. 根据饭店的所有制形式划分

一般划分为国有饭店、集体所有制饭店、合资饭店、外资饭店、饭店联合体、私有饭店。

6.3.4 旅游饭店的等级

饭店的等级是根据饭店的豪华程度、设施设备水平、服务范围和服务质量划分的，有利于宾客了解饭店情况，选择自己所需的档次，有利于政府监控旅游产品的质量，更有利于树立旅游目的地的对外形象和保护消费者的利益。

1. 世界饭店等级评定

一是美国汽车协会钻石分级系统，这项美国汽车协会定义的饭店钻石分级，发展成为相当具有公信力的饭店分级标准，具体意义为一颗钻石、二颗钻石、三颗钻石、四颗钻石、五颗钻石；美国汽车旅游指南星级服务评定等级，汽车旅游指南星级服务评定等级对象为美国境内饭店，它采用匿名的方式调查饭店的设施设备并参考读者的意见。其代表的意义如下：一颗星、二颗星、三颗星、四颗星、五颗星。

二是世界上其他国家酒店等级划分，法国分为“1～5星”5个等级；意大利采用“豪华、1～4级”制；瑞士划分为“1～5级”；奥地利划分方法是“A1、A、B、C、D”5个等级；澳大利亚和以色列划分为6个星级。

2. 中国的旅游饭店星级的划分与评定

我国饭店的星级评定工作开展了20多年。国家旅游局设立饭店星级评定机构，即中国旅游星级评定委员会，按照《饭店星评员章程》，负责全国五星级饭店的评定与复核；各省、自治区、直辖市旅游局设省级旅游星级评定委员会，报全国星级评委备案后，负责本省四星级饭店的评定与复核；副省级、地级市旅游局设地区旅游星级评定委员会，在省级星级评委的领导下，具体负责评定本地区内一星级、二星级和三星级饭店，并向省级星级评委推荐四星级、五星级饭店。

国家标准GB/T 14308—2010《旅游饭店星级的划分与评定》规定了旅游饭店的星级分类和评定的原则、方法和要求。本标准适用于各种经济性质的、开业一年以上的旅游饭店，包括宾馆、酒店、度假村能够接待观光客人、商务客人、度假客人，以及各种会议的饭店的星级划分及评定。达到相应星级标准者，可享有该星级及其标志的三年使用权。三年期满，饭店需重新申请相应星级。正式开业不足一年的饭店可以申报预备星级。达到相应星级标准者，可享有该预备星级及其标志的一年使用权。饭店划分为五个星级，即一星级、二星级、三星级、四星级、五星级(含白金五星)。星级越高，表示饭店档次越高。饭店星级的划分方法依据 1988 年 8 月 22 日国家旅游局发布，1988 年 9 月 1 日实行《中华人民共和国评定旅游涉外饭店星级的规定》，首次修订于 1997 年 10 月 16 日，自 1998 年 5 月 1 日起实施。2003 年 6 月 25 日国家旅游总局发布了国家旅游局修订的国家标准 GB/T 14308—2003《旅游饭店星级的划分与评定》于 2003 年 12 月 1 日起实施，饭店星级的划分与评定工作正常开展。饭店不再有内外(涉外)之别。2010 年 10 月 18 日新发布的 GB/T 14308—2010 增设星级评定委员会进行评定，2011 年 1 月 1 日起实施。新版国家标准更注重饭店的核心产品，强调环保绿色服务、特色服务、软件服务和应急管理。

目前在我国，一般只有赢利饭店才有资格参与饭店的星级评定。

一星级饭店设施设备简单，能够满足游客的基本生活需要即可。有至少 20 间的客房可供出租，装修良好，有软床垫、桌椅、床头柜即可。饭店内有中英文标志，前台员工 18 小时在岗，值班经理 16 小时在岗，饭店中的主管领班能够使用英语服务。75%的客房有独立卫生间，房间每天清理，床上用品隔日更换。定时供应冷热水。

二星级饭店设施设备简单，能够满足中外游客的基本生活需要。有至少 20 间的客房可供出租，装修良好，有软床垫、桌椅、床头柜即可。饭店内有中英文标志，前台员工 24 小时在岗，值班经理 16 小时在岗，饭店中的所有员工能够使用英语服务。所有客房有独立卫生间，房间每天清理，床上用品每日更换。定时供应冷热水时间比一星级饭店延长 2 小时。

三星级饭店，饭店布局合理，有空调设备及与饭店星级相适应的计算机设备，前台分区段设置接待、问讯、结账服务，24 小时有工作人员在岗，饭店内有中英文标志和中英文的本市交通图，设有专职的行李员，以及残疾人专用通道和设施。有至少 40 间客房，客房分为单间、套间、残疾人用房等，房间装修良好和采用较高级建筑材料装修地面、墙面的独立卫生间，有彩色电视、闭路电视系统，24 小时供应冷热水。房间内有微型酒吧，提供免费的茶叶或咖啡，提供水洗和干洗的洗衣服务，以及相配套的餐厅服务。

四星级饭店的功能规划合理，内外装修采用高档、豪华材料，工艺精致，具有突出风格；有中央空调、背景音乐系统，以及与饭店星级相适应的计算机管理系统。前厅面积宽敞，气氛豪华，风格独特，装饰典雅，色调协调，光线充足；有 18 小时的外币兑换服务；设有全天候的行李员和值班经理。有至少 40 间客房，70%客房的面积(不含卫生间)不小于 20 平方米，房间装修豪华，室内满铺高级地毯或为优质木地板，卫生间装有高级抽水马桶、梳妆台及洗浴设施。房间具备十分有效的防噪声及隔音措施，有单人间、套房，有至少 3 个开间的豪华套房，有残疾人客房。客房内设微型酒吧，并在适当位置放置烈性酒。饭店有大堂酒吧或同时具有专业性茶室。有至少容纳 200 人会议的专用会议厅，配有衣帽间；至少配有 2 个小会议室；有同声传译设施(至少 4 种语言)。

五星级饭店功能划分合理，饭店内外装修采用高档、豪华材料，工艺精致，具有突出风格。有与饭店星级相适应的计算机管理系统，前厅气氛豪华，风格独特，装饰典雅，色调协调，光线充足；总机至少能用 3 种外语(英语为必备语种)为客人提供电话服务；至少有 40 间(套)可供出租的客房，70%客房的面积(不含卫生间和走廊)不小于 20 平方米；装修豪华，室内满铺高级地毯，或为优质木地板等，采用区域照明且目的物照明度良好；卫生间，装有高级豪华抽水马桶。客房具备十分有效的防噪声及隔音措施，有至少 5 个开间的豪华套房。不少于 50%的客房卫生间淋浴与浴缸分设；或不少于 50%的客房卫生间干湿区分开(有独立的化妆间)。24 小时提供洗衣加急服务。有大堂酒吧或独立(或兼有)专业性茶室；有除西餐厅以外的其他外国餐厅，配有专门的厨房等。

阅读资料 6-1

欧内斯特·亨德森与喜达屋国际酒店集团

欧内斯特·亨德森(Ernest Henderson)是喜达屋国际酒店集团的创建人，他 1897 年 3 月 7 日出生在离波士顿不远的一个小镇——栗树山镇。

亨德森最初与旅馆结缘是在 1933 年。当时美国剑桥城有家名字叫“大陆”的酒店，由于银行收回了抵押赎回权，这家酒店很快在全美的经济危机中倒闭。而在这场危机中，受益最大的就是亨德森，他只用了 25 万美元就买下了这家价值为 100 万美元的酒店。而这家拥有 105 间客房并且带有大舞厅的酒店成了这位未来酒店业大亨发迹的开端。

最初，亨德森的经营之道是看准机会，购买一些小酒店或者是因经营不善而衰败的酒店。买到手后，他再重新设计、更新设备、改善经营，使酒店本身增值。他的原则是，每一美元的投入至少要使酒店价值增加两美元，然后看准机会出售，从中获利。有的酒店曾经被他买卖了达 4 次之多。而他在购买酒店时则尽量地少动用现金，宁可花高价也争取用不动产向银行抵押贷款。他真正把一种叫做“最小最大的理论”——使成本减少到最少，而投资收益扩大到最大——付诸实施。他最重视的是机会，他认为作为这个公司的董事长，每天至少要为公司带来 1 万美元的收入，当然，不是在酒店经营上争取，而是通过抓住机会大胆投入来获得。在这方面，他的口头禅是：“我们最终感到悔恨的不是我们做了什么，而是我们还有什么没做。”

直到 1957 年，喜来登公司成立 20 年时他才真正建造了自己的第一家酒店，确切地说，在很长的一段时间里，亨德森不是一个酒店经营行家，而是个房地产生意里手。

在《旅馆与餐馆业》[美国酒店业专家隆得伯格(Donald Lundberg)著]中，作者形容亨德森是“最佳意义上的资本家”和“最佳意义上的投机者”。

亨德森是一个有很强责任感和严于自律的人。他的特点是精力充沛，勤奋，敏捷，猜忌而精明。他也是个机会主义者——随时准备购买或出售酒店。他坚持决策要依赖于事实与数据。他推崇自律、正直与守信的美德。他的酒店管理思想集中体现在喜来登的十诫上。

(1) 不要滥用职权。

(2) 不要收取那些求宠于你的人的礼物。

(3) 不要让你的夫人插手酒店的装潢工作。

(4) 不要反悔已确认的预订。

(5) 下达指令之前，要明确你要达到的目的。

(6) 小酒店的成功经验很可能是大酒店失败的教训。

(7) 经商时不要放尽人家的“最后一滴血”。

(8) 放凉了的饭菜不得上桌。

(9) 决策要靠事实，靠计算和知识，而非靠感觉。

(10) 下属出现差错时不要不问缘由就大发脾气(这有可能是你的错)。

1. 亨德森的生意经

(1) 价格竞争策略：1962 年亨德森做了一件非常大胆的事情，所有喜来登酒店房价下降 1/3，使他的酒店出租率迅速上升，超过希尔顿，直逼假日，他坚信客户出租率上升及餐饮收入的增加能弥补降价的损失。他特别注意长远利益，要求管理人员不要在乎一时一地的得失，要算大账，算总账。只要顾客进了店，顾客就要吃、要娱乐、要购物，可通过收入多元化来弥补客房的损失。亨德森为与汽车酒店竞争还首先采用免费停车的优惠。但今天看来，亨德森的价格竞争并没有取得预期的结果，他毕竟忽视了这样一个哲理：“要弥补降价 10%的损失需要增加 15%的客房出租率。”降价当年每股纯利由前一年的 60 美分降为 17 美分。

(2) 严格监控：亨德森深知“千里长堤溃于蚁穴”的道理，亨德森一生犯的最大错误是从 1961—1964 年对财政、经营方面缺乏严格的控制，导致酒店 1961—1965 年利润大滑坡。意识到自己的错误后，亨德森集中加强对酒店经营及预算的控制权，强化了对酒店收入及利润的预测工作。集权领导是亨德森酒店管理的一大特色。

(3) 顾客的建议是改进酒店经营的良方：亨德森认为顾客会有不合理的期望，并不认为顾客永远是对的。他发现改进管理、提供服务效率的有效方法是给顾客发放问卷，从顾客的建议中获得有益的建议，他相信顾客帮助他能把酒店经营得更好。

(4) 销售闪电战：亨德森继承了拉尔夫·希兹(Ralph Hitz)的经验，对酒店所在城市做狂轰滥炸式的宣传促销。销售人员蜂集目标城市，对潜在的顾客频繁促销，大量发放喜来登信用卡。

2. 旗下主要品牌

喜达屋国际酒店集团是全球十大饭店及娱乐休闲集团之一，在 100 多个国家拥有 900 多家酒店，雇佣员工超过 155 000 名。喜达屋国际酒店集团成立于 1937 年，总部设在纽约，以其饭店的高档豪华著称。

瑞吉(St. Regis)酒店：世界上最高档饭店的标志，代表着绝对私人的高水准服务。

威斯汀(Westin)酒店：分布于重点城市的中心商业区，均为五星级或超五星级酒店，定位的市场是高阶层的消费族群。

喜来登(Sheraton)酒店：集团旗下最大的一个品牌，在全球 70 多个国家拥有 400 多家酒店，是进入中国的第一家国际饭店管理集团。

图 6.1　广州清远狮子湖喜来登度假酒店

艾美(Le Meridien)酒店：喜达屋国际酒店集团 2005 年将其收归旗下，艾美酒店是全球 15 大豪华酒店品牌之一，在全球 56 个国家拥有超过 130 家豪华高级酒店，遍及欧洲、美洲、亚太地区、非洲及中东地区。

福朋(Four Points)饭店：福朋饭店主要分布于机场、大都市的商务中心、中小城市和度假胜地，为商务客人和旅游者提供全方位服务的中档饭店。

雅乐轩(Aloft)酒店：雅乐轩酒店是快捷酒店品牌，现在已经登陆中国。雅乐轩酒店主打年轻顾客，其中低端的目标人群也为喜达屋国际酒店集团完善了产品线。

6.4 旅游交通

6.4.1 旅游交通的概念及其构成

1. 旅游交通的概念

旅游交通是服务于旅游活动的交通运输形式，是旅游服务必不可少的重要环节，是一个国家、地区旅游业发展的主要标志。没有旅游交通，现代意义上的旅游活动将难以实现。

一般意义上说，旅游交通是指为旅游者在常住地与旅游目的地，以及旅游目的地内部的空间移动及由此产生的各种现象与关系的总称。

旅游交通与公共交通既有联系又有区别，交通运输业出现于旅游业之前，为旅游业创了条件。旅游交通是为旅游者服务的，具有相对的独立性，如旅游客车、旅游包机、旅游专列及旅游景区内的汽车、观光的小火车、游船、缆车等。旅游交通又是整个交通运输业的一部分，它对公共交通具有依赖性。例如，旅游交通工具所使用的航线、公路、铁轨都是交通设施，有时旅游者与其他人员使用同一交通工具，难以将两者区分开来。

2．旅游交通的构成

旅游交通的构成与公共交通一样，由旅游交通线路、旅游交通运载工具、旅游交通站点及辅助设施等“硬件”与旅游交通管理“软件”系统组成。

一是旅游交通线路：交通工具行驶的轨迹，如陆路、水路、索道、空中航线，这些线路有的是人工修建成的，有的是利用天然的航道经过人为加工后形成的，有的则完全利用天然航道。

二是旅游交通运载工具：可分为现代旅游交通运载工具、传统旅游交通运载工具和特殊旅游交通运载工具。现代旅游交通运载工具包括民用飞机、火车、地铁、汽车、电车、轮船；传统旅游交通运载工具包括自行车、人力车、马车、帆船、雪橇、滑竿、轿子等；特殊旅游交通运载工具有汽艇、滑翔机、索道缆车等。

三是旅游交通站点及辅助设施：旅游交通站点是旅游交通运输工具的停靠点，如飞机场、火车站、汽车站、码头等，以及相关的辅助设施，如导航灯。

6.4.2　旅游交通的作用

1．旅游交通是旅游业的支柱产业

没有现代交通工具就没有现代旅游业。旅游往往要跨越比较大的距离，甚至要跨越国界和洲际，没有旅游交通，旅游者就难以实现外出旅游活动。旅游交通运载能力又是影响旅游发展的主要因素。现代化的交通工具大大提高了运载能力和旅行速度，节省了旅游时间和费用，使旅游者“进得去、散得开、出得来”， 旅游者旅游活动范围的扩大，对旅游活动的规模、档次及进程起到了相当大的促进作用。

2．旅游交通是旅游活动的形式之一

旅游交通的多样化可以丰富旅游活动的内容。旅游者领略沿途的美景，乘坐从未使用过的交通工具，更为旅游活动增添色彩。例如，乘坐飞机、汽艇、潜水艇、花轿、马车、牛车、驴车，以及骑骆驼等，都增强了旅游的情趣，丰富了旅游的内容。这些交通方式往往成为吸引旅游者的吸引力因素，有的旅游者就是冲着某种交通方式而去旅游的，如体验一下坐飞机的刺激、尝试一次坐游艇的乐趣。

3．旅游交通是旅游业收入的来源之一

除徒步或骑自行车等特殊旅行方式外，人们借助交通工具时，必须支付相应的费用。旅游交通消费是旅游者旅游活动开支的主要组成部分。不同距离、不同交通方式，旅行支出不同的费用。据统计，旅游者用于交通方面的支出约占总支出的30%。从旅游者角度看，旅游交通收入是旅游业收入的重要来源。

4．旅游交通促进旅游当地的经济发展

旅游资源是旅游地发展旅游业的主要条件，旅游景点是节点，而旅游交通将各个景点

串联起来。没有旅游交通，旅游地的旅游业兴旺发达也纯属枉然。世界欧美经济发达的国家也是旅游业迅速发展的地方(如英国、美国)，一方面与其经济发展有关，以及人们有足够的闲暇时间、足够的可随意支配收入形成的丰富客源有关；另一方面与其四通八达的交通分不开。发达的交通促进了旅游地的可进入性，在旅游地能够“进得去，散得开、出得来”，扩大了旅游地知名度。我国一些著名旅游胜地的交通都比较发达，如庐山、张家界、九寨沟等。而西部地区如珠穆朗玛峰虽然旅游资源级别高，但交通基础设施落后，旅游业发展就较为缓慢。

6.4.3 旅游交通的方式及特点

旅游交通根据不同的标准划分为不同的种类，根据线路位置分为空中、地面、水上交通；根据运载工具划分为更多形式，如飞机、火车、汽车、轮船、马车、人力车、缆车等。其中铁路运输、公路运输、航空运输、水路运输是四种基本交通形式。这几种交通运输形式各有其特点。

1. 飞机—航空运输

飞机是几种主要运输方式中起步较晚、属于最新的方式。航空运输设施主要由飞机、机场、导航设备协调配合完成。1903 年美国的莱特兄弟发明了飞机并首飞成功；第一次世界大战期间德国将飞机作为军事设施使用；第二次世界大战以后飞机开始作为民用交通工具。目前飞机已成为远途旅游的最主要交通工具。航空运输具有快速、灵活、安全、舒适等的优点，但也存在费用高、噪声大、运输条件受天气制约等缺点。

2. 火车—陆路运输

火车的使用对近现代旅游业的发展做出了重要贡献，19 世纪初第一台蒸汽机车的问世到 19 世纪末第一台电力机车投入实际运营，极大促进了陆路交通运输的发展。铁路交通包括旅客列车、游览列车、地下铁路列车、轻轨列车等形式。火车作为交通工具具有运输能力强、时间固定、成本低廉、不受时间和季节影响等优势；同时铁路运输具有投资成本大和灵活性差的劣势。

3. 汽车—陆路运输

汽车作为民用交通工具起步最晚，但是因行驶自由、独立性强、灵活多变的特点适合短程和长途旅行，其发展速度快、应用最广，随着现代科技在汽车中的应用其地位日趋重要。汽车作为交通运输工具也存在运输量小、安全性能差、长线旅游速度慢、污染环境的缺点。

4. 游船—水路运输

游船包括河运和海运两种形式，是最古老的运输方式。随着蒸汽机的发明，以及蒸汽机在游船动力中的使用，游船运输速度也大大提高。但是随着飞机的使用、火车的民用和不断地提速，游船在旅游交通运输方面的地位持续下降。游船的优点如线路投资少、使用费用低廉、运载量大、安全舒适，夏季游船可以开展避暑旅游，使得水路旅游在现代旅游中必不可少。但是其速度慢、灵活性差、受季节和航道条件的影响因素限制了游船的普及使用。

旅游交通方式的多样性和各种交通工具的利弊适应了旅游者的不同需要。例如，在长途旅游中飞机是选择的主要交通方式，在短途旅游中汽车是合适的工具，游览河海景色游船是最佳选择。

6.4.4 影响旅游者选择交通方式的因素

交通运输工具多样性，使人们在外出旅游时选择交通就更灵活、自由。人们对旅游交通工具的选择普遍追求安全、便捷、舒适、经济。但不同类型的旅游者在外出旅游时，会受到各种因素的影响。

1. 目的

旅游者的旅游目的可以分为差旅型、消遣型和个人及家庭事务型三大类。

(1) 差旅型旅游者的最大特点是，这类游客的出行目的是以公务为基础的。他们不会随意更改出行，对价格敏感度不高，比较注重交通工具的舒适、快捷、安全。航空、铁路和汽车是常于选择的交通工具。

(2) 消遣型旅游者对旅行方式的选择自主性高，且对价格敏感度较高。消遣型旅游者首要考虑的是交通运输工具的安全、经济、高效。价格低廉的旅行方式是首要影响因素。

(3) 个人及家庭事务型旅游者的特点不是特别突出。但一般选择安全、高效、廉价的交通运输方式。

2. 价格

差旅型旅游者因为是公务旅行，对运输价格不太敏感，大部分的旅客对于运输价格都较为敏感。运输公司在客运价格上的微小波动都有可能导致营业量的变化波动。这是因为，在旅游者的收入有限、消费有限的情况下，最大化满足旅游活动消费的需求。因此，旅客会根据不同公司所提供的交通运输服务，以及舒适、价格、快捷方面的综合考虑，选择出符合自己需求的交通方式。

3. 距离

旅行距离对游客旅行方式的选择上有较大的影响。一般来说，空间距离越远，旅行时间越长，人们越倾向于选择能有效缩短在途时间的交通工具。一般 1 000 千米以外的旅行，航空不仅快捷，而且廉价，通常为人们选择的旅行方式。而对于中短距离的旅行，人们则更倾向使用火车或汽车旅行。

4. 旅游者偏好

旅游者会因其个体差异在旅游交通方式的选择上存在明显差异。例如，旅游经验丰富的旅游者和富于冒险精神的旅游者，会选择徒步旅行或自行车旅行或者是自驾车旅行；旅游新手一般会选择大众化旅行交通工具；恐机症的旅游者则认为飞机最容易出事故，原因是飞机一旦出事故就会机毁人亡，而实际上据有关统计汽车出事故的概率远远大于飞机出事故的概率，所以恐机症者惯常不会选择飞机作为交通工具；汽车恐惧症旅游者出行会选择火车或其他交通工具。

阅读资料 6-2

世界各国的怀旧铁路之旅

1804 年，英国的矿山技师德里维斯克(De Rivet Silk)利用瓦特蒸汽机造出了世界上第一台蒸汽机车，时速为 5～6 千米，而时速 350 千米以上的高铁亦进入我们的生活。火车改变的是速度、是座椅、是行驶路线，而不变的是窗外变幻无穷的风景和一站到另一站之间的旅行方式。小时候那些“咔嚓咔嚓”徐疾有度的火车旅行记忆告诉我们，火车不仅仅是一种出行工具，坐火车本身就是一种旅行。

1. 美国：列车比景区更诱人

美国的铁路旅游非常兴盛，形式也十分有趣。除了常规的铁路旅游线路，美国纽约州还有一些由铁路迷和民间机构经营的短途、不定期的铁路旅游线路。其中，光是纽约州境内就有 12 条以自然风光和历史遗址为卖点的铁路观光游览线路。

这些铁路旅游线路的最大特点在于，其运营完全由志愿者承担，司机、列车员、机车工程师等全都是志愿者。由于大都是对铁路充满感情的志愿者，因此很愿意在这份工作上动脑筋。他们动脑筋的结果就是，组织了以生态、品酒、自行车、独木舟、晚间烧烤等为主题的铁路旅游活动，使“交通工具”成了旅行者的“目的地”，比真正的目的地更加诱人。从 2000 年起，美国国家公园与美国国家铁路客运公司正式建立战略合作伙伴关系，形成了从铁路起点开始到旅游目的地的全程服务体系。

2. 匈牙利：铁路旅游最怀旧

匈牙利铁路旅游始于 20 世纪 80 年代，以营造 19 世纪和 20 世纪怀旧氛围的列车旅游为主。游客乘坐的全部是老式火车，最老的有 1914 年的火车，大部分是 20 世纪 50～60 年代的火车。匈牙利怀旧火车旅游公司经营“匈牙利皇家快车”和“烛光快车”两个品牌的铁路旅游，每年吸引 3 万～4 万名游客。匈牙利的怀旧列车都是文物，只能翻新不能改变结构和式样，有传说中专为茜茜公主制作的“茜茜公主号”，也有欧洲现存最古老的、外表用木条装饰的餐车，还有为达官贵人运送马匹的列车，等等。以“匈牙利皇家快车”(图 6.1)为例，一个车厢能容纳 20～22 人，双人沙发和单人扶手椅排在车厢两侧，中间留出很宽的通道，整个车厢布置得好像一间舒适的客厅，深红色的地毯、浅棕色的窗帘、白色台布、布罩台灯、铜制帽架、深棕木质扶手椅和浅棕色绒布沙发，无不呈现 20 世纪初的装饰风格，可以说，坐上这趟车去旅行，仿佛就是坐上了一台时光机。

图 6.1 匈牙利皇家快车

3. 加拿大：火车带你进入人迹罕至之处

加拿大西海岸的不列颠哥伦比亚省很多地区人迹罕至，大自然赋予了它各种不同的面貌：高耸的山脉、蜿蜒的海岸、原始的生态、宁静的湖水、绿草如茵的山谷……无疑，搭乘火车领略这些奇观是上乘之选。

不列颠哥伦比亚省有三条主要观光线路——“落基山登山者号”、“惠斯勒登山者号”和“加拿大人号”，它们往返于温哥华及省内和其他各大城市之间。曾被评为“世界最佳旅行体验”的落基山登山者号列车沿途经过一系列壮丽的自然景观，湍急的峡谷、高耸的山峰、冰河湖泊及瀑布，这一旅程是名副其实的自然景观之旅。

落基山登山者号全程时速可达 50 千米，最人性化的是经过景区时车速会减慢，方便游客观赏，特别是金叶圆拱列车，除了提供精致的点心和正餐之外，三面全透明的玻璃构造也使得游客有置身自然之中、浑然忘我的非凡体验。在加拿大乘坐列车观赏春景的最好时节在 5 月，届时冰雪消融，万物复苏，随处可见嫩绿的新芽，是乘车出门赏春的绝佳方式。

4. 日本：铁路便当不能不尝

日本的铁路系统也非常发达，且有着独特的铁道文化。在日本旅游，火车不仅仅是最便捷的交通工具，还是体验日本风情的首选之地。在火车上，铁路便当不可不尝，它和我们吃到的列车上简陋单调的盒饭截然不同，从基本款的便当到使用鲍鱼、松阪牛肉的高级便当，花样繁多，应有尽有，可算是日本最值得骄傲的饮食文化之一。

值得一提的是，日本列车的准时程度堪称全球第一，哪怕是长途列车，都可以准确到分钟。这个特点极大地方便了旅行者安排行程。

5. 奥克兰与惠灵顿之间的魔幻之旅

新西兰北部这条壮丽的火车旅游线路，是从奥克兰到惠灵顿的陆上之旅。就在新西兰的这两个城市之间——423 英里，大自然给人类提供了一场视觉的饕餮盛宴：从农田到火山，从河谷到雨林再到崎岖不平的海岸，每一处风景都彰显了自然的魅力与魄力。游客还能游览历史上著名的北岛铁道干线，这条线路于 1908 年完工，与马克托特高脚桥和劳利姆盘山铁路一样，都被称为“工程奇迹”。游客们可以在座位上一边品尝英国德文郡的奶油点心下午茶，一边欣赏壮丽的风景，也可以登上室外天台尽情领略新西兰的壮美风光。

6. “加拿大人号”：从海岸到海岸的旅行

每周开启三趟的“加拿大人号”列车，连接了多伦多、温尼伯湖、埃德蒙顿及范库弗峰，途经安大略湖湖泊地区和杰士伯国家公园。旅途中，游客们能看到杰士伯国家公园里积雪盖顶的落基山山脉的山峰。这一路，不仅风景引人入胜，连火车本身也拥有一段历史：20 世纪 90 年代早期，运营这条线路的加拿大维亚铁路公司因为资金匮乏，无力购买新的车厢，于是将 1955 年制造的不锈钢车轮马车进行翻修，才打造了今天的“加拿大人号”。另外，“加拿大人号”上还配有休闲酒廊和瞭望台，游客们可以轻松地享受旅行生活，360 度全景式地欣赏美景。

7. “加州微风号”：尽显美国西部风情

美铁是美国国家铁路公司网络，它拥有五条不同的、与海岸相连的风景线路，纵横交错的铁路线能让游客尽情地领略美国风情。而“加州微风号”运行的路段恐怕是其中最著名的风景线，列车从芝加哥到旧金山，途经内布拉斯加州和丹佛境内的落基山山脉，就连充满野性魅力的内华达山脉也在这条线路中。这样看来，“加州微风号”恐怕是路过景点最多的火车了。

一旦登上这列双层的横贯大陆的超级火车，即使是最疲倦的客人，也会对这里留下极为深刻的印象。列车上的座椅相当于飞机上的经济舱，而最好的私人卧铺还可以享受到配套的浴室和卫生间，所有的旅客都可以在餐车就餐，也可以享受咖啡厅和观光客酒廊的服务。甲板上有观光酒廊，所有窗户都是全景环绕式的，有助于游客观赏沿途风景。

8. 横跨西伯利亚的奇妙旅程

这条线路修建于 1901 年，并拥有一个威力巨大的名字——“西伯利亚大铁路”。横跨欧亚大陆的西伯利亚大铁路，是当今世界上最长的铁路，途经八个时区，全长 9 288 千米，经过俄罗斯的森林、草原、沙漠和无人区。铁路的东端是莫斯科，西端是符拉迪沃斯托克(海参崴)。在符拉迪沃斯托克(海参崴)火车站内，还有一座纪念西伯利亚铁路终点站的纪念碑。这道连接欧亚大陆的铁路，是一项长达 13 年惊心动魄的艰巨工程，在−50℃的冻原冰地，一寸一寸地深入冰封大地，一站一站地打通西伯利亚的“任督二脉”，完成绝无仅有的铁路网络。这道充满传奇的铁路，百年之后已成为铁路迷与游客跃跃欲试的火车体验，一站一站让人过目不忘的是极地浩瀚之美，以及多元的人文风景。

9. 跨越瑞士的“冰川快车”

冰川快车(图 6.2)应该是每个向往火车旅行的人的必备之选。这条线路是由瑞士两个私人铁路公司联合运营，连接了马特洪峰山脚下的采尔马特与圣莫里茨的恩加丁滑雪胜地。

图 6.2 瑞士“冰川快车”

冰川快车上同样安装了巨大的全景窗，游客可以清楚地看到窗外的阿尔卑斯山脉，列车上还提供精美的瑞士午餐，并配有同样精致的瑞士白葡萄酒。实际上，“快车”仅仅是个名号，这辆悠闲的火车行驶 180 英里要耗费 7 个小时，平均每小时仅仅行驶 24 英里，被称为“世界上行驶最慢的观景快车”，可是当沿途绝美的雪山景观一幕幕滑过眼帘，游客应该不会介意这样的速度。这趟列车单程费用为 63 英镑，如果支付 77 英镑，就能享用到一份提供三道菜的美味午餐。

(资料来源：http://www.cqtour.org/a/shehui/20111125/2208.html.)

6.5 旅游市场

6.5.1 旅游市场的概念和旅游市场细分

1. 旅游市场的概念

旅游市场通常是指旅游需求市场或旅游客源市场，即某一特定旅游产品的经常购买者和潜在购买者。从经济学角度讲旅游市场是旅游产品供求双方交换关系的总和；从地理学角度讲旅游市场是旅游经济活动的中心。旅游市场包括旅游产品供给场所和旅游消费者，以及旅游经营者与旅游消费者间的关系。旅游市场与一般商品市场的区别在于：出售的是有形物质产品和无形的服务。

2．旅游市场细分

旅游市场细分的概念即旅游企业根据旅游消费者群体之间需求的差异性，把一个整体市场划分为若干个消费者群体，从而确定企业目标市场的过程。

市场细分是将市场分为具有不同需要、特征、行为，因而需要不同产品或营销组合的不同购买群体的过程。细分市场是对既定的市场营销活动做出类似反应的消费者。

旅游市场细分的意义：①有助于企业发现市场机会；②有助于掌握目标市场的特点；③有利于有针对性地开发产品以满足消费者需求；④有利于有针对性地开展促销。

6.5.2 旅游市场细分的原则

1．可识别原则

旅游市场的需求特征、购买行为等要被明显地区分开来，所选择的细分标准要与旅游者的某种行为或某些消费习惯有必然的联系，这样才能够使细分市场的购买行为被明显地区分开来，为旅游营销者有效地针对不同细分市场指定营销组合提供帮助。

2．可测量原则

能够测量是旅游市场划分的界限。例如，旅游者的胆量、勇气等会对旅游项目、旅游交通的选择有较大的影响，但是这些因素却难以衡量，无法使用相对准确的标准来测量。

3．可赢利原则

细分出的顾客人数与购买力足以让企业赢利，即这一旅游市场具有开发价值。过于细小的细分市场，其经济效益也将受限；某些细分市场在整体细分市场中的比例较小，但市场的相对规模(后购买力)较大，就具有很多很大的开发价值；当细分市场顾客人数和购买力一定时，市场是否有利可图或开发成本的高低又会受到影响。例如，企业努力降低了开发成本，就有可能使原本低利润产品变得有利可图。

4．可及性原则

旅游产品能够进入旅游市场而且可以占有一定的市场份额。首先，市场的可接近性，营销者要有与客源市场有效进行信息沟通的可能，同时还要有畅通的销售渠道。如旅游市场的广告无法让旅游市场的消费者看到或理解，这样的旅游市场开发潜力再大也无任何的价值。其次，可行动性，即旅游企业要有吸引和服务相关细分市场的实际能力。

5．稳定性原则

细分的市场应该具有稳定性。如果变化太快、太大，会使指定的营销组合很快失效，导致营销资源分配不得不重新调整，形成企业营销市场的营销活动前后矛盾的局面。

阅读资料 6-3

太空旅游

2001年4月，科学家成功地将地球第一位自费太空旅行者——美国商人丹尼斯·托蒂(Denis Tohti)送上国际空间站，引起了全球轰动。2002年4月，南非商人沙特尔沃斯(Shuttleworth)作为人类历史上第二位太空游客，在8天短暂的太空观光后，安全返回地面。

这项旅行的代价不菲，托蒂和沙特尔沃斯两人为此各支付了2 000万美元的惊人账单。他们进行的是被称为太空旅游最昂贵的项目——“太空轨道飞行”。

美国太空探险公司的全球销售总监约翰·莫珍(John Moltzan)接受记者专访时表示，2005年全球有3人报名该项目，其中一名于当年完成他的太空梦想之旅。中国游客若想一试“太空轨道飞行”，同样得支付2 000万美元，包括所有的训练费用、在俄罗斯的膳食费用、星城往返的运输费用、发射和降落地点费用等。

相比昂贵的“太空轨道飞行”，“亚太空轨道飞行”项目的价格则相对低廉。2004年10月，来自深圳的太空旅行爱好者蒋先生预交了10万美元，获得美国太空探险公司“亚太空飞行”项目的参与资格，成为预定该项目的第一位中国客户。约翰·莫珍介绍，2005年“亚太空轨道飞行”项目的全球报名人数达120位，其中多为企业家。

该项目总飞行时间约为60分钟，最大飞行速度为4 000千米/小时，飞行最大高度为100千米，在进入大气层以外的太空停留6分钟左右。旅行者能观看到地球美丽的弧线，享受完全失重状态。约翰·莫珍还透露，根据公司的一份调查报告显示，有意愿报名者已达10 804人，其中欲报名“太空轨道飞行”者有11人，欲报名“亚太空轨道飞行”的有10 797人。因此，他认为，太空领域将成为未来旅游市场最时尚、最受人欢迎的项目，拥有广阔的市场前景。

6.5.3 旅游市场细分的方法

1. 地理因素

按照洲际细分旅游市场是国际旅游组织和跨国旅游企业常用的方式。世界旅游组织根据洲际间在经济、文化、自然及旅游者流向，将世界旅游市场划分为欧洲市场、美洲市场、东亚及太平洋区域市场、南亚市场、中东市场和非洲市场。国际上还通行按不同客源国或地区旅游者，流向某一旅游地所占该目的地总接待人数的比例来细分市场。在一个旅游目的地国家或地区的总接待人数中，来访者最多的两三个客源国或地区可划分为一级市场；来访者占相当大比例的一些客源国或地区，可划分为二级市场；目前来目的地旅游的人数较少而其出游人数日渐增长的国家或地区，可划分为机会市场。

2. 人口统计因素

人口统计细分是将市场按照年龄、性别、职业、家庭规模、婚姻状况、收入、教育及宗教信仰等不同标准来划分。

3. 行为因素

按行为因素细分市场是指按消费者不同的购买动机、偏好程度、使用频率及消费者行为特征细分市场。或者根据消费者购买过程中的行为特征、购买形式、购买时间、购买数量及频率等细分出一些需求各异、具有综合性特征的旅游细分市场。

4. 心理因素

心理因素根据消费者的生活方式、性格、兴趣、态度及旅游动机等心理特点细分市场。

6.5.4 中国旅游市场概况

国际旅游市场抵达人数从 1980 年的 2.86 亿到 2011 年的 9.8 亿，市场规模扩大了 3.4 倍。随着基数的增大，增长幅度相应减小。据联合国世界旅游组织数据，全球国际旅游流量的阶段性年均增幅，1980—1995 年，为 4.4%，1995—2010 年为 3.9%，预计 2011—2030 年将为 3.3%。总体态势呈梯次减速。

在国际市场上，中国的入境旅游起步晚，基数小，发展快。入境游客从 1980 年的 570 万到 2011 年的 13 550.28 万，32 年间增长近 24 倍。入境过夜游客从 350 万～5 758.1 万，市场规模扩大了 16 倍。据联合国世界旅游组织数据，中国入境旅游 (以入境过夜人数计) 在国际市场的排位由 1980 年的第 18 位，进到 2010 年的第 3 位。

自 1980 年以来，我国入境市场发生了结构性的变化。

1) 外国人的比重增大

我国入境市场从大类上再分特殊市场(港澳台胞)与外国人市场。外国人占入境市场的比重，20 世纪 80 年代为个位数，90 年代进入 10%以上，21 世纪前 10 年在逾 10%的范围内攀升，于 2011 年达到 20%。1979—2011 年，外国人的比重增加了两倍多。这在一定程度上反映出我国入境旅游市场国际化的进程。总体而言，港澳台市场以人均出游率来计算的市场基数已经相当大，加之市场的特殊性，基本处于相对稳定的状态。外国人市场的基数相对较小，初访率较高，发展空间较大。

2) 散客的比重增大

根据国家旅游局年度抽样调查，1990 年，入境游客中，团队游客占 64.6%，散客为 35.4%。2010 年，团队的比例降为 38.3%，散客升至 61.7%。团散比例从 65∶35 到 38∶62，基本呈六四倒置型。

3) 再访客的比重增大

过夜外国人中，初次访华者的比重下降，多次再访者的比重上升。

细分外国人来华次数，2010 年，团散初访客的比重为 48∶26；4 次以上多次再访客的比重则为 23∶45。散客的初访率更低，再访率更高。

4) 观光客的比重减少

入境游客中观光游览的比重从 1990 年的近 60%降至 2010 年的 33%。休闲度假、商务、会议都呈上升趋势。其中，商务的升幅相对更高。

6.5.5 国际旅游市场的新趋势

1. 新发展

全球化推动探亲访友旅行，第二家园旅游成为增长最快的细分市场。

度假的理念引入城市。最新版的城市度假是“都市团团转”，尤其受到年轻一代及中年工薪层的喜爱。

真实体验。在体验经济的时代，旅游购买的核心是经历。经历型旅游者追求真实的体验，寻求原始的、没掺假的、没经过中介渲染的震撼。他们避开旅游者集中的地方，寻找未被触及的、未被毁坏的地方。

健康旅游。社会结构的总趋势是年轻人趋少，老年人趋多。人们的健康意识、养生需求日益增强。旅游目的地竞相开发各类康体旅游产品。印度水疗中心包括舞蹈、冥想、瑜伽、阅读与击鼓讲座。中医旅游包括聆听专家讲座、学习太极或气功、接受中医治疗。不丹和尼泊尔开发与宗教相关的独享的静修。南非的葡萄酒之旅强调适度饮用葡萄酒有益健康。苏格兰高地的乡村因其幽静、真实、良好的公共医疗而受到欢迎。

阖家同乐(family-fun)。度假市场的主体是家庭。共度假期、共享天伦，是父母的承诺、孩子的期待。家庭度假的内容正在变化，如“游泳池度假”，孩子喜欢、父母放松。

第二家园旅游。全球化推动探亲访友旅行，第二家园旅游成为增长最快的细分市场。第二家园旅游包括三个层面，一是传统意义的探亲访友；二是候鸟式定期异地度假，尤其银发族喜欢去相对固定的地方度长假；三是在异地购买房产，有的为养老，有的为增值。一些目的地融健康地与退休者之家的理念建设第二家园，但不是简单意义的旅游房地产，而是贯穿人文理念的雅居社会。

城市度假(都市团团转)。度假地不再仅仅是传统的海滨、山区、湖畔，能够到一个心仪的城市，度过一个身心放松的周末或短假，也被视为度假。在度假成为常态的今天，越来越多的人又迷上了运动，视其为提升生活品质的重要途径。最新版的城市度假是“都市团团转”，即把原本在野外从事的冒险性运动移到人群集中的城市中心区域，如在街区、建筑、市内河道、城市景观等处骑山地自行车，跑酷、攀岩、绕绳下降、划独木舟等。

2. 新群体

更有活力的祖父母代替忙于工作的父母带着孙辈外出旅游度假。许多美国旅行商都针对这个最赚钱的细分市场开发专门的产品。这一趋势已经开始反映到美国旅华市场上。

人们在工作与生活之间寻找平衡。越来越多的商务旅行者带着妻子一起旅行，到了目的地，丈夫忙开会，妻子忙逛街，各得其所。商务酒店为下榻酒店的商务伴侣提供度假服务。这一趋势也开始反映到旅华市场上。

经历型旅游者、祖孙旅游(grand-travel)、商务度假、寄生单身(parasite single)是新型旅游发展的主要类型。在日本30岁左右与父母同住的单身女性被称为“寄生单身”。意大利称那些赚不到足够的钱，离不开父母房子的年轻人为“成年婴儿”，还有德国生活在“妈妈酒店”的一代，英国的“地下室居民”(住在父母的地下室)。这个群体又分若干层次。其中，受过良好教育，工作年限相对较长，收入稳定而丰厚的一层，买不起房产就不做房奴，尽情享受人生，成为奢侈品市场和旅游市场的生力军。

3. 旅游供给新模式

借助智能手机，消费者和供应商双向参与形成“共同组织生产”的新模式。旅游业从供给管理转向需求管理。

旅游供销营运新模式。随着 3G 手机的诞生与普及，人类社会正从 E(固定网络) 时代走向 U(移动网络)时代。

国际市场调查公司(Comscore)最新统计，使用智能手机(iPhone)的人数占手机人数的比重，加拿大为 32.8%，美国为 32.2%，英国为 40.8%，西班牙为 40.2%，意大利为 38.3%。2011 年，中国的比重是 27%。

iPhone 已经被越来越广泛地用于旅途定位、浏览目的地相关信息。日本的 U-Japan、韩国的 U-Korea 已风生水起。韩国 i-tour 玩转首尔，有 iPhone 专门版，服务商通过客户端向游客提供的信息包括旅游资讯、交通、住宿、餐饮、服务机构、管理机构、娱乐休闲、自然社会、图形……帮助游客制订旅游计划，顺利消费，乃至保护消费者权益。

以计算机为载体的互联网更多是围绕信息，注重搜索；以智能手机为载体的 U 网则更多是围绕人，注重互动。

传统手段促销已经很难打动新一代的旅游者。今天的消费者更喜欢从其他消费者那儿寻求建议，消费者既是写作者也是评论家。他们对有兴趣的或已经到访过的目的地做记录、审视并传递信息，掌控着旅游对话的大部分。现在，对一个目的地品牌而言，消费者的话语分量与品牌所有者几乎可以等量齐观。这是用户制造内容(user-generated content，UGC)的时代。

阅读资料 6—4

纠结的网络预订优惠

某单位一行 8 人到福州、厦门考察，完成福州考察任务后准备于第二天赶往厦门。出发前在网络上选择了“蓝色之旅酒店”预订了四个房间，之所以选择这个酒店，是因为它有诱人的预订优惠，即入住后每个房间返还 32 元人民币。

第二天顺利地赶到预订的酒店，在办理入住手续时，意想不到的事情发生了。

前台服务员：“每间客房 218 元，四间房 872 元，先交定金 1 000 元。”

客人：“我们是网络预订的房间，根据网上的优惠，每个房间返还 32 元，也就是说每间房优惠后的价格是 186 元呀！”

前台服务员：“那是网络给你们的优惠，你们跟网站联系吧，我们不知道详情，他们仅仅是帮助我们销售房间。”

客人：“跟你们没有关系怎么会帮助你们销售房间呢？而且说得很清楚你们给返现的，否则我们是不会预订你们酒店的。”

“我们不知道是怎么回事，你们让网站返还吧”，前台服务员冷漠地说。

……

"那咱们走吧，另外找一家宾馆，本来是看了网络介绍有优惠才预订的，没有优惠就算了"，"这不是欺诈吗？酒店不知情，网络怎么会提供酒店的电话信息"，"要不我们找商业局投诉吧！"大家七嘴八舌表示了对酒店不兑现承诺的不满。

前台服务员拿起电话不知和谁通话，过了一会儿她热情地招呼着情绪不满的客人说："……各位不要走，可以给你们更优惠的价格，每个房间 168 元，怎样？"

在办理入住手续时，前台服务员说："如果你们同意 168 元的价格，需要办张酒店的会员卡，一张 VIP 卡的费用是 100 元。当会员卡中达到 2 000 积分时，只要入住'蓝色之旅酒店'，可以免费赠送客房一间。"

该团继续到泉州考察，有了会员卡希望仍然入住"蓝色之旅酒店"，在网上搜索不到该酒店在泉州的地址，通话后被告知该酒店仅在厦门有两家，看着这张精美的会员卡，大家有一种被欺骗的无奈。

继续考察，又预订了另一座城市的一家经济型酒店，网站显示预订入住酒店后，可以获得 10 元电话费(话费存入留存的联系手机上)，入住后再打开该网站，怎么努力也找不到显示返现话费的窗口。

网络预订给旅行者带来了便捷、时尚的消费方式，为了促销，酒店和网站推出了形式多样的优惠活动，对这些优惠的承诺一定要讲究诚信，方便快捷得让顾客享受到优惠，而不是虚假宣传把游客"骗"来后，所有的承诺就变成了"网络戏言"。

6.5.6 旅华市场面临的挑战

1. 新阶段的挑战

新一代游客更加注重经历，向往原生态的文化与自然。而在现代化建设的过程中不自觉地破坏了许多外国人非常看重的特色文化，中国旅游的独特魅力有所减弱。

中国成为全球国际抵达市场增长最快的客源产出地，双向客流吸引了更多国际航空公司、国际旅游企业进入中国市场，我国的入境旅游面临进一步国际化的新挑战。

2. 新需求的挑战

国际旅游市场的产品结构是，度假为主(50%)，观光为辅(10%)，呈倒弓形。我国以观光为主的旅游产品结构多年来变化不大，尽管休闲度假有所增长，但总体格局仍然是观光为主(33%)，度假为辅(18%)，呈弓形。

我国的资源特质决定了在相当长的一段时间里，文化观光产品仍然会占据较大的比重。但观光的模式需要改变。新一代旅游产品的核心是经历，对经历型的旅游者而言，一个旅游地的价值构成，60%是旅游体验，30%是旅游感觉，10%是服务质量。我国的旅游产品需要增强三 E 理念，即增强娱乐性(entertainment)、刺激性(excitement)和知识性(education)。

3. 新竞争的挑战

旅游市场充满竞争。竞争的核心是研究市场，适应需求。

国际旅游的主体是散客。国际旅游市场上，通过旅行社的不足 4%，夫妻结伴 33%，朋友同行 28%，单独旅行 28%，阖家出游 8%。旅华市场的团散结构已经发生了倒置性的变化，散客的比重已逾 60%。

新一代的包价与传统包价有着结构上的差别。游客购买包价有的为省钱，有的为省时(或省事)，“时间的穷人”购买包价既要求享受比较快捷、舒适而又新奇的旅行，又要求旅行生活的自主与自由。日本人是全球团队意识最强的，51%的海外旅行者购买包价，但日本来华游客只有 38%购买包价，远远达不到其出境的包价比例。

现代旅游购销三部曲：点击网页(click)→电话预订(call)→门市购买(come-in)是一个连贯的运行。随着时间的推移，三者的比例在发生变化，连贯运行要及时相应调整。在三步连贯运行及适时调整上是有差距的。在入境游产品对应市场(细分市场、量身定制)、产品结构(如搭积木式)、销售方式(如自选式)、销售渠道(如多元化交叉式)，以及新技术的运用等方面也是有差距的。

4. 新营销的挑战

长期以来，旅游市场营销强调树立形象(image building)。进入 21 世纪，国际上的一个新概念是树立品牌(branding)。这是国际旅游业竞争激烈到了短兵相接程度的一个反映，也是旅游业更加注重经济效益的一个反映。

树立品牌一个重要基础是找准“独特卖点”。为吸引新一代经历型旅游者，独特卖点升级为“独特体验型卖点”。“独特卖点”需要细分市场，针对不同的市场推出不同的卖点。马来西亚开发中东市场时，为选准独特卖点做了大量的市场调研和 SWOT[优势(strength)，弱势(weakness)，机会(opportunity)，威胁(threat)]分析，最终以马来西亚的绿色雨林叫响中东的广袤沙漠，以色彩鲜艳的亚洲风情吸引着中东的伊斯兰教信徒。别具匠心的卖点使得马来西亚营销中东市场取得突破性进展。

阅读资料 6-5

中国旅游研究院公布的 2012 年元旦、春节旅游市场趋势预测

中国旅游研究院公布的 2012 年元旦、春节旅游市场趋势预测如下。

1. 春节黄金周出游将创历史新高

目前，国内消费物价指数(consumer price index，CPI)下降，经济形势趋稳，旅游需求环境相对稳定，居民出游意愿较去年同期有较大上升。中国研究院对 2012 年元旦、春节和“未来三个月”我国居民出游意愿展开调查，回收有效问卷 2 750 份，涵盖了全国 31 个省市自治区。性别、年龄等比例合理。调查结果显示，受访群体元旦和春节期间出游意愿均有所增长。元旦小长假期间有出游计划的比例为 32.33%，较去年的 20.6%有较大幅度上升。春节黄金周为 36.5%，略高于去年同期的 34.3%。“未来三个月”出游意愿为 88.9%，高于去年同期的 73.6%。

结合 2000—2011 年春节黄金周旅游统计数据，研究院预测 2012 年春节黄金周，全国

将接待游客 1.85 亿人次，同比增长 21%左右；实现旅游收入 1 000 亿元，同比增长 21.9%左右。

2. 目的地与客源地高度集中

游客出游目的地仍高度集中在传统的热点旅游城市。出游意愿调查结果显示，北京、上海和三亚居人气榜前三，而中国香港、日本、马尔代夫及泰国是出境游的首选目的地。北京依然是最具人气的国内旅游目的地，选择比例达到 26.2%，但低于去年同期的 34.2%；其次是上海，选择比例为 17.8%；而三亚选择比例达到 15.5%，位居人气榜的第三，比去年同期下降一个名次；其他比较热门的地方还有杭州(13.8%)、桂林(12.1%)、大连(10.3%)。计划去往港澳台旅游的游客，香港依然是游客的首选(44.4%)；32.1%的受访者更意愿去台湾，高于去年同期的 26.5%；而今年计划去澳门的受访者也从去年同期的 7.2%上升到今年的 23.5%。日本仍是最具人气的出境目的地，49.0%公众选择以日本为出境目的地，该比例高于上个季度对应选择比例；其次是选择韩国的比例为 44.1%；其他选择比例较高的国家还有新马泰(26.5%)、马尔代夫(26.2%)、美国(26.0%)，法国(23.5%)，澳大利亚(23.2%)。欧美游的比例比去年同期有所上升。

同时，假期出游的客源地也高度集中在经济发达的北京、上海及广州三大区域。出游意愿调查显示，元旦和春节黄金周出游的主要客源地集中在华北地区(占有假期出游意愿群体的 28.7%)、华东地区(16.7%)及华南地区(15.8%)。三个地区占有假期出游意愿总群体的 61.2%。

3. 自由行为主，出境游比例上升，邮轮成为新热点

调查显示，自由行成为近期计划出游者的首选(51.6%)，而参加组团旅游的占 44.4%。另春秋国旅的预订数据也显示，组团旅游预订同比增长了 11%，而自由行则增长了 120%。黄金周期间出游主要以家庭出游的形式为主(占总样本的 51.7%)，绝大多数的游客会选择住在二星酒店、三星酒店或经济型酒店(82.3%)。出游目的主要是“增长见识，获取知识”等文化性旅游活动(72.5%)。

元旦期间以近邻游为主，春节期间以跨省游为主，出境游比例上升。近期计划出游的公众中，32%的受访者选择“国内近郊旅游”，32.7%的受访者选择“国内跨省市旅游(除邻近省市)”，但总体比例上低于去年同期的 41.4%和 33.7%。另外还有部分游客选择“港澳台旅游”(20.0%)及“出国旅游”(15.4%)，高于去年同期的 15.8%和 9.2%。国内游比例相对于去年同期有所下降，出境旅游比例上升。

旅游价格浮动明显。元旦和春节期间的旅游产品大量上线，预订火爆，北京、上海、长春、厦门等全国主要旅游城市的酒店价格将上涨 2～3 成，机票价格也有所上涨；欧美游价格上涨 40%。携程旅行网、春秋国旅等提供的情况也反映了假日旅游价格上涨 10%左右。

另据旅行社访谈，以及去哪儿网和携程旅行网的数据显示，蜜月旅行、海岛游及邮轮旅游成为春节黄金周出游的新热点。

(资料来源：http://www.ctaweb.org/html/2011-12/2011-12-27-8-48-31423.html.)

本章小结

旅游业是伴随着人类旅游活动而诞生和发展的，是旅游者实现旅游目的的桥梁和手段。在现代旅游中，旅游者的需求主要是通过旅游业提供的产品和服务来满足的。旅游业，是指实现旅游活动的载体，主要包括旅游饭店、旅行社、旅游交通，这些旅游基础设施的存在及其作用的发挥，为旅游者的食、住、行、游、购、娱提供重要的物质基础保障。旅游业是以旅游资源为凭借，以旅游设施为物质条件，为旅游者提供各种商品和劳务服务的一系列相互关联的行业。旅游业具有综合性、涉外性、敏感性、服务性、季节性、依赖性等特点。

旅行社是指从事招徕、组织、接待游客等活动，为旅游者提供相关旅游开展国内旅游业务、入境旅游业务或者出境旅游业务的企业法人。旅行社的作用表现为旅游活动的组织者、旅游产品的销售渠道、旅游业的先锋。旅游饭店是由建筑物及装备完好的设施组成的接待场所；饭店必须提供住宿、餐饮及其他服务；饭店的服务对象是公众，主要是外地旅游者，本地居民；饭店是商业性的服务企业，以赢利为目的。饭店是提供旅游服务的重要基地；饭店是进行社交活动的重要场所；饭店是旅游创收的主要渠道；饭店是为社会提供就业机会的重要行业；饭店是衡量旅游地接待能力的重要标志。旅游交通是指为旅游者在常住地与旅游目的地，以及旅游目的地内部的空间移动及由此产生的各种现象与关系的总称。旅游交通是服务于旅游活动的交通运输形式，是旅游服务必不可少的重要环节，是一个国家、地区旅游业发展的主要标志。旅游市场通常是指旅游需求市场或旅游客源市场，即某一特定旅游产品的经常购买者和潜在购买者。旅游市场细分的意义：有助于企业发现市场机会；有助于掌握目标市场的特点；有利于有针对性地开发产品以满足消费者需求；有利于有针对性地开展促销活动。旅游市场细分的原则即可识别原则、可测量原则、可赢利原则、可及性原则、稳定性原则。

关键词及概念

旅游业　旅游饭店　旅行社　旅游交通　旅游市场　旅游市场细分

复习思考题

一、名词解释

1．旅游业　　2．旅行社　　3．旅游饭店　　4．旅游交通　　5．旅游市场

二、简答题

1．旅游业的特征有哪些？

2．旅行社的作用和主要业务有哪些？

3．旅游饭店在旅游业中有哪些作用？

4. 如何划分旅游饭店的类型？
5. 旅游者选择旅游交通的影响因素有哪些？

三、论述题

简述我国旅游市场的划分原则，以及目前国际旅游市场的发展趋势。

四、实训题

尝试将本校大学生作为一个旅游市场分析其特点。

第7章　旅游活动组织与管理

学习目标

知识目标	技能目标
1. 了解国际旅游组织的概念及类型，熟悉世界主要的国际旅游组织 2. 了解国家旅游行政管理组织与国家旅游促销组织，熟悉我国的国家旅游组织 3. 熟悉行业旅游组织的职能、分类，了解我国和世界性的主要行业旅游组织 4. 了解旅游标准化的内涵、性质与特点，掌握加强旅游标准化建设的思路和对策	1. 熟悉主要国际旅游组织的运作过程 2. 熟悉国家旅游行政管理组织和国家旅游促销组织的职能，以及我国国家旅游局的工作职责 3. 熟悉主要行业旅游组织的运作过程 4. 能够运用旅游标准化管理的相关知识为加强旅游标准化建设服务

知识结构

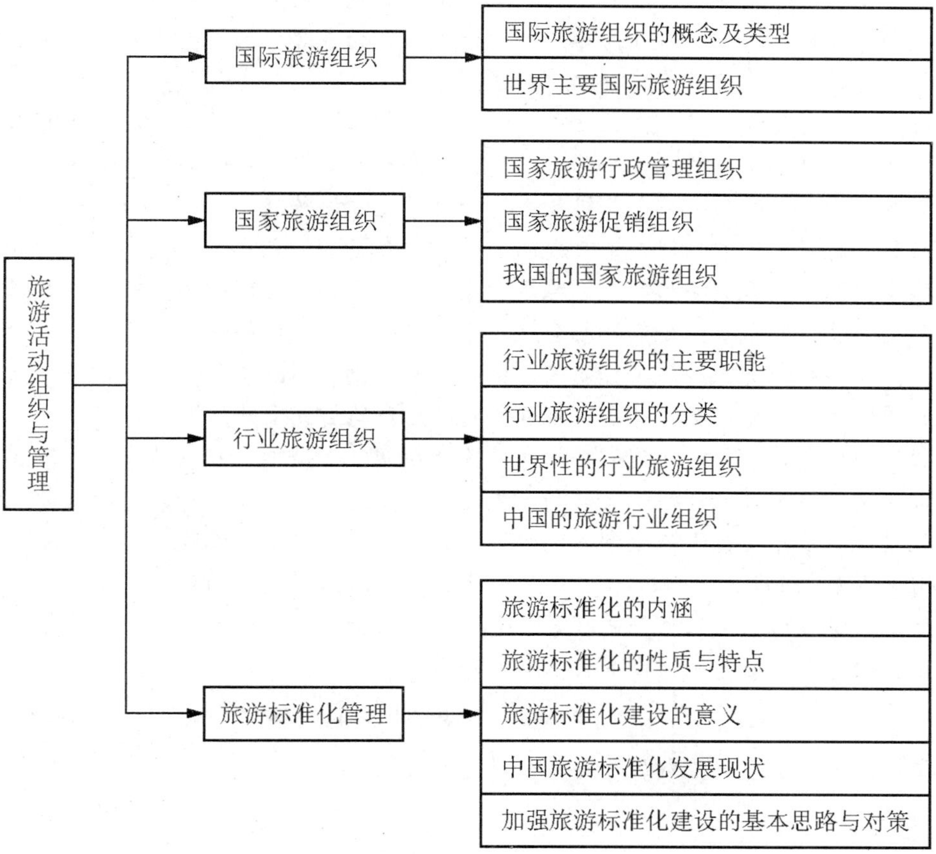

导入案例

河南省旅游协会旅游教育分会成立

2009 年 9 月 26 日下午，河南省旅游协会旅游教育分会在郑州成立。河南省旅游局副局长、河南省旅游协会执行副会长李亚白，河南省旅游协会副会长兼秘书长张毅兵及省内各旅游院校代表出席了成立大会。中国旅游协会旅游教育分会向大会成立发来了贺电。

河南省旅游协会旅游教育分会由河南省境内从事旅游教育的院校、培训机构及相关单位自愿组成。教育分会的宗旨是：贯彻国家有关旅游、教育方面的法律法规和方针政策；广泛团结和凝聚旅游教育各方面的力量，代表会员的共同利益，维护会员的合法权益；为会员、为行业、为政府服务，在会员与政府之间发挥桥梁和纽带作用；促进旅游人力资源的开发和旅游教育质量的提高。该分会将按照《河南省旅游协会章程》和《河南旅游协会旅游教育分会管理办法》，在河南省旅游局和河南省旅游协会的指导下，以服务、自律、维权、交流等为基本任务，积极开展业务活动。

李亚白代表河南省旅游局、河南省旅游协会对旅游教育分会的成立表示祝贺。他说，河南省旅游协会教育分会的成立，是河南省旅游教育发展进程中的一件大事。伴随着河南省旅游业的发展，河南省旅游教育从无到有、由弱到强、由单一到全面快速发展起来。通过多层次的院校教育，旅游人才培养工作取得了很大的成绩，为河南培养、输送了一大批旅游专业人才，有力地支持了旅游业的发展。

他指出，面对建设旅游强省的任务，面对河南旅游业的转型升级，河南还有很多工作要做，其中，保证高素质的人才供给，是摆在河南旅游教育工作者面前的首要任务，也是成立教育分会的宗旨所在。希望旅游教育分会能够充分发挥在会员与政府、行业中协调、沟通、服务、自我管理的作用，从更高的层面维护会员的利益；要以提高旅游教育水平为目标，构建大旅游教育的格局，促进旅游人才资源的开发，更好地适应建设旅游强省的目标和参与国际竞争的需要；要发挥社会组织专业性的优势，积极促进解决会员单位共同关心的问题；要按照社会组织的工作规律，搞好分会建设，不断提高社会公信力，为旅游教育事业的新发展，为将河南早日建成旅游强省做出新的更大贡献。

张毅兵向大会做了第一届理事会组成情况的说明。大会选举郑州旅游职业学院为会长单位，郑州大学旅游学院、河南大学历史文化学院、河南财经学院旅游与会展学院、信阳师范学院经济管理学院、中州大学管理学院、开封大学科学管理学院、洛阳师范学院历史文化学院、郑州牧业高等专科学校旅游管理系、开封旅游学校等为副会长单位。郑州旅游职业学院院长陈锡畴当选为第一届理事会会长，杜书云、程遂营、袁平、吕连琴、郭琰等当选为副会长，宋春亭当选为秘书长。

(资料来源：http:www.hnta.cn/Gov/News/s/2009-09/2609578.shtml.)

思考：旅游业发展与旅游教育是什么样的关系？

目前，世界上很多国家的政府都把推进本国旅游业的发展提到重要位置，并对旅游业的发展实行国家干预和介入，为了便于国家对旅游业的干预和有效地组织实施国家旅游政策，几乎所有的国家都设立了全国性的旅游管理组织。同时，随着经济全球化的不断加强和国际旅游的迅速发展，旅游活动也会造成国际间的矛盾和冲突，产生许多复杂的国际问题，这就必须成立相应的国际性旅游组织作为协调机构，制定共同合作的规范，以利于各项义务顺利履行。

7.1 国际旅游组织

7.1.1 国际旅游组织的概念及类型

国际旅游组织有狭义和广义之分，狭义的国际旅游组织是指其成员来自多个国家，并为多国利益工作和服务的全面性旅游组织(以联合国世界旅游组织为典型代表)；广义的国际旅游组织则还包括那些工作范围部分涉及国际旅游事务的国际组织(如经济合作与发展组织)，以及专门涉及旅游事务某些方面的国际性旅游同业组织(如国际航空运输协会)。在广义的国际旅游组织中，有不少组织原本并不涉及国际旅游事务。这些组织的最初形成与旅游事务无关，然而，由于第二次世界大战结束以来全球国际旅游活动的发展，一方面促成了很多专门以国际间旅游事务为工作内容的国际性组织的问世，另一方面也使得不少其他国际性组织将国际旅游事务纳入了自己工作的涉及范围，有些组织甚至专门为此增设了特别分支机构或代理机构，以研究并参与处理有关国际旅游合作与发展的问题。

对国际性旅游组织可采用多种标准进行类型划分。常用的划分标准如下：

(1) 根据组织的成员划分，可分为以个人为成员的国际性旅游组织、以公司企业为成员的国际性旅游组织、以机构或社团为成员的国际性旅游组织，以及以国家政府代表为成员的国际性旅游组织。

(2) 根据组织的性质划分，可以划分为政府间组织和民间组织。

(3) 根据组织的范围划分，可分为全球性组织和地区性组织。

(4) 根据组织的工作内容划分，可分为部分涉及旅游事务的一般性国际组织、全面涉及旅游事务的专门性组织，以及专门涉及旅游事务某一方面的专业性组织。

7.1.2 世界主要国际旅游组织

1．世界旅游组织

世界旅游组织是世界上声誉最高、影响最广、最有权威的政府间国际旅游组织，其总部设在西班牙首都马德里。1975 年 1 月 2 日成立，同时在马德里召开了第一届大会，它的章程也在同一天经过 51 个成员国表决通过生效。会上通过了世界旅游组织的工作计划、各种条例、领导机构的工作细则、财务和人事条例，以及其他工作文件，选举了世界旅游组织的秘书长。世界旅游组织的正式语言是英语、西班牙语、俄语和法语。

1) 历史沿革

世界旅游组织是在最有威信的国际官方旅游组织联合会的基础上建立的。作为政府间的国际旅游组织，其形成过程经历了一个非常复杂和漫长的阶段。1951 年，国际官方旅游组织联合会总部由伦敦迁至日内瓦；1954 年 5 月，国际官方旅游组织联合会参加了在纽约举行的联合国关于私人汽车和临时入境旅游手续问题的会议；1958 年，它向联合国提出关于召开外来移民入境手续问题国际会议的建议；1963 年 8 月 21 日—9 月 5 日，它参加了联合国在罗马举行的关于国际旅行与旅游会议；1965 年 4 月，它参加了在伦敦举行的关于简化国际海洋运输手续国际会议的工作；1966 年，国际官方旅游组织联合会在意大利的都灵成立国际旅游研究中心；1967 年，联合国根据国际官方旅游组织联合会的建议，宣布 1967 年为国际旅游年；1967 年 10 月在东京召开的国际官方旅游组织联合会第 20 届大会上决定成立政府间旅游组织，并为此举行了专门会议；1969 年，保加利亚政府根据同国际官方旅游组织联合会签订的协议，共同举行了国际旅游会议，其中的一项任务就是研究在联合国内成立政府间旅游组织的有关问题；1970 年，国际官方旅游组织联合会在墨西哥举行大会，确定了世界旅游组织的新章程，38 个与会国一致同意用特殊的方法将这一章程转交给国际官方旅游组织联合会各成员国政府，以求尽快审阅和批准；1974 年，瑞士联邦政策部(外交部)通知，世界旅游组织的章程已经过 51 个国家表决获准，可将其作为该组织行使其职能的正式依据，并于 120 天后开始生效；1975 年，国际官方旅游组织联合会执行委员会召开了最后一次会议。当时，该组织已有 109 个国家的政府旅游机构和旅游管理机构在世界旅游组织章程生效后直接转为新组织的成员，以及直接或间接地同旅游有关的 88 个国家和国际组织参加。国际官方旅游组织联合会在为发展各国间的旅游合作而积极工作 50 年之后，于 1975 年把自己的全部权限转交给新组织——世界旅游组织。到目前为止，世界旅游组织还没有成为联合国的一个专门机构。但是，它同这个具有崇高威望的国际组织及其一系列的专门机构签订了许多有效的协议。

2) 经费

世界旅游组织用于行政和完成工作规划的经费预算开支主要靠成员缴纳的会费，以及根据财务条例所得的其他各种进款。世界旅游组织的预算计划是由秘书长制定的，期限为两年。其中 1988—1989 年预算为 1 255 万美元。世界旅游组织的预算支出由两位监察员进行审计，监察员由大会批准，任期两年，有连任权。监察员除研究经费以外，还要对有关资金的使用效益问题提出意见和建议，监督财务活动、检查出纳情况和整个行政及财务工作。

3) 成员

根据世界旅游组织章程规定，成员资格分为正式成员、联系成员和附属成员三类。正式成员系各主权国家。其资格是世界旅游组织大会以 1/3 以上多数票表决通过的方式确定。联系成员系各非主权国及其集团。他们的政府无权实施自己的对外关系活动，如果实施对外关系的活动，须事先征得各成员国的同意，同时还须代表其宗主国及其集团发表声明，承认世界旅游组织的章程，并同意承担成员的义务。大会在接纳此类成员时，采取类似确定正式成员资格的审批手续。附属成员均为与旅游有关的国际官方和民间组织，以及商业组织和协会。他们的宗旨是追随世界旅游组织的宗旨及其活动。若要加入这类成员范畴，必须向世界旅游组织秘书长提出书面申请，并须征得候选成员总部驻在国的同意。截至 2012

年，世界旅游组织有正式成员 154 个。我国于 1983 年 10 月 5 日加入世界旅游组织，成为该组织的第 106 个正式成员。

4) 任务和宗旨

根据世界旅游组织章程第三条第一点规定，世界旅游组织的主要任务和宗旨是“促进和发展旅游业，使它成为增进各国互相了解，促进世界和平以及推动经济和贸易的重要途径，并为尊重人权和不分种族、性别、语言及宗教信仰的人类自由做贡献”。

5) 主要活动

世界旅游组织基本工作任务主要包括以下几个方面内容：一是援助发展中国家发展旅游事业，在最近几年内共对 130 个国家的近 500 项旅游计划提供了援助，其援助的项目包括旅游发展战略规划、物质技术与干部保障、制订和落实旅游计划、职业培训和干部培训等；二是促进各成员国旅游教育的发展；三是解决同旅游者和旅游项目有关的安全保障，以及简化旅游、旅行及访问的有关手续问题，促进世界经济和政治一体化进行及国际人文合作的加强；四是帮助筹建各个国家政府的旅游管理机构，发挥政府的职能和作用；五是促进旅游电子技术的发展，收集整理和传播旅游统计资料，建立协调和简化有关旅游信息交流手续的长久机制；六是每年举行一次世界旅游组织成员国纪念世界旅游日活动，并由世界旅游组织秘书长为每年的世界旅游日提出一个宣传口号，以突出宣传旅游在当代社会中的地位和作用；七是组织召开世界旅游会议。

6) 大会

世界旅游组织的最高权力机构是大会，每两年举行一次。世界旅游组织的章程规定，根据执行委员会或该组织多数正式成员的请求可以召开特别会议。世界旅游组织大会负责审理各种问题和建议。大会的职能包括：选举主席和副主席；选举执行委员会成员；根据执行委员会的建议任秘书长；选举监察员；制定世界旅游组织的财务条例；确定组织管理的总方针；制定世界旅游组织秘书处的人事条例；制定世界旅游组织工作总体规划；制定世界旅游组织的预算和财务管理条例；为开展工作，建立必要的技术机构和地区机构；审查和批准本组织及其机构活动的工作报告，并采取必要的措施落实工作报告中的建议；围绕组织活动提出签订各种国际协议的建议；根据世界旅游组织章程的规定，通过接受组织新成员的决议。

7) 执行委员会

世界旅游组织的领导机构是执行委员会。执行委员会负责处理世界旅游组织的日常行政和技术问题，负责通报近期大会最后确认并通过的决议情况。执行委员会的职能是：采取必要的措施确保世界旅游组织大会的所有决议、建议，以及大会的工作报告得以贯彻实施；审查和受理有关世界旅游组织活动的大会工作报告；向大会提出建议；审理将要提交大会审批的世界旅游组织工作总规划；向大会提交本组织的财政收支和财政预算计划的报告，以及提出与财政有关的建议；建立委员会活动所需要的各种辅助机构；完成大会委托的其他各种职能。

8) 秘书处

世界旅游组织的办事机构是秘书处。秘书处由总部的工作人员组成，工作由世界旅游组织秘书长领导。秘书长根据执行委员会的推荐由大会指派，并经与会成员 2/3 多数赞同票通过方可出任。秘书长的任期为 4 年，并有连任权。秘书长对大会和执行委员会负责，并完成大会和执行委员会所赋予的使命，其中包括就组织的活动、财政收支状况、财政预算计划和工作总规划作出报告，以及协助该组织法律科工作等。

9) 常驻代表

世界旅游组织的机构中还包括各成员国的常驻代表。目前有 67 个国家的常驻代表在世界旅游组织中注册。其职责是保持本国与世界旅游组织总部之间在该组织所有活动方面的业务联系。

10) 出版物

世界旅游组织出版大量的英文、西班牙文和法文版的信息资料。秘书处除赠送各成员国这些信息外，每年还出售许多专题性目录索引方面的材料。目前的主要出版物有《世界旅游组织新闻》(月刊)(*WTO News*)和各种年鉴，如《国际旅游——过境手续》(*Travel Abroad——Frontier Formalities*)、《旅游统计年鉴》(*Yearbook of Tourism Statistics*)和《旅游统计手册》(*Compendium of Tourism Statistics*)。最近几年还出版了许多行情研究方面的汇编，如《旅游发展报告(政策与方向)》(*Tourism Development Report* (*Policy and trends*))、《现代旅游与旅行的发展方向》(*Current Travel Tourism Indicators*)和《世界旅游经济评论》(*Economic Review of World Tourism*)。

阅读资料 7-1

中文成为世界旅游组织官方语言

2007 年 12 月 1 日世界旅游组织全体大会已通过决议将中文列入官方语言。

国家旅游局副局长杜江表示，中文是联合国和世界卫生组织、世界银行、联合国教科文组织等联合国专门机构的官方语言，为此，中国要求世界旅游组织参照联合国通行做法，将中文列入其官方语言。

他说，中文成为世界旅游组织官方语言既有利于中国在世界旅游组织，乃至国际旅游事务中发挥更加积极的作用，也有利于进一步提升世界旅游组织的权威性。中文成为世界旅游组织官方语言，有利于中国其他成员国的交流与合作，有利于世界分享中国旅游发展的经验和机遇，同时也有利于把各成员国旅游业发展的经验和情况及时介绍给中国，以促进中国与其他成员国之间的良性互动与合作共赢。

在世界旅游组织日前召开的全体大会上，多国表示支持把中文列为世界旅游组织官方语言。大会一致通过将中文列为世界旅游组织官方语言的提议，并同意对世界旅游组织章程进行相应修改。

按照世界旅游组织章程规定，在全体大会通过决议后，该决议仍需 2/3 以上成员国的政府批准后才能正式生效。国家旅游局局长邵琪伟表示，希望世界旅游组织积极督促各成员国政府尽快履行相关手续，促使修改后的章程尽快付诸实施。

(资料来源：http://news.sina.com.cn/c/2007-12-01/200114429633.shtml.)

2. 太平洋亚洲旅游协会

太平洋亚洲旅游协会(Pacific Asia Travel Association，PATA)是具有广泛代表性和影响力的区域民间国际旅游组织，于 1951 年 1 月在夏威夷成立。原名“太平洋临时旅游协会”，1953 年 3 月改为“太平洋旅游地区协会”，1986 年 4 月在马来西亚召开的第 35 届会议上改为现名，总部设在美国旧金山。

太平洋亚洲旅游协会的宗旨和任务是拟定措施，宣传和促进发展本协会会员国的旅游业，加强会员国之间的旅游业务联系，召开国际会议，交流经验，协调旅游和运输部门的工作，在组织广告、确定规划和完善旅游企业及服务行业管理方面，对本协会会员国给予实际援助，开展统计和研究工作，分析和研究市场行情，促进合作，简化各种旅游手续，发展本地区国家间的业务和文化联系。

太平洋亚洲旅游协会每年召开一次年会，讨论和修订协会的工作和长期计划。协会下设有 4 个常务委员会，即管理工作常委会、市场营销常委会、开发工作常委会和调研工作常委会。协会还设有一出版处，出版发行各种旅游教科书、研究报告、宣传资料、旅游指南及多种期刊，其中主要期刊为《太平洋旅游新闻》。为加强各地区联系，提高工作效率，该协会在亚洲(新加坡)、太平洋地区(悉尼)、欧洲(摩纳哥)、美洲(旧金山)均设立了办事处。

在 20 世纪 90 年代中期，该协会有 37 名正式官方会员，44 名联系官方会员，60 名航空公司会员，以及 2 000 多名财团、企业会员。我国国家旅游局于 1993 年 3 月正式成为其官方会员，同年 9 月，北京、上海及广东省旅游局和中国国际航空股价有限公司、中国国际旅行社总社有限公司等 15 个单位，经国家旅游局推荐，也分别加入该协会成为其联系官方会员、航空公司会员或企业会员。该协会还在全球 38 个国家和地区设有 77 个分会。中国分会于 1994 年 1 月正式成立，它同时也是该协会会员。

3. 世界旅游及旅行理事会

世界旅游及旅行理事会(World Travel and Tourism Council，WTTC)成立于 1990 年，由世界上 100 家最著名旅游相关企业的总裁、董事长和首席执行官组成，成员范围涉及住宿业、游船业、娱乐业、交通运输业及其他与旅游业相关的行业。

世界旅游及旅行理事会是当今世界上代表旅游业中私营力量的唯一全球性团体，会址设在英国的伦敦。该团体的领导机构是由 19 个成员所组成的执行委员会，该委员会每年召开两次会议，并向所有成员参加的年会进行报告。该执行委员会的日常工作由理事长率领为数不多的职员在伦敦进行。

世界旅游及旅行理事会的使命是，促进人们认识旅游的经济贡献和社会贡献，并通过发展与世界各国政府的合作，帮助各国政府制定相应的政策，以挖掘旅游业创造就业和增加经济收益的潜力。世界旅游及旅行理事会认为，在发展旅游业方面，所有利益相关者之间的关系都是一种合作伙伴关系，因此，在满足企业需要的同时，也要满足国家经济、地方政府及当地社会的需要。为此世界旅游及旅行理事会认为，实现这一结果的基础条件是：①政府将旅游业置于优先发展的地位；②企业需要在追求经济利益与维护社会、文化和环境之间取得平衡；③所有利益相关者共同追求长期的发展与繁荣。

世界旅游及旅行理事会开展的活动可归纳为以下几大主题。

1) 全球性活动

世界旅游及旅行理事会致力于应对影响全球旅游业发展的各种挑战与机遇。该理事会常常代表旅游业介于有关国家或地区的政府开展对话；积极宣传有关国家、地区及私营部门在旅游管理方面的成功经验。

2) 地区性活动

在那些虽有很大的旅游发展潜力，但由于缺乏规划或缺乏财力而难以实现旅游开发的国家和地区，世界旅游及旅行理事会往往会设置地区性组织。这些组织的目标是，通过与该地政府、有影响力的民间力量，以及与其他地区的世界旅游及旅行理事会成员开展合作，将世界旅游及旅行理事会的使命转化为行动，找出并消除阻碍旅游发展的因素。

3) 经济研究

世界旅游及旅行理事会近年来委托牛津经济研究院做了大量的研究，旨在确切地了解旅游业的总体规模及其对世界、地区和国家经济的贡献。这些研究结果显示：旅游业已是当今世界上最大的产业；旅游业的发展速度超过多数其他产业，而且这种强劲增长的态势仍会继续。世界旅游及旅行理事会在世界旅游组织的赞助下已经开发出了国际标准的旅游卫星账户(tourism satellite account，TSA)系统。总之，在增强人们对旅游经济的重要性的认识方面，世界旅游及旅行理事会所做的工作比任何其他组织都要多。

近年来，世界旅游及旅行理事会一直在发展与我国的关系，并于2010年在北京举办了世界旅游及旅行理事会第十届大会。

7.2 国家旅游组织

在旅游迅猛发展的过程中，世界各国都成立了国家旅游组织。最为常见的组织形式是国家旅游行政管理机构，专门负责实施政府对旅游业管理的基本职能，发挥国家宏观管理、控制、协调和国家对外宣传、促销的作用。随着各国旅游业的发展，这些职能和作用始终处于动态变化和不断演进之中。成立于1901年的新西兰国家旅游局是全球最早的国家旅游组织。第二次世界大战之后，特别是20世纪60年代以来，许多国家相继成立了国家旅游管理机构。据不完全统计，目前全球至少有175个国家都设有国家旅游管理机构，各个国家旅游管理机构设立的海外旅游办事处有500～700个。它们成为政府介入旅游业管理的主要载体和各方面普遍关注的一个重要领域。由于各国旅游业发展的状况不同，国家的政体不同，政府对旅游业发展的需求和目标不同，国家社会经济发展程度不同，旅游资源和环境不同等原因，世界各国的国家旅游组织具有多种多样的模式、名称、机构、等级和职能，但总体上可以分为两大类：一类是国家旅游行政管理组织(National Tourism Administration，NTA)；另一类是国家旅游促销组织(National Tourism Organization，NTO)。从历史上各国旅游业的发展情况来看，政府最初介入旅游业主要是从旅游政策制定和旅游市场促销两项职能开始的。这两项职能统一由国家旅游主管部门行使，组织类型也相对统一。随着时间的推移，政府的旅游管理职能不断地细化，两项职能逐渐分离。越来越多的国家出现了各司其职的两种类型的旅游组织，即国家旅游行政管理组织和国家旅游促销组织。

7.2.1 国家旅游行政管理组织

根据世界旅游组织的定义，国家旅游行政管理组织是指在国家最高层次上，承担旅游行政管理职能的中央政府机构或国家政府内有权直接干预旅游部门的政府管理机构。其他一些地位相对较低的旅游行政管理机构，可通过与最高层政府机构的合作或完成独立自治，成为国家旅游行政管理组织的执行机构。这其中也包括了在法律和经济上与国家旅游行政管理组织有联系的中央一级的组织机构。国家旅游行政管理组织因国情不同而模式不同，主要有如下几种类型。

1. 最高级的国家旅游政策与协调机构

在一些国家中并没有设立独立的或与其他部门合并的旅游行政管理部门，或者是在已经设立了国家独立的旅游行政管理部门的情况下，均设立了全国最高级的旅游政策与协调机构。这样的机构一般由国家政府首长或副职牵头，由与旅游业发展相关的政府部门各代表参加，共同领导、协调和干预国家旅游业的发展事务。其主要职责是制定全国性的旅游法规、政策和长期规划，协调各部门关系，确立和引导旅游产业的发展方向，进行重大旅游问题决策。这类机构的名称通常为国家旅游事业委员会、国家旅游领导协调组等。例如，匈牙利是直属部长会议领导下的全国旅游事业管理委员会，泰国是总统府下设的旅游委员会，日本是总理府下设的观光对策联络会议等。由于旅游业的综合性、关联性、依赖性、多样性及行业界限的模糊性等特征，这样的国家高层旅游政策和协调机构对调动各方面的积极性，集中各方面的资源和力量，保证旅游业健康、持续发展起了积极的促进作用。我国在 20 世纪 90 年代之前，在旅游业发展的初级阶段，也建立了国务院旅游领导小组、国家旅游事业委员会，由国务院原副总理谷牧、陈慕华和国务委员钱其琛担任负责人。90 年代之后，随着中国旅游业发展的不断成熟，这样的高层机构的作用逐渐减弱，于 1993 年 7 月撤销，其职能由国家旅游局承担。

2. 部(局)级国家旅游行政管理机构

许多国家都建立了独立完整的正部级或副部级旅游行政管理机构，名称为国家旅游部或国家旅游局。它们在政府部门中的地位与其他部门相同，行使相同的政府权力，属于国家政府机构中不可缺少的组成部分，如埃及、牙买加、黎巴嫩、墨西哥、罗马尼亚、希腊、马耳他、菲律宾等国。我国的国家旅游局为国务院直属的副部级机构。

3. 混合型部(局)级国家旅游行政管理机构

许多国家没有设立独立完整的旅游行政管理机构，而是设立了与国家政府其他相关部门混合在一起的旅游行政管理机构。混合型的旅游行政管理机构有两种情况：一种是平行混合机构，即一个综合性的政府部门中有 2～3 个相关行业管理领域，其中也包括旅游行业管理领域。在这个综合部门中，负责几个行业管理领域的机构地位相等，并不是上下级行政隶属关系，而是在部首长和分管首长的领导下各司其职、各负其责。旅游行政管理机构在这个混合部门中也属于部(局)级或副部(局)级，如马来西亚文化艺术旅游局、意大利戏剧旅游部、澳大利亚旅游通信艺术部、印度尼西亚旅游邮电部、土耳其旅游与新闻部、肯尼亚旅游与野生动物保护部等。另一种是下设混合机构，即政府内阁中，在某些与旅游相关的部门内下设旅游行政管理机构，名称通常为旅游局、旅游司、旅游处等，其行政地位有些为副部级，有些为司局级。这些下设旅游行政管理机构归属这一综合部门首长的直接领导，如哥伦比亚经济部、荷兰经济事务部、英国国家遗产部、韩国交通部等，机构内部都下设了旅游行政管理部门。

国家旅游行政管理机构的职能主要表现为制定法规政策，制定旅游业中长期发展战略和规划，实施行业的宏观管理，提供旅游宣传信息，进行旅游统计和分析，对国家主要旅游产品进行设计和定级。

阅读资料 7-2

泰国的旅游行政组织

泰国最高层次的旅游管理机构是旅游管理委员会，它由内务部、交通部、外交部、国家经济和发展委员会、立法委员会的最高级官员和泰国航空公司总裁、泰国旅游局局长及行业工会领袖等人士组成，管理、协调和监督旅游局的工作。

泰国旅游局是旅游委员会领导下的旅游行政管理机构，其职责包括市场促销、投资引导、信息统计、教育培训、行业管理、景点开发、受理游客投诉等。泰国旅游局每年都要制定年度计划和发展战略，通过广泛的宣传，引导企业的投资方向和经营方式。同时，泰国旅游局对饭店、旅行社等企业进行严格的管理，保证了旅游行业的服务质量。

泰国的地方旅游机构由泰国旅游局直接设置，派驻人员并提供经费。

泰国旅游体制的突出特点是政府对旅游业实行集中有效的宏观管理，由国家设立 9 个大区办事处集中管理全国各地旅游业和旅游经济活动。大区办事处的行政级别相当于司局级，经费由国家拨款。其主要职能是协调与地方政府的关系，组织地方性的旅游开发项目和大型的旅游活动，制定地方性的市场规则并维护市场秩序等。由于大区办事处的工作促进了地方经济的发展，增加了地方税收，因此，地方政府总是极力协调大区办事处的工作，双方利益一致，管理有效而集中。

(资料来源：郭伟，王明霞. 旅游学概论[M]. 北京：中国旅游出版社，2009.)

7.2.2 国家旅游促销组织

随着国际旅游市场竞争的加剧，国家的对外促销被提到政府管理旅游业的重要议事日程上来。因此，近年来国家旅游组织职能和机构演变的一个重要趋势就是将国家对外旅游促销职能与国家对内的政策、法规、规划、开发、管理职能分离开来。在人员和机构设置上同时从国家旅游行政管理组织中独立出来，或新建一个独立的旅游促销部门。新建或独立后成为专门负责国家旅游促销事务的机构，通常被称为国家旅游促销组织，其定义是：国家建立或承认的、在国家层面上负责入境国际旅游促销，在某些情况下，也负责推广的公共的、准公共或私营性质的自治旅游机构。这类组织可分为三种性质，一是大多数仍为政府公共机构，二是公私合营的组织，三是少数受政府委托由民间组织或公司组织来代行政府对外促销职能的组织。

国家旅游促销组织的主要特点是：以政府名义组织专门的国家旅游对外促销活动，宣传国家的整体旅游形象，管理国家驻外旅游办事处工作；不负责国内旅游促销、政策法律制定、行业管理、资源规划与开发等工作，并且不直接对政府部门负旅游行政管理责任。

国家旅游促销组织的职能主要有：对国家旅游产品进行最广泛深入的展现；对国家旅游产品进行包装、开发和结构调整；对国家旅游形象进行设计和提升；建立国家旅游产品的分销渠道；在客源国、目的国和中间商之间建立密切的合作关系；直销和分发国家各类旅游宣传资料。

7.2.3 中国的国家旅游组织

国家旅游局是我国旅游行政管理机构，负责统一管理国际、国内旅游业务。各省、自治区和直辖市均成立旅游局，是地方旅游行政管理机构，受地方政府和旅游总局的双重领导，以地方政府为主，负责统一管理本地区的旅游工作。有 200 多个旅游重点发展的城市和地区，以及部分市级县，也都成立了旅游行政管理机构。

国家旅游局作为中国旅游业的主管行政机构，成立于 1964 年 12 月，当时称为中国旅行游览事业管理局，行使行政管理和业务经营双重职能。这一时期实行的是政企合一的体制，中国旅行游览事业管理局和中国国际旅行社总社是“两块牌子，一套人马”。

1978 年，中国旅行游览事业管理局改为直属国务院的中国旅行游览事业管理总局。1982 年，中国旅行游览事业管理总局作为全国旅游事业的行政机构，统一管理全国旅游工作，和中国国际旅行社总社实行政企分开，不再直接组团和承担接待任务。

1982 年 8 月，全国人民代表大会常务委员会做出《关于批准国务院直属机构改革实施方案的决议》，确定中国旅行游览事业管理总局更名为国家旅游局。1996 年初，为进一步推动改革的深化，国家旅游局完成了局机构设置的重新调整。

国家旅游局是国务院主管旅游业的直属机构，其主要职责如下：

(1) 统筹协调旅游业发展，制定发展政策、规划和标准，起草相关法律法规草案和规章并监督实施，指导地方旅游工作。

(2) 制定国内旅游、入境旅游和出境旅游的市场开发战略并组织实施，组织国家旅游整体形象的对外宣传和重大推广活动。指导我国驻外旅游办事机构的工作。

(3) 组织旅游资源的普查、规划、开发和相关保护工作。指导重点旅游区域、旅游目的地和旅游线路的规划开发，引导休闲度假。监测旅游经济运行，负责旅游统计及行业信息发布。协调和指导假日旅游和红色旅游工作。

(4) 承担规范旅游市场秩序、监督管理服务质量、维护旅游消费者和经营者合法权益的责任。规范旅游企业和从业人员的经营和服务行为。组织拟订旅游区、旅游设施、旅游服务、旅游产品等方面的标准并组织实施。负责旅游安全的综合协调和监督管理，指导应急救援工作。指导旅游行业精神文明建设和诚信体系建设，指导行业组织的业务工作。

(5) 推动旅游国际交流与合作，承担与国际旅游组织合作的相关事务。制定出国旅游和边境旅游政策并组织实施。依法审批外国在我国境内设立的旅游机构，审查外商投资旅行社市场准入资格，依法审批经营国际旅游业务的旅行社，审批出国(境)旅游、边境旅游。承担特种旅游的相关工作。

(6) 会同有关部门制定赴港澳台旅游政策并组织实施，指导对港澳台旅游市场推广工作。按规定承担内地居民赴港澳台旅游的有关事务，依法审批港澳台在内地设立的旅游机构，审查港澳台投资旅行社市场准入资格。

(7) 制定并组织实施旅游人才规划，指导旅游培训工作。会同有关部门制定旅游从业人员的职业资格标准和等级标准并指导实施。

(8) 承办国务院交办的其他事项。

根据上述职责，国家旅游局设 7 个内设机构(副司局级)：

(1) 办公室(综合协调司)。负责文电、会务、机要、档案等机关日常运转工作，承担信息、安全、保密、信访、政务公开和新闻宣传工作；承担旅游安全综合协调工作，指导旅游应急救援和保险工作；拟订假日旅游政策并组织实施。

(2) 政策法规司。承担相关法律法规草案的起草工作，拟订规章并监督实施；研究旅游经济运行中的重大问题，承担旅游体制改革的有关工作；承担机关有关规范性文件的合法性审核工作；承担旅游统计和国际旅游支出统计工作。

(3) 旅游促进与国际合作司。承担国内、国际旅游市场开发工作，组织开展重点旅游区域、目的地和线路的宣传推广工作；承担对外合作交流事务，推进中国公民出境旅游目的地的有序开放；承担外国在我国境内设立旅游机构的审批事宜；指导驻外旅游办事机构的业务工作。

(4) 规划财务司。拟订旅游发展规划并组织实施；承担旅游资源的普查工作；指导重点旅游区域、目的地和线路的规划、开发和保护；引导旅游业社会投资；承担机关财务、国有资产管理和内部审计工作；承担红色旅游有关工作。

(5) 监督管理司。监督管理旅游服务质量和市场秩序，指导旅游精神文明建设和诚信体系建设；承担旅游标准的有关工作，拟订各类旅游景区景点、度假区及旅游住宿、旅行社、车船的旅游设施和服务标准并组织实施；指导旅游行业组织的业务工作。

(6) 港澳台旅游事务司。拟订赴港澳台旅游政策并组织实施；开展对港澳台旅游市场推广工作；按规定承担赴港澳台旅游的有关事务；依法审批港澳台在内地设立的旅游机构；指导驻港澳台旅游办事机构的业务工作。

(7) 人事司。承担机关和直属单位的人事管理、机构编制工作；指导旅游培训工作；拟订旅游从业人员的职业资格标准、等级标准并指导实施；承担旅游人才援藏工作。

机关党委负责机关和在京直属单位的党群工作。

离退休干部办公室负责机关离退休干部工作，指导直属单位的离退休干部工作。

阅读资料 7—3

政府介入旅游发展的必要性

政府对旅游业发展进行介入和干预的原因很多，一般地讲，主要涉及以下几个方面。

(1) 旅游业构成的分散性，以及各企业出于自身利益而各行其是的自由性，使得有关各方在行动上不存在自动的协调。因而很多不协调问题只能经由某一权威的干预才有可能得到解决，而政府往往是最现实和有效的权威。

(2) 作为一个旅游目的地，一个国家或地区在旅游市场上以何种形象出现，以及如何建立和推广这一形象，并非私营企业或旅游企业力所能及，因而需要政府的参与和领导。

(3) 在保护消费者权益，以及防止不公平竞争等方面，政府有责任对旅游业加以管束。

(4) 基础设施及其他公共产品是一个旅游目的地总体旅游产品中的重要组成部分，而这些基础设施和公共产品都需要由政府提供，因而政府不可避免地要介入到旅游业中来。

(5) 为了社会安定，政府有必要规范社会行为。

(6) 出于保护环境和旅游资源及可持续发展的需要，政府有必要对旅游业进行干预。

(7) 很多国际间的旅游事务，必须由国家政府出面处理。

(资料来源：李天元．旅游学[M]．2版．北京：高等教育出版社，2006.)

7.3 行业旅游组织

行业旅游组织是旅游行业内部的、非官方的、由民间设置的、主要从事旅游行业之间沟通与协调工作的一种组织，是由有关的社团组织在平等自愿的基础上组织成立的各种行业协会。就其性质来说，旅游行业组织都属于非营利的社会组织，具有独立的社团法人资格，在所属行业范围内有较大的影响力。行业组织不同于行政组织可以由国家统一管理，它不带有行政指令性和法律性，它主要是由各行业协会来管理和工作的。

7.3.1 行业旅游组织的主要职能

行业旅游组织的主要职能如下：

(1) 作为行业代表，与政府机构或其他行业组织商谈有关事宜。

(2) 组织行业的交流活动，交换行业之间的信息。

(3) 调查和协调行业内部的关系。

(4) 阻止行业内部的不合理竞争，解决行业业务中的事务和问题。

(5) 建立行业标准和规范，并据此进行仲裁与调解。

(6) 推广新技术，进行行业间的技术指导。

(7) 统计行业数据。

(8) 预测行业未来的发展趋势。

(9) 组织行业专业研讨、培训和专业咨询服务。

(10) 开展联合推销和市场开拓活动等。

7.3.2 行业旅游组织的分类

1. 按地域划分

行业旅游组织按地域可以分为全球性旅游组织、世界区域性旅游组织、全国性旅游组织和国内区域旅游组织等。

2. 按会员性质划分

按会员性质，行业旅游组织可分为旅游交通机构或企业的行业组织、饭店与餐饮业组织、旅行社协会组织，以及由旅游专家和研究人员组成的旅游学会等。

7.3.3 世界性的行业旅游组织

目前，世界性的行业旅游组织主要有以下几个。

1. 世界旅行社协会联合会

世界旅行社协会联合会(Universal Federation of Travel Agents Association，UFTAA)是最大的国际性行业旅游组织。其前身是1919年在巴黎成立的欧洲旅行社和1964年在纽约成立的美洲旅行社，1966年10月由这两个组织合并组成，并于1966年11月22日在罗马正式成立。总部设在比利时的布鲁塞尔。

世界旅行社协会联合会的宗旨是：团结各国的旅行社协会和组织，协助他们解决会员之间的业务纠纷，负责国际政府间或非政府间旅游团体的谈判事宜，代表旅行社业同有关的旅游组织和企业建立联系和合作，尽一切努力给予他们职业的指导和技术的援助，保证旅行社业务最大限度地得到发展，并为旅行社业的利益服务，最大限度地维护这一行业的声誉。

世界旅行社协会联合会每年召开一次全体大会，全体大会是该联合会的最高权力机构，主要任务是交流经验、互通情报。理事会由选举或协商产生，主要负责处理日常的工作，处理那些不能拖延到下次理事会解决的问题。理事会下设总秘书处，由秘书长负责，具体执行理事会和执行委员会的决定。该会出版发行《世界旅行社协会联合会议使报》(月刊)。

该联合会自1974年以来一直与我国保持友好联系。1995年8月，中国旅游协会正式加入该组织。

2. 世界一流酒店组织

世界一流酒店组织(The Leading Hotels of the World，LHW)是世界性的一流酒店和订房组织，1928年在瑞士成立，创办时有近50家成员，总部设在纽约。

世界一流酒店组织的宗旨是：吸收世界上最佳的旅馆为成员，促进世界各地的一流酒店提高和保持其卓越地位、一流服务和优良的传统；每年召开一次年会，交流经验，相互学习，相互促进；组织成员之间可以相互介绍客人。

该组织设有股东会、执委会、国际顾委会等机构。主要是欧洲国家投股，委托美国管理集团进行管理。为方便客人预订房间，还在纽约、伦敦、法兰克福、中国香港、东京、新加坡、悉尼、里约热内卢等地设有18个办事处，各地的办事处通过地球卫星通信系统由电脑互联，能非常正确、及时地提供每个世界一流酒店里的客房信息，并能处理、确认宾客的预订。

该组织已有200多个成员。要申请作为“世界一流酒店组织”的成员，必须在位置、组织、管理、服务、烹饪、装饰和环境等方面都具备最佳条件和最高标准，要求设备先进，管理技术现代化，格调高雅、豪华、舒适及一流的服务水平，经过专门的严格检查和审定，提交执委会讨论通过，合格者才能被接纳为该组织的正式成员。我国广州白天鹅宾馆于1986年7月1日被接收为该组织成员，北京贵宾楼饭店和王府饭店也被接收为该组织的正式成员。

3．国际饭店协会

国际饭店协会(International Hotel Association，IHA)，是1947年3月成立的一个世界性饭店行业组织，总部设在法国巴黎。该协会早期受欧洲一些大饭店的控制，发展缓慢。随着世界旅游业发展，饭店集团开始发挥其主导作用，现正朝着全球饭店协会和国际饭店集团方向发展。

国际饭店协会的宗旨是：为了促进世界饭店业的迅猛发展，加速与国际有关组织的协调与合作，加强国际饭店业之间的联系与交流，研究全球饭店业的发展，共同参与饭店业的管理、国际金融结算、保险货币兑换、建立业务评估制度等活动，召开专业性座谈会和通报饭店业信息。

中国旅游饭店协会于1994年3月加入国际饭店协会，成为该组织的正式成员。

该协会每两年召开一次会员大会，商讨饭店业发展中的重大问题，修改和制定有关政策和行业规范，选举下届领导成员。该协会的主要刊物有：《国际旅馆和餐馆》(月刊)、《国际饭店评论》(季刊)、《国际饭店指南》、《旅行杂志》、《旅游机构指南》(年刊)等。

4．世界旅行社协会

世界旅行社协会(World Association of Travel Agencies，WATA)于1949年5月5日在瑞士成立，总部设在日内瓦。它是一个独立的旅行社集团，是由私人旅行社组织而成的世界性非营利组织。

该协会的宗旨是：将各国可靠的旅行社建成一个世界性的协作网络，通过提供有效的服务和信息，促进和保护会员的经济利益；建立会员间的业务联络，简化手续；建立有保障的收取业务代表费的机构；促进文献和广告活动的协调发展。目前，它有会员240多名，分布在全球100多个国家。协会帮助会员享有一定的优惠权，会员可凭交换证在世界任何地方为其顾客预订饭店和旅行社的服务项目。协会每年出版一本综合性的世界旅游指南《万能钥匙》，免费提供给各旅行社。该刊是一份提供最新信息的综合性刊物，主要刊登会员社提供的各种服务项目的价目表，还刊登各国旅行社提供的国家概况和饭店介绍等。

7.3.4 中国的旅游行业组织

我国的旅游行业组织主要有：中国旅游协会、中国旅游饭店业协会、中国旅游车船协会和中国国内旅游协会等。这些旅游行业组织由有关的旅游企业、与旅游业密切相关的业务部门，以及旅游科研部门和有关专家学者组成，在业务上接收国家旅游局的指导，均挂靠在国家旅游局。

我国旅游行业组织的宗旨是：传达贯彻政府对旅游全行业或某行业的方针政策，接受政府和旅游主管部门委托办理的事宜；代表本行业向政府有关主管部门反映会员的建议、意见、愿望和要求，从而在政府旅游主管部门和旅游企业之间发挥桥梁与纽带作用。同时，围绕加快发展具有中国特色的社会主义旅游事业，通过开展调查研究及咨询等活动，促进国家加强对旅游全行业管理，增强旅游企业活力，提高企业的接待服务水平，促进我国旅游企业向现代化、标准化、程序化迈进，为国内外旅游者提供最佳服务，以更好地适应国际、国内旅游事业发展的要求。

1. 中国旅游协会

中国旅游协会(China Tourism Association，CTA)，是由中国旅游行业的有关社团组织和企事业单位，在平等自愿基础上组成的全国综合性旅游行业协会，是我国第一个旅游全行业组织，具有独立的社团法人资格。它是1986年1月30日经国务院批准正式宣布成立的一个旅游全行业组织。1999年3月24日经中华人民共和国民政部(以下简称民政部)核准重新登记，会址设在北京。协会接受国家旅游局的领导及民政部的业务指导和监督管理。

1) 中国旅游协会的宗旨

中国旅游协会遵照国家的宪法、法律、法规和有关政策，代表和维护全行业的共同利益和会员的合法权益，开展活动，为会员服务，为行业服务，为政府服务，在政府与会员之间发挥桥梁和纽带作用，促进我国旅游业的持续、快速、健康发展。

2) 中国旅游协会的主要任务

(1) 对旅游发展战略、旅游管理体制、国内外旅游市场的发展态势等进行调研，向国家旅游行政主管部门提出意见和建议。

(2) 向业务主管部门反映会员的愿望和要求，向会员宣传政府的有关政策、法律、法规并协助贯彻执行。

(3) 组织会员订立行规行约并监督遵守，维护旅游市场秩序。

(4) 协助业务主管部门建立旅游信息网络，搞好质量管理工作，并接受委托，开展规划咨询、职工培训，组织技术交流，举办展览、抽样调查、安全检查，以及对旅游专业协会进行业务指导。

(5) 开展对外交流与合作。

(6) 编辑出版有关资料、刊物，传播旅游信息和研究成果。

(7) 承办业务主管部门委托的其他工作。

3) 中国旅游协会的组织机构

(1) 最高权力机构。中国旅游协会的最高权力机构是会员代表大会，每四年召开一次会议。理事会是会员代表大会的执行机构，由大会选举产生。理事会每届任期四年，每年召开一次会议。理事会闭会期间，由常务理事会行使其职权。常务理事会由理事会选举产生，每年召开两次会议，下设办公室作为办事机构，负责日常具体工作。

中国旅游协会现有理事163名，各省、自治区、直辖市和计划单列市、重点旅游城市的旅游管理部门、全国性旅游专业协会、大型旅游企业集团、旅游景区(点)、旅游院校、旅游科研与新闻出版单位，以及与旅游业紧密相关的行业社团都推选了理事。该协会的组成具有广泛代表性。

(2) 分会和专业委员会。中国旅游协会根据工作需要下设了旅游城市分会、旅游区(点)分会、旅游教育分会、妇女旅游委员会和旅游商品及装备专业委员会等五个分会和专业委员会，分别进行有关的专业活动。

(3) 专业协会。在中国旅游协会的指导下，成立了四个相对独立开展工作的专业协会：中国旅行社协会（China Association of Travel Services，CATS）、中国旅游饭店业协会（China Tourist Hotels Association，CTHA）、中国旅游车船协会(China Tourism Automobile & Cruise Association，CTACA）和中国旅游报刊协会（China Association of Tourism Journals，CATJ）。

(4) 协会的直属单位。中国旅游协会的直属单位有：中国旅游出版社、中国旅游报社、时尚杂志社、旅游信息中心和中国旅游管理干部学院。

4) 中国旅游协会的主要活动

中国旅游协会的主要活动是积极开展有关旅游体制改革、加强旅游行业管理、提高旅游经济效益和服务质量等方面的调研工作；支持地方建立旅游行业组织，以及提供咨询服务；与一些国家和地区的旅游行业机构建立友好关系，发展与国际民间旅游组织的联系与合作；编辑出版旅游书刊等。

5) 会员及协会的主要出版物

中国旅游协会的会员为团体会员。凡在旅游行业内具有一定影响的社会团体和企事业单位，以及与旅游业相关的其他行业组织等，均可申请入会。中国旅游协会的主要出版刊物有《中国旅游报》和《时尚杂志》。

2．中国旅行社协会

中国旅行社协会成立于 1997 年 10 月，是由中国境内的旅行社、各地区性旅行社协会或其他同类协会等单位，按照平等自愿的原则结成的全国旅行社行业的专业性协会，经民政部正式登记注册的全国性社团组织，具有独立的社团法人资格。协会接受国家旅游局的领导、民政部的监督管理和中国旅游协会的业务指导。

1) 中国旅行社协会的宗旨

中国旅行社协会遵守国家的宪法、法律、法规和有关政策，遵守社会道德风尚，代表和维护旅行社行业的共同利益和会员的合法利益，努力为会员服务，为行业服务，在政府和会员之间发挥桥梁和纽带作用，为中国旅行社行业的健康发展做出积极贡献。

2) 中国旅行社协会的主要任务

(1) 宣传贯彻国家旅游业的发展方针和旅行社行业的政策法规。

(2) 总结交流旅行社的工作经验，开展与旅行社行业相关的调研，为旅行社行业的发展提出积极并切实可行的建议。

(3) 向主管单位及有关单位反映会员的愿望和要求，为会员提供法律咨询服务，保护会员的共同利益，维护会员的合法权益。

(4) 制定行规行约，发挥行业自律作用，督促会员单位提高经营管理水平和接待服务质量，维护旅游行业的市场经营秩序。

(5) 加强会员之间的交流与合作，组织开展各项培训、学习、研讨、交流与考察等活动。

(6) 加强与行业内外的有关组织、社团的联系、协作与合作。

(7) 开展与海外旅行社协会及相关行业组织之间的交流与合作。

(8) 编印会刊和信息资料，为会员提供信息服务。

中国旅行社协会已成为旅游行政管理部门与旅行社之间的桥梁与纽带，成为推动行业自律的重要组织，成为在市场经济条件下旅行社利益的代表者和保护者。该协会具有规模大、代表性强的特点，在世界旅行社业中占有一定的地位。

3. 中国旅游饭店业协会

中国旅游饭店业协会成立于1986年2月，经民政部登记注册，具有独立法人资格，其主管单位为国家旅游局。

中国旅游饭店业协会是中国境内的饭店和地方饭店协会、饭店管理公司、旅游院校、饭店用品供应厂商等相关单位，按照平等自愿的原则结成的全国性的行业协会。

中国旅游饭店业协会的宗旨是：遵守国家法律法规，遵守社会道德风尚，代表中国旅游饭店业的共同利益，维护会员的合法权益，倡导诚信经营，引导行业自律，规范市场秩序。在主管单位的指导下，为会员服务，为行业服务，在政府与企业之间发挥桥梁和纽带作用，为促进中国旅游饭店业的健康发展做出积极贡献。

中国旅游饭店业协会会员中聚集了全国饭店业中知名度高、影响力大、服务规范、信誉良好的星级饭店，国际著名饭店集团在内地管理的饭店基本上都已成为该协会会员。

中国旅游饭店业协会共有会员2 669家、理事单位333家，其中常务理事单位123家。

中国旅游饭店业协会为会员服务体现在：通过对行业数据进行科学统计和分析；对行业发展现状和趋势做出判断和预测，引导和规范市场；组织饭店专业研讨、培训及考察；开展与海外相关协会的交流与合作；利用中国旅游饭店网和协会会刊《中国旅游饭店》向会员提供快捷资讯，为饭店提供专业咨询服务。

4. 中国旅游车船协会

中国旅游车船协会是由中国旅游车船运营企业、旅游车船及零部件生产企业、旅游车船租赁企业、旅游车船俱乐部企业、地方旅游车船协会、与旅游车船业务有关的其他组织，以及旅游车船行业资深管理人员和知名研究人员自愿结成的行业性、全国性、非营利性的社会组织，具有独立的社团法人资格。该协会前身是“中国旅游汽车理论研讨会”，成立于1988年1月，1989年1月召开第二届研讨会时，更名为“中国旅游汽车联合会”，1990年3月，召开了第一届会员大会，通过了新的协会章程和领导机构，正式定名为“中国旅游车船协会”，会址设在北京，有会员200余家。协会接受国家旅游局的领导、民政部的监督管理和中国旅游协会的业务指导。

1) 中国旅游车船协会的宗旨

中国旅游车船协会遵守国家的宪法、法律法规和有关政策，遵守社会道德风尚，广泛团结和联系旅游车船业界人士，代表并维护中国旅游车船行业的共同利益与会员的合法权益，在业务主管单位的指导下，努力为会员服务、为行业服务、为政府服务，在政府和会员之间发挥桥梁和纽带作用，为促进我国旅游车船行业的持续、快速、健康发展做出积极贡献。

2) 中国旅游车船协会的主要任务

(1) 向会员宣传政府的有关政策、法律法规并协助贯彻执行。

(2) 向政府反映会员的愿望和要求，并争取政策支持，保护会员的共同利益，维护会员的合法权益。

(3) 收集国内外旅游车船行业的基础资料，开展旅游车船行业规划、投资开发、市场动态等方面的调研，为政府决策和旅游车船行业发展提出建议，协助推动旅游车船行业内部相关方面的协调发展。

(4) 协助业务主管单位建立旅游车船经济信息网络，进行有关国内外的旅游车船市场信息、先进管理方式和应用技术的采集、分析和交流工作，开展旅游车船市场的调研和预测。

(5) 受业务主管单位委托，协助业务主管单位搞好旅游车船行业质量管理工作，参与相关法规和政策的研究制定，参与制定、修订旅游车船行业标准和行业发展规划、行业准入条件。经政府有关部门批准，参与和开展旅游车船行业资质认证工作，推动和督促会员提高服务质量。

(6) 开展行业自律，建立完善行业自律性管理约束机制，健全相关制度，协助业务主管单位制定并组织实施旅游车船行业职业道德准则，推动旅游车船行业诚信建设，规范旅游车船行业行为，维护旅游车船行业公平竞争的市场环境。

(7) 开展有关旅游车船业产品和服务质量的咨询服务，组织有关业务培训。经政府有关部门委托，根据市场和行业发展需要，举办展览会、交易会。组织旅游车船行业经验交流，推广新经验、新标准和科研成果的应用。

(8) 加强与国内外旅游车船行业有关组织、社团的交流、协调与业务合作。

(9) 依照有关规定，建立网站，编辑本团体刊物。

(10) 承办业务主管单位委托的其他工作。

该协会成员已由最初的23家发展到100多家。协会主要刊物为《中国旅游车船》杂志。

5. 中国旅游报刊协会

中国旅游报刊协会是由中国境内与旅游信息传播相关的报纸、期刊、大众传媒单位及相关单位报刊，按照平等自愿的原则组成的全国性行业专业协会，是非营利性的社会组织，具有独立的社团法人资格。

1) 中国旅游报刊协会的宗旨

中国旅游报刊协会遵守中华人民共和国的宪法和法律，遵守国家有关旅游和新闻的法规，遵守社会道德风尚，代表和维护会员的共同利益和合法权益，努力为会员服务，为政府服务，为行业服务，在政府部门和会员之间发挥桥梁和纽带作用，团结全国各类传播旅游信息的报刊和大众媒体，为促进旅游业持续、快速、健康发展做出积极贡献。

中国旅游报刊协会正式成立于1993年8月25日，会址设在北京。该协会接受国家旅游局的领导、民政部的监督管理和中国旅游协会的业务指导。

2) 中国旅游报刊协会的主要任务

(1) 维护旅游信息传播工作者的合法权益，向政府部门反映旅游信息传播工作者的意愿和要求，向会员宣传政府的有关法律、法规和政策。

(2) 搜集与旅游信息相关的基础资料并调研有关情况，向主管单位提出发展的建议，协助推动旅游信息传播工作的协调发展。

(3) 加强旅游报刊和传媒之间的联系和团结，总结交流有关经验，开展信息交流、专题调研、学术研讨、作品评奖、业务培训等活动，提高旅游信息服务的质量。

(4) 组织旅游信息传播工作者学习我国旅游业的方针政策，进行实地考察和现场采访，报道我国旅游业的发展和成就，宣扬我国旅游行业的先进典型，促进社会主义精神文明建设，积极参与纠正旅游行业不正之风。

(5) 协调会员关系，编辑信息资料，出版会刊，建立网站或网页，为会员提供信息、咨询服务。

(6) 提高大众传媒传播旅游信息的积极性，协助他们开展活动，不断扩大旅游信息服务的影响。

(7) 加强与有关组织、社团的联系与合作，开展同海外相关行业组织之间的交流与合作。

(8) 承办业务主管单位委托的其他工作。

该协会的最高权力机构是会员大会，每四年召开一次；理事会是会员大会的执行机构，在闭会期间领导本会开展日常工作，每年召开一次会议；常务理事会由理事会选举产生，对理事会负责，每年召开一次会议；秘书长在常务理事会领导下主持本会日常工作。该协会的会刊是《协会通讯》。

7.4　旅游标准化管理

7.4.1　旅游标准化的内涵

1．标准化的基本概念

标准化是在生产劳动的实践中产生的，对于“标准化”这个概念，半个多世纪以来，有不少人给它下定义，并不断地进行完善和发展。1991 年，国际标准化组织(International Organization for Standardization，ISO)在 ISO 指南 I-1991 中对“标准化”做了如下定义：为了在一定范围内获得最佳秩序，对实际的或潜在的问题制定共同的和重复使用的规则的活动。我国在 1996 年颁布的国家标准 GB 3935.1—1996《标准化和有关领域的通用术语 第 1 部分：基本术语》中对“标准化”的定义采用了 ISO 指南中“标准化”的含义。

上述定义的内涵包括如下几层含义。

(1) 标准化的对象，即需要进行标准化的实体。

(2) 标准化的领域，即一类相关标准化对象的群体。由于标准化对象可以存在于人类社会的各个领域，所以标准化的活动领域不再仅仅局限于科学技术领域，而是扩展到经济管理、社会管理的各个人类活动领域。

(3) 标准化的内容，即使标准化对象达到标准化状态的全部活动及其过程，包括制定、发布和实施标准。

(4) 标准化的本质，即统一，标准化就是用一个确定的标准将对象统一起来。

(5) 标准化的目的，即获得最佳秩序，以期获得最佳的社会和经济效益。

2．标准化分类与等级

随着科学技术的进步和社会生产日益现代化、国际化，标准的作用越来越被广泛地认识，标准已发展成为种类繁多的复杂体系。为了不同的目的，可从不同的角度对标准进行分类。

1) 按照标准发生作用的范围或标准审批发布权限分类

按照此种标准化分类，可以分为国家标准、行业标准、地方标准和企业标准四类。

国家标准：根据《中华人民共和国标准化法》(以下简称《标准化法》)规定，对需要在全国统一的技术要求，应当制定国家标准。

行业标准：对没有国家标准而又需要在全国某个行业范围内统一的技术要求，可以制定行业标准。

地方标准：在没有国家标准或行业标准的情况下，需要在某省、自治区、直辖市区域内统一的产品安全、卫生要求，可以制定地方标准。

企业标准：存在于两种情况，一是在没有国家标准或行业标准的情况下，企业要制定企业标准，作为组织生产的依据；二是在已有国家标准或行业标准的情况下，国家鼓励制定严于国家标准或行业标准的企业标准，作为企业的内控标准，在企业内实施。

2) 按照标准生产的约束力分类

按照标准生产的约束力，国家标准和行业标准又可分为强制性标准和推荐性标准.

强制性标准：法律法规规定强制执行的标准，它是技术法规。

推荐性标准：国家鼓励采用的标准。

3) 按照标准的性质分类

按照标准的性质，可分为技术标准、管理标准和工作标准三类。

技术标准：对标准化领域中需要协调同意的技术特征加以规定所制定的标准。

管理标准：管理机构为行使管理职能而制定的具有特定管理功能的标准。

工作标准：对标准领域中需要协调统一的各类工作人员工作事项所制定的标准。

总之，标准是对重复性的概念和事物所做的统一的规定，以在一定范围内追求有序为目的。标准化是为了科学规范社会化的行为，一个行业的行业标准的完善程度、先进程度及标准化工作的开展程度，也是衡量这个行业是否成熟、是否先进的重要标志之一。

根据旅游业的自身产业特点和行业发展的需要，我国旅游业标准体系将是建立在以国家标准、行业标准为支柱，企业标准为基础，推荐性标准为主导，管理标准为重点，服务质量标准为主体，多层次、多方面的服务标准体系。

3．旅游标准化的内涵

旅游标准化是对旅游行业的生产、经营、服务、管理等活动中的重复性事物和概念，通过制定标准，贯彻实施标准和对标准实施情况的监督检查，以求得全行业的最佳秩序和经济社会效益，促进全行业高效、健康、有序地发展。由于标准化的对象是社会经济活动中重复性事物和概念，因此，旅游标准化的对象也只能是旅游服务和管理领域中的具有重复性的事物和概念，它应当包括旅游业食、住、行、游、购、娱六大要素各个环节中，带有普遍性和重复性的事物和概念。

旅游标准化工作的根本目的就是通过制定标准、实施标准和对标准实施情况的监督检查，加强管理，规范市场，提高质量，增进效益，促进旅游业全面发展。

旅游标准化的内容是制定标准、实施标准和对标准实施的监督检查。所以，旅游标准化的基本内容也就是组织制定和实施旅游业国家标准和行业标准，指导旅游企业制定和实施企业标准，并对国家标准和行业标准的实施情况进行跟踪、督促。

7.4.2 旅游标准化的性质与特点

1. 旅游标准化的性质

按照《标准化法》的规定，只有涉及人体健康和人身安全的标准，才是强制性的标准，其他标准都是推荐性标准。按照这个要求，旅游业的国家标准和行业标准基本上都是推荐性标准。我国旅游行业已经正式实施的所有国家标准和行业标准，也都是以推荐性标准的形式发布。

2. 旅游标准化的特点

(1) 旅游标准化工作属于服务标准化范畴，主要对象是对服务质量的标准化。由于旅游业是服务性行业，旅游标准化属于服务标准化范畴，并成为服务标准化的重要组成部分。旅游标准化对象既有硬件的服务设施设备，又有软件的服务项目、服务技能、服务态度等服务质量，但多数是软件。

服务质量的高低直接决定着旅游者对所购买产品的满意程度，作为质量管理重要途径的旅游标准化工作，主要任务就是制定满足旅游者服务需求的旅游服务质量标准化，所以服务质量成为旅游标准的主要对象。

旅游者对服务的需求是千差万别、十分复杂的，具有相对独立性，因人因地而异，且与经济能力、生活习惯、文化程度、健康状况等因素相关。一般而言，旅游者的服务需求可大致分为六个方向，即功能性、经济性、时间性、舒适性、文明性和安全性。相应地，旅游服务质量应当包括六个方面的内容，即服务项目、服务价格、服务效率、服务技能、服务态度和服务的安全性，这六个方面构成旅游服务质量的完整意义，缺一不可。

由于旅游服务过程中常常是面对面的服务，服务提供和服务消费的同时性、服务活动的不可储存性和服务结果的不可事后弥补性，决定了服务质量有着自身的特点。因此，在旅游行业标准制定过程中常常采取“规范服务项目、控制服务过程质量、规定服务结果、要求人员素质”等来全面规范每一项旅游服务活动。

(2) 旅游行业标准制定最重要的原则是追求行业进步和与国际接轨。由于旅游标准化工作的根本目的在于通过标准化手段，促进旅游企业进步，旅游行业发展，并使我国旅游业的各个方面逐步与国际接轨。旅游行业标准首先要反映当今社会科技发展水平和海内外先进的管理经验，反映旅游业发展趋势，提高旅游服务整体水平。

(3) 旅游标准化工作的根本出发点是维护旅游消费者的合法权益。旅游标准化工作的根本出发点就是从旅游市场的实际需求出发，本着维护旅游者的合法权益的原则，加强管理，提高全行业的服务质量。满足旅游者的要求，满足市场的需求，是旅游标准化工作的立足之本，也是旅游标准化工作的生命力所在。站在旅游者的角度来制定标准，引导旅游企业实施标准，是旅游标准化工作的优势。

7.4.3 旅游标准化建设的意义

1. 旅游标准化可以减少质量信息在供求双方的不对称

旅游产品的基本特征之一就是旅游者只有到了旅游目的地才可能完成消费过程。因此，旅游者总是在行动前就对旅游项目和服务质量有相当的预期。而只有当旅游服务实施标准化以后，旅游者才能够通过“星级”、“特许”之类的外在标志，以及有关国家标准、行业标准和企业标准来对将要消费的旅游产品的质量进行有依据的预期。

2. 旅游标准化可以激励旅游企业之间从价格竞争转向更高层次的非价格竞争

标准化意味着旅游产品之间差异性的减少，而无差异又是完全竞争市场赖以形成的必要前提。这样旅游企业只有通过服务、管理创新来赢得市场，从原来的价格竞争转向更高层次的非价格竞争。

3. 旅游标准化可以促进产业结构的优化升级

旅游标准化的必然结果是服务价格下降，使得越来越多的旅游者可以消费高质量的可预期的旅游产品与服务；同时，由于旅游产品趋于无差别化和行业利润趋于平均化，也为旅游服务个性化的发展提供了最为直接的推动力，使之能依靠个性化服务来抗衡压力。可见，规范化是基础，个性化是关键。正是在这种变化下，进而推动了产业结构的优化升级。

4. 旅游标准化可以降低人力资源成本

随着工业化进程的加快和人力资源价值的上升，包括旅游业在内的人力资源成本也会相应提高。而与标准化相适应的程序化培训方式，则会有效地降低旅游人力资源的培训成本，有效地拓展利润空间，有利于利润目标的实现。

7.4.4 中国旅游标准化发展现状

1987 年我国首次颁布实施涉外旅游星级饭店评定标准，标志着中国旅游业标准化建设的开始。由于各级政府和旅游行政管理部门高度重视，以及广大旅游企业的积极参与，20 多年来，旅游标准化工作呈现出快速、高效、持续发展的势头。主要表现在以下几个方面。

1. 旅游标准化组织逐步建立

我国已经于 1995 年率先在国际上成立了第一个国家级旅游标准化专业机构——全国旅游标准化技术委员会。全国旅游标准化技术委员会是国家从事旅游行业标准化工作的技术组织，负责旅游行业标准技术归口和标准解释工作。其主要任务是向国家旅游局和国家质量监督检验检疫总局提出全国旅游标准化工作的政策建议，协助国家旅游局组织全国旅游行业标准的制定、修订、审查和复审工作。作为全行业的标准化技术组织，该委员会由30名专家组成，集中了旅游管理部门、旅游企业、科学科研机构等方面的专家，对旅游标准体系的建立和标准的制定修订，提供技术依据，并对其中的技术内容负责。同时，由于旅游标准化工作涉及部门多、工作跨度大，全国旅游标准化技术委员会聘请了交通、民航、文化、建设、铁道、公安等与旅游相关部门的代表参加，协调标准制定过程中的有关问题。目前，国家旅游局在旅行社饭店管理司设立价格与标准化处，归口管理旅游标准化工作。部分省、自治区、直辖市旅游行政管理部门也根据工作需要成立了相应的旅游标准化组织和研究机构，为有效推进我国旅游标准化工作发挥了积极作用。

2. 旅游标准体系初步建立

全国旅游标准化技术委员会秘书处于2000年11月颁布了《旅游业标准体系表》(表7-1)，初步构筑了以旅游业诸要素为基础的旅游标准体系框架，为旅游业的进一步发展建立了科学、规范的技术支撑。截至2008年年底，我国已经发布的旅游标准有18个，是世界上制定和颁布旅游标准最多的国家。其中国家标准11个，行业标准7个。此外，地方政府及旅游行政主管部门对旅游标准化工作的重视程度和支持程度不断增强，旅游企事业单位自主或参与制定标准的积极性不断提高，地方制定旅游标准的速度不断加快。据初步统计，目前我国已经颁布的地方旅游标准已达100多项。

表7-1　中国旅游业标准体系表

部门	数量	标准名称	
食	2	旅游定点餐馆设施	旅游团队餐的质量标准
住	6	旅游饭店星级评定	旅游公寓星级评定
		旅游度假设施与服务规范	饭店客用品质量与配备
		旅游饭店计算机管理系统建设规范	青年旅馆网络建设规范
行	7	内河游船星级评定	海上游轮星级评定
		游览船星级评定	旅游汽车服务质量
		旅游客车星级评定	旅游汽车公司资质等级评定
		旅游船服务质量	
游	18	旅游索道设施安全	滑雪场等级划分评定
		导游服务质量	旅游区(点)质量等级评定
		出境旅游服务质量规范(包括边境旅游服务规范)	旅游服务质量规范
		旅行社资质等级评定	旅行社门市服务质量规范
		入境旅游服务质量规范	生态旅游产品
		旅游游览点讲解服务质量规范	工业旅游产品
		专项旅游产品	特种旅游产品
		农业旅游产品	旅游资源分类与评价
		修学旅游产品	分时度假操作规范

续表

部门	数量	标准名称	
购	2	定点购物场所设施与服务标准	旅游商品质量标准
娱	2	定点娱乐场所设施	游乐园安全服务质量
综合	18	旅行社组团运作规范	旅游标准化工作导则
		旅游服务基础术语	旅游公共信息图形符号
		旅游规划通则	旅游信息网站建设规范
		旅游电子商务业务规范	旅游咨询中心设施与服务标准
		旅游厕所设施规范	旅游安全管理规范
		旅游服务质量认证体系	旅游者损害赔偿标准
		旅游服务质量争议受理程序	旅游行业标准化工作导则
		饭店职业英语标准	楼宇清洁卫生标准
		景区环境质量标准	创优城市检查标准

3．旅游标准化工作稳步推进

国家旅游局颁布实施了《旅游标准化工作管理暂行办法》等规定，逐步规范了旅游标准化工作。对旅游标准实行了年度立项计划申报制度，与国家标准化管理委员会年度立项计划工作实现了有效对接。初步建立并形成了从旅游标准的立项、制定、颁布到贯彻实施等系列旅游标准化工作推进模式。目前，旅游业已被国家标准化管理委员会列为国家服务业标准体系的重点领域。

4．联合世界旅游组织，制定具有国际水平的旅游标准

从 1995 年开始，国家旅游局以优化城市旅游环境、提升城市旅游功能、促进城市现代化和国际化为目标，积极倡导和推动在全国范围内开展创建“中国优秀旅游城市”活动，10 多年来，“创优”工作取得了丰硕成果。为了借助联合国世界旅游组织在全球旅游界的影响力，建立“中国最佳旅游城市”这一平台，打造具有国际影响力的旅游品牌，提升中国旅游业的国际形象，推动中国旅游业更有效地参与国际旅游市场竞争力，国家旅游局和世界旅游组织于 2001 年启动了“中国最佳旅游城市”标准项目的研究。充分借鉴国际上评价城市旅游业的先进理念、建设国际一流旅游城市的先进经验，并结合我国城市发展的特点，提出了“中国最佳旅游城市”的基本标准和创建指南，并于 2006 年在成都、杭州、大连三个城市共同进行了“创佳”试点工作。其间，联合国世界旅游组织派出专家和国家旅游局一起对有关评定标准进行了研究和测评，最终于 2007 年 2 月 8 日，国家旅游局和世界旅游组织一起为三个城市授予了“中国最佳旅游城市”标牌，当时的吴仪副总理亲自参加了标牌颁发仪式。此项目为世界旅游组织首次与我国政府共同参与的联合活动项目，也为我国制定的最佳旅游城市标准走向世界创造了良好的条件。

阅读资料 7-4

中国旅游主题年与旅游形象宣传

中国对外旅游宣传在 20 世纪 90 年代之前一直没有形成体系。自 1992 年的“中国友好

观光年”开启了全国“旅游主题年”的序幕之后，国家旅游局每年都会确定一个宣传推广的主题，集中开展宣传促销和产品推广活动。每年的主题口号，既有相同的核心又有不同的侧面，勾勒出旅游对于百姓、对于产业、对于国家的意义和价值。

旅游主题年在一定程度上对国家形象宣传起到了序曲性的作用。按国际标准，中国国家形象宣传一直到 2008 年奥运会前期，以及 2010 年国家形象片在美国播放才正式展开。而历年的旅游主题涵盖了从自然到人文、从城市到乡村、从生态环境到红色旅游、从体育到烹饪等内容。通过主题年连续性、多层面的系列宣传，我国丰富多彩的旅游产品形象得到全面展现，境外游客也从这些简洁鲜明的主题词，以及随后的实地游览观光中，加深了对中国的了解与认识。可以说，旅游主题年的宣传在很长时间内发挥了国家形象宣传序曲性的作用。正如中共中央宣传部对外宣传局曾总结的那样，“旅游宣传工作是整个对外宣传工作中最活跃、最有生气和最有成效的一部分”。

旅游主题年在协同中央与地方、政府与企业宣传，推动我国整体旅游形象塑造方面发挥了重要作用。在国家旅游局主导下，各级政府和各个部门大力配合，加之旅游企业的积极响应，实施旅游主题年成为统筹全国整体旅游形象宣传的抓手。例如，2011 年提出“中华文化游”主题之后，文化旅游成为全国各地旅游发展的重点，也成为旅游企业产品创新最受关注的领域。安徽省打造了“山川如画、岁月如歌、乡音如曲、心静如水、风情如故、田园如诗”6 条文化旅游线路，贵州省推出原生态少数民族文化为主题的“贵州旅游文化”系列活动等。

1992 年我国的旅游宣传口号是“中国友好观光年”，我国第一次整合国内旅游资源综合对外宣传促销，取得了旅游交易会的圆满成功。这一年中国向世界推出了著名的 14 条线路，即长城之旅、黄河之旅、长江三峡游、奇山异水游、丝绸之路游、冰雪风光游、寻根朝敬之旅、青少年修学旅行、新婚蜜月旅行、保健旅游、烹饪王国游、西南少数民族风情游、江南水乡游、佛教四大名山朝圣游。

1993 年推出“中国山水风光游”，这一年不仅凸显 1992 年推出的线路，还着重针对亚洲市场把我国绚丽多彩的自然风光分成五大片，每片自然风光都有宣传的重点。例如，黄山、桂林、拉萨、黄果树和长白山成为“中国山水风光游”的著名景点。

1994 年国家旅游局和国家文物局联合推出“中国文物古迹游”。为了配合这次的“文物古迹的”主题，国家旅游局新制定了 14 条文物古迹线路，分别是孔子周游列国线、秦始皇东巡线、三国战略线、成吉思汗转战线、唐僧取经线、鉴真东渡线、文成公主进藏线、唐诗词碑记线、马可波罗游线、徐霞客旅游线、李自成进京线、乾隆皇帝南巡线、穆斯林古迹线、末代皇帝出京线。同年我国的旅游业发展也取得了不凡的成绩。

1995 年“中国民俗风情游”。继国家宣传观光旅游资源和文物古迹旅游资源之后，让世界认识中国丰富多彩的少数民族。这一年中国的旅游接待获得非凡的成绩，接待国外游客比 1994 年翻了一番，旅游收入由 1990 年的 22.2 亿美元增加到了 87.3 亿美元。

1996 年“中国度假休闲游”。国家旅游局为了顺应国际旅游市场的发展要求，审时度势地向世人展现“三亚亚龙湾、大连金石滩、无锡太湖、北海银滩及青岛、苏州、岳阳”度假旅游资源。

1997 年“中国旅游年”这一年香港回归，国人和世人都充满了期待，此时“游中国，全新的感觉”最能表达人们的心情。

1998年“中国华夏城乡游”。“吃农家饭、住农家屋、做农家活、看农家景”成为农村农业新的发展模式，休闲农业旅游成为我国旅游业新的发展。

1999年“中国生态环境游”。1999年世博会在中国昆明召开，世博会的主题“人与自然——迈向21世纪”。为了顺应世博会的主题，国家旅游局与多部门、多个科研机构合作主办“中国环境生态游”。

2000年是千禧年，“中国神州世纪游”最能体现中国几千年的渊源文明及国人对新世界的展望。

2001年“中国体育健身游”。国家旅游局继续完善旅游活动的各环节，强调旅游者的参与性。本年度着重滑雪旅游，中国东北、西南的著名滑雪场旅游交通、住宿已经完善，在世界同类旅游资源中开始崭露头角了。

2002年“中国民间艺术游”。民间艺术不仅为国人喜闻乐见，也受到世界各国人民的青睐。旅游资源与民间艺术巧妙地结合起来。

2003年“中国烹饪王国游”。中国饮食文化博大精深，“食”不仅仅是旅游的一个环节，也可以是吸引游客的旅游资源。

2004年“中国百姓生活游”，将旅游资源扩展到老百姓的生活中。

2005年“中国红色旅游年”，旅游资源延伸到革命根据地或革命纪念馆。

2006年“中国乡村游”，旅游业发展到扶持当地经济上。

2007年“中国和谐城乡游”。本年度旅游口号与当时的社会发展局面协调一致，展现中国大江南北欢乐祥和的盛世景象。

2008年中国举办奥运会，旅游主题围绕“北京奥运，相约中国”的“中国奥运旅游年”。

2009年“中国生态旅游年”。人与自然和谐相处成为世界的主旋律，生态旅游已经被国内外游客普遍接受，并成为时尚的旅游吸引力因素。

2010年“中国世博旅游年”，即“相约世博，精彩中国”与上海世博会联系紧密。

2011年“中华文化游”，标语为“游中华，品文化”，提高了旅游资源的品味和旅游的深度。

2012年“中国欢乐健康游”，进一步深化旅游文化内涵，倡导旅游的康体益智，增长知识，丰富阅历的旅游方式。

2013年“中国海洋旅游年”，“游览海洋，体验中国”。旅游资源发展到海洋，同时与中国目前的形式发展不谋而合。

7.4.5 加强旅游标准化建设的基本思路与对策

1. 旅游标准化建设发展思路

随着经济全球化进程的不断加快，旅游业发展的环境已发生了很大改变。旅游业的内涵和外延已越来越丰富，成为一种综合性的经济形态。加强旅游标准化建设应坚持以下5个基本思路。

(1) 要研究旅游经济增长方式转变的有效途径。要重点研究推广环境保护型的旅游开发模式；研究推广资源节约型的旅游经营模式；研究倡导环境友好型的旅游消费模式，并纳入到旅游标准化建设规划之中。

(2) 要研究如何提高旅游企业在管理、信誉、品牌、服务、理论建设等方面的“软实力”。应当借鉴国外同行业的经验，探索建立并发展旅游业自身的认证体系，包括旅游质量认证体系、旅游服务认证体系、旅游职业经理人认证体系等。

(3) 要突破标准制定的思维方式，逐步实现与国际惯例接轨。国际通行的惯例是在国家帮助下，企业标准制定得越详细越好，行业标准则略微详细一些，而国家标准只是“搭个框架”而已。所以，要尝试探索制定高于国家标准和行业标准的地方标准，积极采用国际标准或国外先进标准。

(4) 要全面构筑旅游标准化体系。既要构筑覆盖旅游服务基础标准、服务质量标准、服务资质标准、服务信息标准、服务安全标准、服务卫生标准、服务环境保护标准、保护旅游消费者权益标准的八大体系标准，实现旅游技术标准与服务标准的良性互动。

(5) 要研究旅游标准化建设与旅游服务个性化相结合的有效途径。旅游服务产品的生产、销售和消费在时空上具有一致性，所以如何为旅游者提供优质服务是关键。因此，要研究旅游标准化与个性化的关系，探索两者有效结合的途径，切实体现标准化服务是基础，个性化服务是关键。

2. 促进旅游标准化发展的对策

促进旅游标准化的发展，要考虑实施以下发展对策。

1) 加快标准制定

要围绕“食、住、行、游、购、娱”六大旅游要素，重点研究制定具有各地旅游特色的地方标准，构建较为完善的旅游标准体系，实现旅游业全程标准化。要在各省旅游标准化技术委员会的指导下，负责各专业标准的制定、实施和监督等工作。为此，有必要成立标准制定的管理机构。

2) 构筑标准体系

按照《旅游业标准体系表》，旅游业每一要素形成一个主导性标准，然后制定其他配套的辅助性标准和实施规则，从而构筑旅游业每一要素的标准体系，再将各要素综合，形成旅游业的总体标准体系。同时，把城市建设和发展的总体规划和部署，与旅游标准化示范市的建设紧密结合，相互促进，同步发展。

3) 加速标准推广

要围绕“食、住、行、游、购、娱”六大要素，各选择一两家基础好、有影响力的重点旅游企业，开展旅游服务标准化试点工作。然后全面推广和实施旅游标准，指导企业建立标准体系、实施标准化管理，通过以点带面推进旅游标准化的普及。

4) 加强标准培训和认证

凡是省旅游标准化委员会和各专业委员会组织制定的所有旅游领域的标准经批准实施后，都要加强相关领域标准的培训工作，并通过考试获得从业企业的认证和员工执业的认证。

5) 实施达标评定

要将推广标准、应用标准和合格评定结合起来，标准是手段，达标评定是手段实现的过程。达标评定可以验证这些标准是否得到实现，验证旅游服务质量是否达到标准要求，因而是旅游标准化工作必不可少的环节。强化达标评定，标准才能得到迅速推广和真正贯彻实施。

本章小结

旅游组织是旅游业的重要组成部分，其在旅游业中起着重要的组织、管理、协调、监督等作用。国家旅游组织是一个国家中为政府所承认，负责管理全国旅游事务的组织；国际旅游组织是指其成员来自多个国家并为多国利益工作和服务的全面性旅游组织。在国际上，主要的旅游组织有世界旅游组织、太平洋亚洲旅行协会、国际航空运输协会等；行业旅游组织是旅游行业内部的、非官方的、由民间设置的、主要从事旅游行业之间沟通与协调工作的一种组织，是由有关的社团组织在平等自愿的基础上组织成立的各种行业协会。行业组织不同于行政组织可以由国家统一管理，它不带有行政指令性和法律性，它主要是由各行业协会来管理和工作的。

旅游标准化是对旅游行业的生产、经营、服务、管理等活动中的重复性事物和概念，通过制定标准，贯彻实施标准和对标准实施情况的监督检查，以求得全行业的最佳秩序和经济社会效益，促进全行业高效、健康、有序地发展。旅游标准化工作的根本目的就是通过制定标准、实施标准和对标准实施情况的监督检查，加强管理，规范市场，提高质量，增进效益，促进旅游业全面发展。

关键词及概念

旅游组织　国际旅游组织　国家旅游组织　行业旅游组织　旅游标准化　国家旅游促销组织　国家旅游行政管理组织

复习思考题

一、名词解释

1．旅游组织　　2．国家旅游组织　　3．国际旅游组织　　4．行业旅游组织

二、简答题

1．国际旅游组织的类型有哪些？
2．我国国家旅游局的主要职责是什么？
3．国家旅游行政管理组织和国家旅游促销组织的职能有哪些区别？
4．行业旅游组织的主要职能是什么？
5．旅游标准化的特点有哪些？

三、论述题

简述我国旅游标准化的发展现状及加强旅游标准化建设的基本思路与对策。

四、实训题

设立一家校内大学生旅游协会或分会，编写协会章程，并组织开展协会活动。

五、案例分析题

四川省旅游局局长郝康理：旅游标准化的四川样本

走进四川峨眉山景区的黄湾旅游集散中心，宽敞明亮的大厅、秩序井然的购票窗口、停放整齐的旅游客车、触摸式的液晶导游系统、干净卫生的旅游厕所，让人眼前一亮；工作人员整洁的着装、流利的普通话，让游客心情舒畅；一旁的信息管理中心里，全天候的景区监控系统可以随时看到景区的各个角落，时刻保障游客的安全……这一切，都是峨眉山推进旅游标准化试点工作的直接体现。

2010年，国家旅游局将四川省确定为全国唯一的旅游标准化试点省。自启动旅游标准化试点工作以来，四川省掀起了推进旅游标准化的热潮，从设立工作机制到搭建体系框架，从企业试点到普及推广，从政府部门到旅游企业，各项工作有序推进。目前，一个以全面推行旅游标准化，实施科学管理，提升服务质量的局面已经形成。四川旅游产业的核心竞争力得到明显提升。

1. 专访：立身之本 发展之道——四川省旅游局局长郝康理谈旅游标准化试点

就四川省部署、推进旅游标准化试点工作的思路和取得的成效，全面推进旅游标准化试点工作对提高四川旅游行业服务质量和管理水平发挥的积极作用等问题，记者日前对四川省旅游局局长郝康理进行了专访。

记者：您如何看待旅游标准化工作？

郝康理：实施旅游标准化是旅游产业发展的必然选择。当前，旅游业面临从传统服务业向现代服务业的转变，旅游产业也需要从传统的经验管理、经验服务向标准管理、标准服务转变。因此，可以说旅游标准化工作是旅游业的“立身之本、发展之道”，是旅游系统强身健体的重要抓手，在提升旅游行业的管理水平和促进旅游产业发展中起着引擎的作用。

作为全国旅游标准化试点省份，四川省政府明确提出要实施旅游标准引领战略，要指导和培育一批企业成为旅游标准化建设的标杆，带动旅游服务质量全面提升。四川旅游系统对此已形成共识，这是做好四川旅游标准化试点工作的关键。

记者：在试点工作中，四川的主要做法是什么？

郝康理：作为这项工作中唯一的试点省，我们一直在思考的一个问题是：如何突出特色，探索在全省范围内全面推进旅游标准化试点的有效途径。

我们认为，旅游标准化试点与其他工作一样，最关键的是要创新思路，要统筹协调工作，在全面分析旅游标准化实施全过程的基础上，要探索建立旅游标准化制定、贯彻、实施、评价和监管等全过程的规范工作机制，这个工作机制就是统筹规划、注重全程、强化培育、专业评定、统一发布、闭环管理的工作格局。

为此，我们在工作中强调几个注重：一是注重政府主导与企业主体的结合，实现政企协调互动；二是注重旅游标准化阶段性试点与常规性工作的结合，建立长效工作机制；三是注重示范引领与全面推广的结合，形成企业竞相推标的良好态势；四是注重品牌打造与整体提升的结合，增强了企业整体竞争力。

记者：为抓好试点工作，四川省专门成立了试点工作协调小组和标准化工作委员会等，这是基于什么样的考虑？

郝康理：四川省从20世纪90年代中期起步尝试旅游标准化，推进旅游标准评定工作，但多年来大多各自为政，没有形成合力。这次标准化试点，我们考虑应先建立标准化工作机制，标准评定工作程序本身要标准化，才能有序规范地推进行业标准化。为此，我们首先成立了以分管副省长黄彦蓉为组长，20家省级相关单位为成员的四川省旅游标准化试点协调工作小组，构建起“政府统一协调、各部门大力配合、旅游部门牵头主抓、社会各界多元参与”的格局。其次，四川省旅游局建立了“1＋2＋(9＋N)”的工作机制：成立了旅游标准化工作委员会，下设技术委员会和评定委员会，在评定委员会下设9个旅游标准评定办公室，负责具体的评定工作，今后我们还将根据工作情况继续增设评定办公室。

通过建立这样的机制，实行管办分开，使得标准化工作既集中管理又分头推进，既责权明确又分工合作，确保各项工作取得实效。为此，我们专门制定了《四川旅游标准评定工作实施方案》，下一步还将完善评定员管理、评定结果发布等管理文件，规范标准评定的工作。

在此次试点工作中，我们探索建立了政府行业管理、协会中介服务、企业主体实施的协调机制，探索理顺旅游部门各处室之间、旅游部门与旅游协会之间的关系，建立管理与授权、服务与委托服务的制度，形成旅游行业管理工作的标准化和工作流程的制度化。

记者：那么，在2011年全国游客满意度调查中，四川情况怎样？

郝康理：在2011年全国游客满意度调查中，四川的旅游标准化试点城市排名稳步提高，成都市位居全国前列；2011年在我们全省开展的21个市(州)满意度调查中，开展旅游标准化试点的城市，游客满意度明显高于其他城市。

我们认为，推进旅游服务标准化工作，是最有效的旅游行业管理手段，是提升旅游业服务水平工作的重要抓手。明年我们还将深化旅游标准化工作机制和制度建设，着力构建部门协同、各级政府联动和社会企业参与的推进工作机制，扎实贯标，增强旅游企业综合实力，整体提升旅游软实力。

2. 经验：点面结合 层层推进

作为全国唯一的试点省份，旅游标准化试点工作得到了四川省委、省政府的高度重视。四川省委副书记、省长蒋巨峰在《2011年政府工作报告》中明确提出，“要开展旅游标准化试点，创建全国第一个旅游标准化示范省”。四川省副省长黄彦蓉要求“抓住良好机遇，创新思路，积极探索，建立健全相互衔接、配套完善的旅游标准体系，大力推进旅游标准化示范工程，促进旅游服务质量与管理水平的提高”。《四川省“十二五”旅游业发展规划》更明确提出实施旅游标准引领战略。

“为了使旅游标准化试点工作真正落到实处，我们还建立了一套检查督导机制。”据四川省旅游局局长郝康理介绍，旅游局定期组织专家以普通游客身份到相关点位现场，采取暗访的形式了解试点工作推动实施的真实情况，再对需要完善整改的提出整改意见；并且对试点单位开展游客满意度调查，将游客意见反馈给试点单位，促进旅游标准化工作进一步提高；同时严格按照试点工作各项基本要求，对 8 个试点市州和试点单位进行标准化试点工作评估验收。“这些措施有效督促了各试点单位认真学标、建标、贯标、用标。”

四川全省各地和涉旅企业参与旅游标准化试点工作的积极性一直持续高涨。“根据我省各地和各企业的实际情况，我们第一批只选定了 51 家试点单位，但是，在深入推进旅游标准化试点过程中，很多旅游企业充分意识到这项工作的重要意义，更加强烈地要求参与试点。因此，我们又择优补充了一批，最后确定了 87 家省级旅游标准化试点单位。”据四川省旅游局分管此项工作的纪检组长王继春介绍，这些省级试点单位包括试点市 8 个，试点县(市、区)23 个，涵盖景区、旅行社、宾馆、温泉、星级农家乐/乡村酒店、旅游购物点、旅游院校等要素在内的旅游企事业单位 56 个；此外，各试点市、县还确定了 400 多家试点单位。

自此，四川省建立起了以试点单位为主体，横向从政府到行业协会及旅游企业，纵向从省到市(州)、县(区、市)到乡镇的试点支撑体系，基本形成了标准化试点工作重点与普及并进的局面。

一系列关于加快推进旅游标准化试点工作的政策随即制定出台。《四川省旅游标准化发展规划(2011—2015)》提出了全省旅游标准化工作的指导思想、基本原则、发展目标、优先领域和实施步骤，明确了旅游标准化工作的主要任务；《四川省旅游业标准体系表》确定了四川旅游标准体系的基本框架；新修订的《四川省旅游条例》进一步强化了旅游标准化工作的法规依据；《四川省旅游标准化工作暂行管理办法》等规范性文件使四川的旅游标准化工作逐步步入规范化、法制化轨道……

自试点工作开展以来，四川省先后投入经费约 1.5 亿元，有力保障了试点工作的顺利推进。其中，四川省旅游局用于旅游标准化试点和建设的资金投入超过 1 000 万元；全省 8 个旅游标准化试点市政府财政性资金投入近 4 000 万元；全省旅游标准化试点企事业单位投入标准化建设和工作经费上亿元。

缺乏相关方面的人才是试点工作中大家普遍认同的一个主要难点。为此，四川省自启动试点工作之后，始终把旅游标准化相关人才的培训作为工作的重中之重。记者了解到，仅在省级层面，四川省就列支专项资金 380 万元，开展专项培训 82 期，培训旅游标准化管理干部、旅游企业标准化管理人员 1.28 万人次。试点启动以来的一年间，全省累计开展各级各类旅游标准化试点相关培训 1 000 余次，开展各层次标准化试点工作指导 400 余次，培训 10 万人次以上。一系列培训工作为今后旅游标准化工作的深入开展奠定了坚实的基础。

在旅游标准化试点工作中，四川非常注重总结和推广先进市(州)及企业的成功经验，多次组织召开全省标准化工作推动现场会、经验交流会，在试点地区中树立典型、在试点企业中树立标杆，全面推广先进经验。

2011 年 10 月下旬，四川省深入推进旅游标准化试点工作会议在西昌市召开。会议明确提出，要认真总结，找出旅游标准化工作的基本规律和经验，并且扩大成果，扎实把旅游标准实施陆续转入常态化工作，并在全省范围内持续大力推进。

3. 亮点：竞相推标 各具特色

在四川省大力推进旅游标准化试点工作的过程中，各试点单位高度重视、认真组织、狠抓落实，涌现出很多优秀典型，为全省的试点工作树立了标杆。

九寨沟——全流程标准化。作为全国首批旅游标准化试点单位，九寨沟风景名胜区于2011年年初编制完成了《九寨沟管理局旅游标准体系》(2011版)，替代了原有的《九寨沟风景名胜区管理局标准化管理体系》(2008版)，实现了标准化管理体系的全面升级。九寨沟景区管理局局长章小平说："不久的将来，游客订票、检票、乘车、用餐、路线选择等一系列活动，均会处于九寨沟标准化和信息化的服务流程之中。自助的网上购票保证了购票流程的标准化，门禁票务系统实现检票的标准化；进入景区之后，数字视频系统随时记录游客在景区内的情况，网络化管理系统保证景区服务事件报告和处理流程的标准化……"

阆中古城——按标准完善功能。在南充市阆中古城景区的游客接待中心门口，一条专供残疾人轮椅通行的坡道非常引人注目，进进出出的游客都说："这个设计真是太人性化了。"在接待中心里，有数十张可供游客休憩的舒适座椅，有多部阆中旅游的电子查询设备，所有在岗讲解员的照片都整齐地贴在墙上的"讲解员公告栏"里，一切信息都用中国、英国、日本、韩国四国文字清晰地表达出来。此外，这个接待中心还具有咨询、投诉、医疗、邮政、影视、商务、票务、行李寄存等多项服务功能。

锦江宾馆——标准铸造品质。作为四川的老牌五星级酒店，锦江宾馆在推进标准化的过程中，除了认真贯彻各项国家和地方标准外，还专门成立了质量管理部。该部门的职责在于宣传贯彻各项国家标准、行业标准与企业标准，推动各项标准在各部门运行过程中的运用，监督标准运用与实施的全过程，培育各部门合作共推标准机制。这一举措有效推动了标准化的实施，高达97%的旅客满意度就是一个有力的证明。"随着标准化体系的不断完善，宾馆在2011年1～10月实现整体收入2.19亿元，较2010年同期增长近10%。"锦江宾馆总经理曹兰剑说，"旅客满意度和经营业绩的提高，说明标准化建设为宾馆带来了实实在在的改变。"

国色天乡——搭建完善的标准体系。成都市温江区的国色天乡乐园开展了《服务业组织标准体系》的搭建和完善，于2011年5月开始运行，共梳理标准225项，其中企业标准194项，并针对192个岗位设计完成了12册《岗位工作标准汇编》、12册《岗位培训手册》、108个岗位的《乐园百事通》；通过反复的宣传和培训，乐园员工对标准化工作的知晓率达到100%，对岗位标准、流程等的知晓率达到100%。除了获得包括"全国旅游人才示范基地"、"省级安全文化建设示范企业"、"成都新十景"等在内的多项荣誉，乐园2011年1～10月的主营业务收入的增幅更高达28.07%，纳税增幅达到30.06%。

"通过近期的试点工作，我们深刻体会到，标准化建设的确是企业生存、发展的重要基础。"国色天乡乐园总经理张晓振说，"标准是专家学者的智慧结晶，涉及企业经营的方方面面，是一个完备的系统。使用标准让我们在企业经营中少走了弯路，避免了漏项。"

4. 成效：成果丰硕 经验宝贵

经过一年多的旅游标准化试点，四川省于2011年11月底迎来了国家旅游局的试点工作评估验收。

在省会成都，验收组一行听取了四川省旅游局关于旅游标准化试点工作的情况汇报，随后又分赴成都、乐山、雅安、南充等地，按照听取汇报、查阅资料、实地抽检的程序，对包括旅游景区、旅行社、宾馆饭店、旅游车公司、游客接待中心等多个点位、多个环节进行了严格检查。

在全面推进旅游标准化试点工作的积极作用下，2011 年以来，四川旅游呈现持续快速增长的良好态势。仅 2011 年 1～10 月，全省旅游总收入就已经突破 2 000 亿元，增幅达到 30%，其中入境旅游增长态势尤其喜人，接待人次和旅游收入的增幅均超过 50%。

启动旅游标准化试点工作以来，四川省新增星级饭店 63 家、A 级旅游景区 68 家、度假区 9 家、旅游餐馆 8 家、温泉旅游区 8 个、特色购物点 50 家、等级旅行社 334 家、星级厕所 61 个，还评定了乡村旅游示范县 28 家、示范乡镇 85 家、示范村 174 个、星级农家乐/乡村酒店 736 家……

国家旅游局副局长、四川省旅游标准化试点工作评估验收组组长杜江评价说，四川省作为全国唯一的旅游标准化试点省，在一年多的试点工作中，按照国家旅游局的统一要求，全面发动、广泛动员、精心部署，认真扎实地做了一系列工作，不仅取得了丰硕的成果，还总结出了很多全面推进旅游标准化试点工作的经验和做法。

四川在旅游标准化建设方面的成效是显而易见的，不但得到了国家旅游局的充分肯定，游客满意度调查和零投诉率也证明了这一点。

2011 年以来，乐山市针对住宿、餐饮、娱乐、交通、景点、导游、购物等多方面的旅游服务质量，先后完成了对 3 627 个游客的抽样调查，满意度达 90%以上。而在试点单位投诉率方面，成都、德阳、乐山、宜宾、南充、广安、雅安、资阳等 8 个试点市范围内 95%以上的试点单位实现零投诉。

四川省副省长黄彦蓉说，虽然试点工作有序推进、成效逐步显现，但真正要取得试点工作的全面胜利，还有大量艰苦细致的工作要做。她表示，四川省将在总结试点工作经验的基础上，进一步全面推进旅游标准化建设，以标准化提升四川旅游的服务品质与核心竞争力。

(资料来源：http://www.toptour.cn/tabid/66/InfoID/50390/frtid/240/Default.aspx.)

问题：试分析旅游标准化管理的实践意义。

第8章　旅游活动的影响与可持续旅游发展

学习目标

知识目标	技能目标
1. 了解旅游活动的经济影响 2. 掌握旅游促进经济发展的理论依据 3. 了解旅游活动的社会文化影响 4. 掌握旅游活动对环境的有利影响和不利影响因素 5. 掌握旅游可持续发展的概念、措施与理论内涵	1. 能够运用旅游促进经济发展的理论知识指导旅游经济活动实践，减少漏损，提高经济效益 2. 通过对旅游对社会文化影响的学习，提高保护传统文化意识，自觉抵制对社会文化的负面影响 3. 学会利用科学技术、宣传教育、旅游营销、法律法规、行政手段等对策保护旅游环境 4. 运用可持续旅游发展的相关知识推动旅游业发展

知识结构

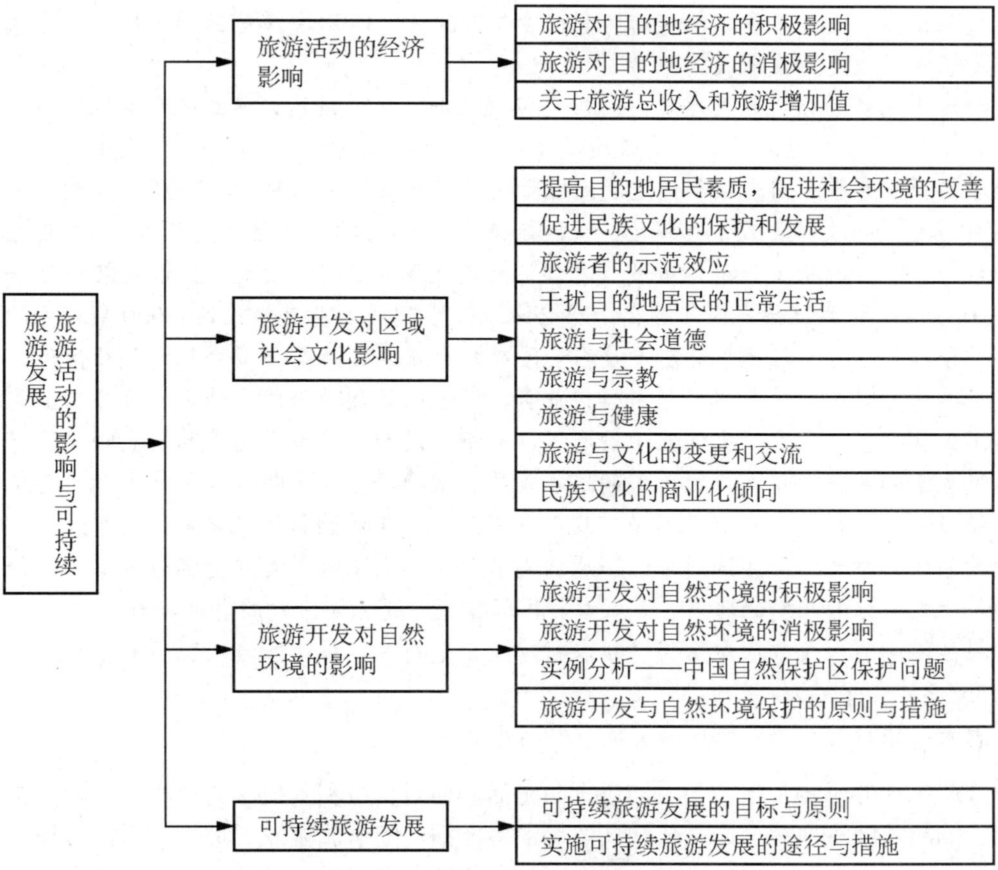

导入案例

水乡竹韵——重渡沟风景区

重渡沟自然风景区地处河南省栾川县潭头镇西南部山区，距洛阳市 150 千米，距栾川县城 50 千米，总面积 28 平方千米，由金鸡河、滴翠河、水帘仙宫等景区组成，涵盖大小景点 200 多个，瀑布 100 多条，翠竹万余亩，集秀、幽、峻、奇为一体，为国家级生态示范区、国家 AAAA 景区和河南省十佳景区。景区内泉水喷涌，飞瀑成群，竹林遮天蔽日，木轮转闲如烟如梦，小吃小巷碧波穿带，农家宾馆恬淡适意，漂流戏水惊险刺激，农耕民俗返璞归真，翠竹碧水交织，鹅鸭成群水中嬉戏，具有浓郁的水乡自然风光景色，“水”与“竹”相映成趣，被誉为“北国水乡”。

重渡沟自然风景区是在重渡沟村的基础上开发而成，重渡沟村就坐落于风景区内，旅游开发前全村有 8 个村民小组，420 户人家，1 300 余口人，人均土地不足 0.013 公顷，并且 80%为 45° 以上的山坡陡地，旅游开发前村民收入来源主要以卖竹木、垦荒种粮、挖药为主，全村人均纯收入不足 500 元，是一个典型的深山区贫困村。经济上的贫困，使得全村失学儿童多、光棍汉多、聚众赌博多、赊欠贷款多。1998 年潭头镇党政领导为寻找新的经济增长点，决定开发重渡沟旅游。

经过 1 年多的旅游开发建设，1999 年 7 月 1 日，重渡沟风景区正式对游人开放。2004 年 8 月 16 日前，重渡沟风景区为政府集体企业，此后改制为民营企业（股份制），成立重渡沟旅游开发有限公司。改制使重渡沟风景区的经营机制更加灵活，2004 年改制当年就创收 600 万元，向政府上缴 150 万元，景区接待费用 80 万元，景区宣传投入 20 多万元，当年结余 70 万～80 万元。旅游开发使重渡沟村发生了奇迹般的变化，经济发展一年一个台阶。2007 年全村共接待省内外游客 76.5 万人次，实现旅游业直接收入 6 000 余万元，带动社会综合收入达 2.5 亿元。目前重渡沟景区在旅游旺季提供 2 万多个旅游就业岗位，全村有劳动能力的居民几乎都参与旅游接待业务，还吸收了周边居民和外来人员务工，重渡沟村民不仅富裕了，而且“失学儿童没有了，光棍汉没有了，聚众赌博的不良陋习没有了，靠借贷生活的人没有了”。村民们的思想素质、道德修养和文明程度都有了新的飞跃。重渡沟村 95%以上的村民依托旅游业实现了脱贫致富，重渡沟村依托旅游业脱贫致富的成功经验被旅游界称为“重渡沟现象”，原河南省省长李成玉到重渡沟村实地考察后，称赞重渡沟是“生态旅游开发的典范，是农家宾馆的楷模，是旅游带动脱贫的榜样”。2007 年重渡沟村被河南省人民政府命名为“新农村建设示范村”，被洛阳市人民政府命名为“市级文明卫生村”。

思考：旅游对目的地社区的影响有哪些方面？

旅游活动的影响是指由于人们进行旅游活动而对自身和其他事物造成的影响。旅游活动的影响涉及经济、社会、文化和环境等诸多方面，随着旅游发展进入实质性过程，由此产生了一系列正面和负面的影响，即随着旅游的发展在提供种种机遇的同时也带来了一些不利的影响。从影响产生的根源看，旅游活动的影响包括直接影响，即旅游者进行旅游活动造成的影响，也包括间接影响，即旅游企业为满足人们旅游活动需求而进行生产经营活动造成的影响，以及政府、其他个人或组织进行相关活动造成的影响。全面科学地对各种影响进行分析，才能充分发挥旅游开发的积极作用，促进旅游目的地区域的全面发展。

8.1 旅游活动的经济影响

在现代旅游中，除少数极端情况外，各种类型旅游活动的开展都伴有消费行为的产生。一方面，到访游客在旅游目的地的消费不仅为当地的旅游企业提供了商业机会，而且还通过一系列继发效应，对当地经济中的其他方面产生影响。另一方面，旅游消费的影响是双向的，即不仅会影响到旅游目的地经济，同样会对客源地经济产生影响。对旅游活动经济影响的观察可以从两种空间视角进行，如图 8.1 所示。

客源地（游客居住地）←——→ 旅游目的地（旅游接待地区）

客源输出国 ←——→ 旅游接待国

图 8.1 旅游活动经济影响的双向性

就国际旅游而言，海外旅游者入境后的旅游消费构成了旅游接待国的国际旅游收入，而客源国居民出国旅游期间的旅游消费则构成了该国的国际旅游支出。就国内旅游而言，如果基于某一地区的立场进行观察，也会发现同样的情况，即作为旅游接待地区，外地居民的旅游来访与消费会增加当地的经济收入和带动经济的发展，而对于旅游客源地区，当地居民的外出旅游和消费则意味着本地财富的外流和减少。

虽然如此，在常规的旅游经济影响研究中，一般偏重于讨论旅游活动对旅游目的地经济产生的一系列影响，旅游发展对旅游目的地的经济影响既有积极的正面影响，也有负面的消极影响。

8.1.1 旅游对目的地经济的积极影响

1. 旅游与外汇收支平衡

无论是发达国家还是发展中国家，发展旅游业的一个主要目的是赚取外汇，改善收支平衡状况。扩大国家的外汇收入有两条途径：一条是通过外贸的途径，赚取的外汇称为贸易外汇；另一条是通过非贸易的途径，赚取的外汇称为非贸易外汇。旅游业收入属于后者。作为非贸易外汇收入的国际旅游收入是国际贸易中最大的项目之一。

与其他产业比较，旅游业在赚取外汇方面表现出一些不同的产业特质。

1) 旅游业是一种无形的出口产业

它把社会上的物质产品组合起来，向旅游者提供服务。旅游目的地的旅游资源、专门设施和商品服务是有形的，但与其他产业不同，它们只是作为提供服务的条件存在，不表现为劳动者对之进行加工生产，它没有有形产品从一地运到另一地进行商品交换，旅游者购买的不是具体的海滩、宾馆或其他旅游资源，而是一种有意义的“经历”、“体验”。通过所见所闻，旅游者身心得到满足。因此旅游业有“无形出口”和“无形贸易”之称。

2) 旅游作为出口产业的优越之处

旅游业作为一种无形出口产业，与出口初级产品(原材料和食物)相比较，具有诸多优越之处。

(1) 旅游业提供的是服务产品，不需付出很多物质产品，不消耗很多能源，不破坏资源即可创汇。

(2) 旅游商品和服务的价格由本国控制，旅游目的地可以通过价格调整来刺激旅游者；

(3) 旅游收入是现汇收入，资金可马上投入周转使用；

(4) 换汇成本低，获利高。中国的旅游换汇成本明显低于贸易出口换汇成本，一般仅为贸易换汇成本的 2/3 左右。一个国家出口产品越具多样性，越能稳定国家外汇收入。旅游在赚取外汇，弥补国家对进口稀缺原材料和机械产品外汇不足方面具有很大的潜力。

商品出口与旅游出口创汇比较，如图 8.2 所示。

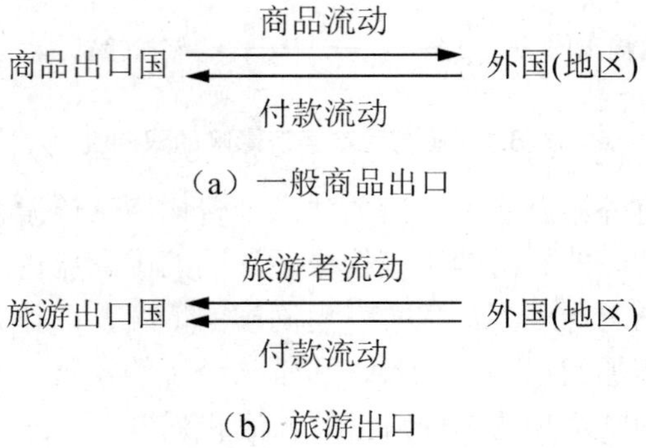

图 8.2　商品出口与旅游出口创汇比较

3) 发展入境旅游对发展中国家的意义

旅游开发在不同的地区所需的成本和取得的效益，取决于开发地区的资源状况、经济结构和地理区位。发展中国家与发达国家相比较，收入水平低，失业和待业程度高，工业发展水平低，极大地依赖农业出口换取外汇。发展中国家要从传统农业经济转化为工业经济需要现代化技术和经济发展，这种转化需大量的资本、外汇或贷款。但是发展中国家出口初级产品的传统，不能满足经济转化所需要的大量外汇，发展旅游业赚取外汇是实现工业化的一种手段。

在当前世界关税壁垒重重、贸易保护主义盛行和竞争激烈的背景下，初级产品出口创汇很不容易。出口初级产品有一系列不利之处，主要表现在四个方面。

(1) 初级产品的价格受国际市场价格和外贸条件的控制。

(2) 发展中国家的出口产品集中在有限的品种上。

(3) 初级产品的出口市场不稳定，因而外汇收入也不稳定。

(4) 初级产品的出口过多，一方面会加速资源破坏，加剧国内市场短缺；另一方面会导致很高的进口机械产品倾向，以满足国内不断变化和增长的消费需求。

从全球来看，发展中国家拥有的旅游资源十分丰富，为旅游业的发展打下了坚实的物质基础。旅游业相对于其他产业而言，是一项劳动密集型产业，就业者的专门技术较易掌握，这些对发展中国家都十分有利。2010 年，全世界国际旅游人数已达 9 亿 3 500 万人次，旅游外汇收入达 9 447 亿美元(不包括机票费)。随着世界经济的发展，全世界旅游人数、旅游外汇收入还将增大。世界上有旅游吸引力的国家和地区将在这个过程中得到经济效益。

4) 减少外汇漏损，充分发挥外汇平衡作用

中国自改革开放以后，为了利用国际市场的科学、技术成果和资源，走经济增长的捷径，国民经济对外汇的依赖越来越强。1978—1987 年，外贸逆差总共为 324.4 亿美元，同期旅游外汇收入为 114.97 亿美元，弥补率达 35.4%。1996 年，中国旅游外汇收入首次突破 100 亿美元，达 102 亿美元；截至 2005 年，全国入境旅游总人数累计达 12.39 亿人次，入境过夜旅游者累计 4.9 亿人次，旅游外汇收入累计达 2 193 亿美元。目前中国入境过夜旅游者及旅游外汇收入分别位居全球第四位和第六位，入境旅游为国家经济建设提供了大量资金，在国民经济收支平衡中的作用逐渐增强。但是，以上数据并不能完全说明旅游对收支平衡的作用。旅游是一个创汇行业，同时也是一个用汇行业。旅游外汇收入对收支平衡的真正贡献是它的净收入。旅游外汇净收入等于旅游外汇收入减去旅游外汇成本或“漏损”。

旅游外汇漏损包括以下几种形式。

(1) 旅游者所用的进口商品的成本，如进口水果、香烟、饮料。

(2) 旅游设施资本投资的外汇成本，如卫生设备、电脑系统、电梯、汽车等。

(3) 以下列形式支付带出国的费用：①外国旅游公司汇出国的利润和资本；②外国员工汇出国的工资；③外国贷款的利息；④管理费和其他费用；⑤支付外国旅行社和代理商的费用。

(4) 国外广告、推销费。

(5) 国外培训员工费。

(6) 本地居民对进口商品的额外消费，这是由于旅游示范效应改变了本地人的消费模式造成的。

上述几项成本在现在的各类统计资料中都难以准确反映出来。这些“漏损”的范围和程度各个地区都不一样，视下列情况而定：①国家经济结构的差异性；②国家的大小；③供给能否跟上需求；④旅游发展的地理区位；⑤旅游者的类型；⑥旅游发展的阶段；⑦国家的进口政策。

旅游外汇漏损程度越大，旅游业在收支平衡中的作用就越小。因此，如何减小漏损，是一个国家旅游业发展中需要解决的重大问题。

2. 旅游与就业

就业问题不是一个简单的经济问题，而是民生之本，能否解决好就业问题，不仅仅关

系到经济能否持续发展，更关系到政治和社会稳定。实现国民充分就业无疑是各地政府、特别是各国政府都十分关心的重大课题。

1) 解决就业问题的途径

世界各国为提高就业率进行了多种尝试和努力，综合起来解决这一问题的途径大致有以下几种。

(1) 消减劳动力价格，实行低工资。这一政策的目的是试图通过实行低工资，让更多人分享就业机会。该政策或许对于解决就业问题在短期内能够奏效，但从长远来看却难以治本。根据经济学中的循环累积因果原理，劳动者本身便是商品的购买者，低工资意味着低需求，低的市场购买力导致生产部门预见不到其产品的销售量会上升，开工自然不足，从而不会提供更多的工作岗位。因此，从长远看实行低工资这一办法来提高就业难以奏效。

(2) 发展制造业，提供更多的就业机会。通过发展制造业，生产技术上有竞争力的产品来扩大市场，增加产量，从而提供更多的就业机会。在这方面，经济发达国家发展技术上竞争力强的产品具有优势，如日本就是一个比较典型的例子。但在国际竞争中，发展中国家与发达国家相比技术比较落后，难以通过生产在技术上具有竞争力的产品，并把产品推向国际市场，从而借助于国际市场上对产品的需求增加来提高本国公民的就业率。

(3) 通过发展第三产业来增加就业机会。随着国民经济的发展，服务业将成为解决就业问题的重要因素。世界银行的有关研究表明，目前经济发达国家正在变化的就业结构为这一论点提供了依据。制造业的标准化和机械化所产生的剩余劳动力将不断流向服务业。因为随着经济发展和公民生活水平的提高，对服务产品需求的收入弹性高于对物质商品的收入弹性。所以，随着经济向现代化发展，服务业在国民生产总值中所占的比例也将有较大的提高。

2) 旅游业在扩大就业方面的特点

(1) 旅游业是一项劳动密集型的行业。旅游业的就业可以分为直接就业和间接就业。直接就业是由于游客的直接消费产生的，即各种旅游企业中的就业人数，包括各种接待设施、商店、旅馆、酒吧、夜总会、运输及有关管理部门在内的就业。旅游业的发展还相应引起其他如建筑业、渔业、制造业、轻工食品业、商业服务业等行业的发展，也扩大了就业人员队伍，但这种就业不是由于旅游直接消费创造的，称为间接就业。

旅游业是一项劳动密集型的行业。1969 年在墨西哥进行的一项投入产出研究表明，旅游业每投资 8 万美元，相应制造 41 个就业机会，比投资到石油工业多 26 个机会。北京市接待国内游客的饭店、招待所等住宿设施，1987 年固定资产约 2.2 亿元，从业人员 6.74 万人，即安排一人就业，需固定资产 3 300 元，仅相当于重工业的 33.7%，轻工业的 63.9%。瑞士的旅游业直接为 20 万人提供了就业机会，占全国就业总人数的 7%，同时旅游业还间接地为其他行业提供了 30 万人的就业机会，两项就业人数加起来占全国就业总人数的 17.5%。21 世纪旅游业将成为世界头号产业，2009 年旅游业直接或间接为世界上 2.35 亿人提供了就业岗位，占总就业人数的 8.2%。随着旅游产业体系的完善，旅游业已经成为中国吸纳就业量最主要的行业之一，2009 年，旅游业创造了全国总就业人数约 9.6%的就业岗位，直接与间接就业总人数逾 7 600 万人。

(2) 旅游业就业岗位层次众多。旅游业兼而有之现代服务业和传统服务业的特征，由多种经济部门组合而成，因此，有很多劳动岗位不需要很高的技术，就业门槛较低，为广大家庭妇女和尚不具备技术专长的青年人提供了就业机会。旅游业这种对低技术劳动力吸纳的特点，同我国目前教育相对不发达的现状相适应。在解决我国大量社会低技能富余劳动力就业方面作用巨大。当然，这并不是说旅游业不需要知识和技术，在旅游电子商务、网络预订、市场营销、旅游演艺、旅游装备等企业部门就需要较高技能的人力资源，就是在传统服务业特征明显的客房、餐饮服务、传统旅游纪念品制作等领域，也需要对旅游就业人员进行适当的教育和培训。

(3) 旅游业季节性强。受旅游需求、旅游地气候条件、旅游产品属性的影响，旅游业是一项季节波动较大的行业，旅游就业也会受到季节性变化的影响，提供季节性工作岗位是旅游业的一大特点，这为那些只需要季节性就业的人，如利用假期打工的大学生、家庭妇女提供了就业机会。例如，罗马尼亚的滨海旅游中心共有职工 2.4 万人，其中正式员工只有 8 000 人，其余都是季节性临时工。

3．旅游与财政收入

任何一个国家和地区财政收入的来源都主要是两大类：一类是政府以政权力量而征收的无偿收入，包括各种直接和间接税收，各种规定收取的费用(附加费、建设费等)及各种罚款收入；另一类是政府以法人资格按契约从事经济活动而获得的直接收入，如公营事业单位的直接收入和国有企业的经营利润等。因此旅游业作为一项经济产业对国家和地区财政收入的贡献是很明确的。概括起来，旅游对财政收入的贡献体现在三个方面：一是旅游企业(包括提供食、住、行、游、购、娱等服务在内)从事旅游经营活动而直接缴纳的各种税收，包括直接税和间接税，据世界旅游组织分析与统计，世界各国征收的与旅游业直接相关的税种多达 40 多种，包括入境税、签证税、消费税、燃料税、教育附加税、烟酒与奢侈品税、财产税、营业税、所得税，其中 75%的税由旅游者直接支付，25%的税由企业支付，从我国的实际情况看，与旅游业直接相关的税种有营业税、增值税、附加税、所得税、特种行业税等；二是旅游者和旅游经营者开展旅游活动而向政府缴纳的各种规费，如机场建设费、出入境手续费、交通过境费、公园门票费等；三是旅游事业单位获取的各种直接收入及国有企业的经营利润等。据统计，2010 年，黄山市旅游收入带来的旅游税收为 149 463.144 9 万元，全市税收收入合计为 260 796 万元，旅游税收约占全市税收收入的 57.31%。安徽省是我国旅游业发展中等水平的省份，从 2000 年以来旅游企业税金收入总额不断增大，占总税收的比重也不断增长，见表 8-1。

表 8-1　安徽省旅游企业税金占总税收的比重

年份	旅游企业税金/万元	安徽省税收收入/万元	旅游企业税金占安徽省总税收的比重
2000	7 095.12	1 445 761	0.490 8%
2001	11 064.19	1 641 648	0.674%
2002	11 873.21	1 620 019	0.732 9%

续表

年份	旅游企业税金/万元	安徽省税收收入/万元	旅游企业税金占安徽省总税收的比重
2003	9 915.35	1 767 740	0.560 9%
2004	15 501.06	2 048 296	0.756 8%
2005	20 274	2 445 450	0.829%
2006	24 801.62	3 124 220	0.793 8%
2007	36 028.01	4 018 799	0.896 5%

(数据来源：根据《安徽省统计年鉴》，《中国旅游统计年鉴(副本)》(2000—2008 年)中的相关数据计算，转引自徐若梅．旅游产业对地区经济影响的评价研究——以安徽省为例[J]．吉林工商学院学报，2011，27(1).)

4．旅游与区域经济结构

旅游业的发展能够促进旅游目的地区域原来的经济结构发生改变。旅游者的各种消费需求，成为推动生产发展的新动力，为其他部门，其他行业开辟新的生产门路提供了可能。由于旅游消费是一种比较高水平的消费，要求更新换代的速度高于一般耐用消费品，因而刺激有关行业在生产方面采用新技术、新材料、新设备。旅游消费涉及食、住、行、游、购等多方面，为了与旅游者的消费结构相适应，必须调整国民经济的产业结构。调整最为明显的是直接提供旅游消费资源的各部门，如交通、通信、轻工、建筑及农业等。随着这些部门的发展，又要求生产生产资料的部门，即各重工业部门相应地发展，以便为生产各种旅游消费品提供生产资料。由此可见，旅游业对调整第一产业、第二产业、第三产业经济结构能产生一定的影响。

当前，我国旅游业已经进入了一个新的发展阶段，新的高端生产力正在积聚，新的业务增长点逐渐形成，出现了旅游产业高度化、融合化、专业化，运用现代新理念、新技术和新运营方式对传统业态改造和代表生产性服务业旅游新业态成长的发展趋势。例如，我国东部发达地区多个省份制定的旅游新业态名单中有邮轮旅游业、游艇制造业、旅游装备制造业、旅游演艺业等，这些旅游新业态的成长，有力地推动旅游业与其他产业的融合，带动区域第三产业的转型升级和结构优化。

5．增加目的地收入、平衡地区经济发展

无论是发展国际旅游还是国内旅游，都可使旅游接待地区的财富或经济收入增加，因为任何外来旅游者在逗留期间的消费对于该接待地区来说，都构成一种外来的经济“注入”，从而可直接使该地区的财富得以增加。

从一个国家内部来讲，不发达地区的旅游资源往往非常丰富，发展旅游业对促进经济落后地区的发展有着十分重要的作用。例如，我国是世界上山地面积最大的国家之一，占国土陆地面积的 69%，山区人口占全国总人口的 56%，在全国 1 500 多个山区县中，有接近一半是贫困落后地区，也就是说山岳地区是我国贫困人口集中分布的地区。因此，帮助山岳地区人民脱贫致富，是直接关系到全国经济、社会、环境发展的大问题。广阔的山岳地区富集有高档次、高品位的旅游资源，是开展生态旅游、休闲度假旅游、体育旅游、探

险旅游、科学考察旅游的主要场所，资源优势和旅游业的产业特点，使贫困山区发展旅游业比发展其他产业具有明显的优势。1996年我国提出了旅游扶贫发展战略，旅游扶贫是“发展旅游业”与“扶贫”的结合，发展旅游业是手段，其核心目的在于消除贫困人口的贫困状态，实现贫困地区经济增长、社会和谐和环境保护。十余年来，我国在旅游扶贫方面取得突破性进展，北京延庆的龙庆峡、河北涞水县的野三坡、黑龙江宁安市的瀑布村、山东淄博市的樵岭前村、四川巫山县的“小三峡”、贵州镇宁县的黄果村、云南卢西县的阿庐古铜等地方，都是一些旅游扶贫战略实施的成功典范。

从宏观尺度看，我国可以分为东部、中部及西部三大经济区，由于自然和历史的原因，又由于人员、资金、技术信息、原料、基础设施等原因，我国东部地区经济比较发达，西部地区工业产品的竞争力比较差，中部介乎其间。但中西部地区旅游资源异常丰富，品位高，如西藏、新疆、云南、海南岛。相比其他产业，在中西部那些旅游资源丰富又具备开发条件的地区兴办旅游业，收效比较快。

就一般情况而言，经济发达地区外出旅游人次数较多，而经济落后地区外出旅游人次数少。当经济落后地区的某些旅游资源足以吸引经济发达地区的居民前去访问时，这些游客在旅游目的地活动期间的消费便成为该地区的旅游收入，对经济欠发达地区来讲是一种“经济注入”，这种外来的“经济注入”不仅会增加当地的财富，而且随着这些资金在当地经济体系中流转，势必会刺激和带动当地经济发展，加速当地经济发展的步伐，从而有助于缩小地区间经济差别。例如，云南省2010年接待海外旅游者329万人次，外汇收入13.2亿美元，接待国内旅游者1.38亿人次，旅游收入916.8亿元人民币，旅游业已成为云南省四大支柱产业之一。

8.1.2 旅游对目的地经济的消极影响

旅游业在给区域经济带来显著利益，产生积极影响的同时，也带来一些消极的影响。

1. 旅游过度超前发展

旅游业被认为是一种投资少、见效快、效益高的行业，但这只有在那些旅游资源丰富、配套设施相对完备、可进入性好、商业价值高的地区才能发生。旅游业的综合性决定了旅游业的发展必须与国民经济发展相适应，只有在与旅游业有关的产业可以承受的范围内，旅游业才能得到正常发展。旅游业的发展受交通、电力、通信等行业的严重制约，特别是受交通的制约。然而交通、电力、通信等行业的发展需要大量的资金，并有一个较长的建设期，这是旅游业本身无法解决的问题。

由于对旅游业经济特点的片面理解，有些旅游资源丰富但开发条件尚不具备的地区，过度超前发展，旅游业配套设施如交通、通信投资很大，其结果旅游经济效益不高，对区域经济没有起到应有的推动作用。

2. 区域经济过分依赖旅游业

一些旅游目的地过分依赖旅游业，容易受到旅游需求变化的影响。总体来讲，旅游业在扩展，旅游需求量在增大，但并不是所有目的地平均分享这一增长。旅游业是一项极不稳定的出口产业，受多种因素影响。例如，1990年海湾危机，使对这一地区的旅游需求急剧下降。大多数旅游者避免去政治不稳定的目的地旅游，但他们很少完全取消旅游计划，通常是选择另一个目的地旅游。需求的大幅度下降意味着目的地地区的收入减少，区域经济受到破坏。

3．通货膨胀和土地价格

旅游者往往能以较高的价格购买商品，零售商为旅游者服务可以极大地提高边际利润。这样的零售商在与为本地人服务的零售商竞争中能获胜，他们能通过提高价格转嫁给旅游者而支付较高的租金和税收，并获得高额利润。

通货膨胀也会由于土地价格的上升而引起。旅游业的增长对土地的需求加剧，宾馆、度假村、旅游设施的建设，会引起土地价格上升，增加建筑公司和土地拥有者的收入，但是本地居民由于土地价格上升不得不为购房、租房增加开支。

8.1.3 关于旅游总收入和旅游增加值

为了说明旅游业的产业地位，近年来我国旅游界常有“旅游总收入相当于国内生产总值的百分之几”的说法，把两个不存在部分与整体关系的数据硬扯在一起算百分比，是非常不科学的。实际上，只有旅游增加值才能与国内生产总值相比。

1．旅游总收入

在旅游过程中，游客购买相应的服务或物品以满足自己旅行、游览、住宿、饮食、娱乐、购物等方面的需要而支付的货币，构成旅游经营者的旅游总收入。这是一个总产值指标，它容易统计。但包括了对中间消耗的重复计算部分，不能真实地反映旅游业的贡献。

2．旅游增加值

旅游总收入扣除外购的物品和服务(中间消耗)为旅游增加值。

在经济活动中，统计旅游增加值有一定难度。因为旅游业不是一个单独的行业，旅游中发生的诸如乘飞机、打电话、购物、用餐、娱乐等活动的经济价值，是被统计在作为独立行业存在的交通、通信、商业、餐饮和其他社会服务业的增加值中的。这些部门并不清楚其顾客是不是旅游者，不可能也不会按顾客类别，将提供给顾客消费的各种产品的增加值分为本部门增加值和旅游增加值。同时，由于统计制度的问题和统计困难等原因，我国和世界旅游组织都没有单独统计旅游业的增加值。人们一般理解的旅游业只是仅包括旅馆业和旅行社的狭义旅游业。如果将这两个行业的增加值当做旅游增加值，那实际上只统计了游览服务和住宿服务的增加值，旅游“食、住、行、游、娱、购”六要素的很大部分被漏算了。

3．旅游卫星账户

为了客观评价旅游业在国民经济中的地位，有必要界定并计算旅游增加值。目前世界上还没有一套公认的计算办法，但加拿大统计局完成的“旅游卫星账户”报告是计算以国家为单位的旅游增加值一个代表性的工作。

旅游卫星账户又称为旅游附属账户，是一种宏观统计计量方法。它是以国民经济核算为统计基础，按照国际统一的国民账户的概念和分类标准，在国民经济核算总账户下单独设立的一个子系统。通过编制这一账户可以把由于旅游消费而引发的国民经济各行业直接和间接的旅游产出，从相关行业中分离出来单独进行核算，从而达到在国际统一的统计框架下对旅游经济进行全面测量和分析比较的目的。

旅游卫星账户大大拓展了旅游统计与核算的范围，强调旅游活动的基本概念和分类及理念框架的一致性、统计指标与数据收集的同一性、旅游经济活动与其他行业经济活动的可比性，以及国际间、地区间的可比性。旅游卫星账户允许应用不同经济理念和方法建立模型，揭示国民核算的重要指标与旅游卫星账户特有指标之间的关系。旅游卫星账户能够确定哪个行业将从旅游业的需求中获取利润。并且，它可以表明旅游业的增加值，旅游商品的供求关系，旅游业方面的就业率，以及通过销售商品和服务给游客所带来的间接税收。

旅游卫星账户是一项耗时耗钱但又非常有价值的工作。加拿大公布的 1988 年的旅游卫星账户数据表明，旅游业在加拿大经济中占有重要地位，旅游增加值为 227 亿美元，占国内生产总值的 3.8%，旅游行业创造了 46.7 万个就业机会，占商业部门总就业的 5%。

我国从 1993 年开始逐步建立旅游卫星账户体系，使用抽样调查等联合国推荐的方法，并将这一旅游统计制度纳入国家统计制度的范畴。我国最初在江苏省进行旅游卫星账户编制试点工作，2002 年 9 月，工作组完成了《江苏旅游卫星账户体系构建》，系统提出了江苏区域旅游卫星账户的构想。

2006 年国家旅游局和国家统计局联合成工作组，正式启动国家级旅游卫星账户研究编制工作。2007 年 3 月 1 日“中国国家级旅游卫星账户”项目工作组召开的汇报鉴定会，由国家统计局和国家旅游局有关专家组成的研究小组，经过长期的研究工作，以联合国统计委员会批准的《旅游附属账户：建议的方法框架》为基本原则，利用 2004 年全国第一次经济普查和国民经济核算的相关资料，初步编制完成了“中国国家级旅游卫星账户”的部分账户表。这次初步编制完成的“中国国家级旅游卫星账户”，是我国首次按国际统一的标准与框架对旅游经济进行的全面测量，对我国今后开展其他产业的账户核算将起到积极的示范作用。旅游卫星账户不仅仅是一种统计制度，更是一种分析方法。在区域旅游卫星账户建立之后，如何运用旅游卫星账户，如何选择分析方法成为一个课题。它应该结合中国实际情况而拟定，其目的是全面反映中国旅游业的需求与供给，以及与其他经济部门之间的联系，准确判断旅游业在国民经济中的地位和作用，为政府部门制定相关政策、进行宏观管理提供依据。

8.2 旅游开发对区域社会文化影响

旅游对区域社会文化的影响，主要是指旅游开发对旅游目的地社会带来的在价值观、个人行为、家庭关系、生活方式、道德观念、宗教、文化等方面的变化，简单地说，是旅游者对目的地居民的影响，是旅游地居民通过与游客的直接或间接接触所受到影响的外在表现。

8.2.1 提高目的地居民素质，促进社会环境的改善

旅游开发对目的地的影响表现在多个方面，增加目的地收入只是诸多影响因素之一。当一个区域在进行旅游开发的过程中，当地居民参加旅游开发，从事旅游接待服务，不但掌握了多项技能(见表 8-2)，提高了经济收入，改善了生活条件，还使自身的能力和素质得到提高，并且更加重视下一代的培养，也有能力支付培养费用。最终的结果是提高了目的地居民的综合素质和社区的可持续发展能力。

表 8-2 旅游目的地居民在旅游开发中获得的技能

主要接待服务类型	培训内容	获得的技能和素质
餐饮服务	烹调技能培训、投入产出经营理念培训	烹调及餐饮服务技能、商业经营能力
住宿接待	客房服务技能培训、网络预订培训	礼节礼仪、互联网的使用、沟通能力
运输服务	机动车驾驶技能培训	驾驶技能
导游服务	导游技能培训	熟悉当地文化和相关的自然知识，语言表达及沟通能力

旅游目的地的居民通过模仿和学习，其行为举止、卫生习惯、经商意识都可以得到改善和提高，从而使为交换而生产，以及因此而来的生产方式的变革成为可能。例如，云南石林五棵松的撒尼农民、西双版纳曼景兰村的傣族农民、大理古城的白族居民，随着旅游的发展，不仅脱离了贫困，而且文化修养、商品经济观念都有了飞跃的发展，一些人能用英国、日本、德国等国的常用语与外国游客做生意，部分人走出世代居住的村寨，到昆明、广州等地经商。这种效益是简单地投资进行有形教育试图提高人的素质所不及的。

在河北野三坡的一项旅游社会影响研究显示，在野三坡开发旅游的过程中，当地村民的经济意识发生了深刻的变化。起初游客来了以后村民只是将他们当亲人相待，食宿均不收取报酬。后来，随着经济意识的增强，人们开动脑筋寻找致富门路，或开设家庭旅馆和饭馆，或出租马匹以获取旅游经济效益。

为了适应旅游发展的需要，旅游接待地区的基础设施也会得以改进，生活服务设施和其他方便旅游者的设施也会有所增加。虽然这一切的初衷是为了发展旅游，服务旅游者，但客观上也改善了当地的社会环境，方便了当地居民生活。

8.2.2 促进民族文化的保护和发展

民族文化是一个国家或地区重要的旅游资源。随着旅游的发展和接待外来旅游者的需要，当地一些几乎被人们遗忘的传统习俗和文化活动重又得到开发和恢复；传统的手工艺品因市场需求的扩大又得到发展；传统的音乐、舞蹈、戏剧等又得到重视和发掘；长期面临湮灭的历史建筑重又得到维护和管理，等等。所有这些原先几乎被抛弃的文化遗产不仅随着旅游的开展而获得了新生，而且成为其他旅游接待国或地区所没有的独特文化资源。他们不仅受到旅游者的欢迎，而且会使当地居民对自己的文化增添信心和自豪感。旅游的发展还能促进当地文化的重构与创新。例如，张艺谋编导的大型实景演出《印象·刘三姐》

就是借助于现代影视技术成功地对当地少数民族文化的重构与升华。旅游的发展使传统工艺品的生产得到复兴，从而为旅游地居民提供了就业机会，同时工艺品的设计和质量都得到了提高。例如，云南石林五棵松撒尼人的针织手工艺品的复兴和扩大生产，贵州苗族和布依族的蜡染手工艺品的振兴都是缘由旅游业的发展。

贵州省黔东南苗族侗族自治州从江县是一个少数民族聚居的地区，居住着苗族、侗族、壮族、瑶族、水族等19个民族。其中少数民族人口达24.6万余人，占总人口的92.2%。由于自身环境的封闭，从江县至今保存着十分丰富的原生态文化资源。在这些古老的少数民族社区中，都沿袭着十分悠久的本土文化传统，几乎每一个民族都保存着自己独特的传统文化习俗和生活方式。不同的语言、习俗、节日、信仰、服饰，构成了从江县色彩缤纷的民族文化。

2003年至今，从江县的旅游开发取得了积极的效果。如今，无论是从江的岜沙，还是小黄、高增、占里等少数民族村寨，由于旅游业的开发，其传统的非物质文化遗产的保护取得了空前的成功。岜沙以苗族部落文化闻名于世，小黄以侗族大歌扬名天下，占里以自觉的生育文明著称，高增、银潭、巨洞都是文化独特、风景秀美的著名侗寨。这些村寨，至今没有一个因为旅游开发而丧失其传统。相反，许多传统文化正借助于旅游的热力而得以重生。例如，巨洞，这个位于都柳江畔的美丽侗寨，在2004年以前，其传统文化面临着巨大的危机：大批青年人外出打工，传统歌谣失传，节日活动中止，建筑变形走样，语言和服饰也几近消失。2004年以后，旅游业兴起，所有即将失传和中断的传统均得到有效的恢复和保留，甚至多年失修的鼓楼和风雨桥也被重建。

旅游开发何以有助于民族文化的保护和继承呢？原因之一是立竿见影的经济效应，民族地区旅游业开发的特点是投资少而见效快。它和主题公园的建设不同，民族地区的旅游业几乎不需要太大投资，只需要一个概念，贵州从江县岜沙的“部落文明”、小黄的“音乐天堂”、占里的“生育奇俗”等，而游客欲一睹或体验这“最后的文化奇观”，他们到这里观看、参与、体验、消费，经济效益立即产生。而且对当地人来说，无论怎样，跳一场民族传统舞蹈总比上山干活或比进城打工要快乐得多，也划算得多，所以，村民参与的积极性很高。原因之二是少数民族地区往往都是舞的故乡、歌的海洋，历史上他们的生活充满了浪漫色彩，而至当代，由于价值观的转变，他们那些传统的东西被视为“落后”、“愚昧”，久而久之，他们便信以为真，于是自动中止和改变传统，其歌舞、节日等非物质文化遗产走向了衰落。而旅游业开发的效果却恰恰相反，因为客人的欣赏和喜欢，他们增加了保持传统文化的自信心和自豪感，传统文化因此得以传承。

8.2.3 旅游者的示范效应

旅游者以其自身的意识形态和生活方式介入旅游地社会中，引起旅游地居民的思想变化，产生各种影响，这种作用称为示范效应。示范效应是旅游对目的地社会发生影响的主要途径。随着旅游活动的开展，旅游者不可避免地会通过自己的生活方式，将某些外来文化带入旅游目的地社会。特别是伴随着国际旅游活动的开展，来自异国他乡的旅游者有着不同于目的地社会的价值标准、道德观念和生活方式，所有这些因素无形之中会在到访地传播和渗透，通过旅游者的生活行为对目的地社会产生某种“示范效应”。从逻辑上讲，来访旅游者与当地社会是相互作用、相互影响的，但实际上旅游者带给目的地社会影响的程度与他们接受目的地社会的影响要大得多。其中原因是：旅游者在目的地停留的时间是短暂的，特别是参加团队旅游的旅游者，与当地社会实际接触的人员范围十分有限，主要是相关旅游企业的一线工作人员，因此，旅游者很难真正融入当地社会，况且在很多情况下，语言问题也往往成为在与当地居民交往中的障碍。相比之下，对于当地居民来讲，他们与旅游者是一种长期的不断的持久性接触。所以旅游者的思想和文化对目的地社会的影响是一种潜移默化的长期过程。

示范效应有其积极的一面。例如，外国旅游者所显示的物质优越感和他们的言谈举止，会使当地人对外界产生兴趣，为了追求同样的社会地位，同时为了和旅游者打交道进行商业交易，当地人会积极学习外语。一项对云南大理古城居民学习英语态度的调查表明，大量外国游客的到来给大理古城人学习英语的态度带来了很大影响，在调查中，78 个居民中有 54 人表示，英语的无处不在使他们迫切地想学英语。对英语的需求，从与外国游客接触最多的“洋人街”的生意人，辐射到与外国的游客接触较少的生意人，再辐射到古城绝大部分年轻人。这种需求源于经济利益的需要，又逐渐地被认为是提高自身文化水平的一种途径。更重要的是，学英语的愿望从“洋人街”辐射到居民，而居民的学习愿望并没有因为辐射的“距离”而在强度上有所减弱，反而变得更为强烈。这说明英语已渗透到大理人的生活中，外国游客的不断涌入开阔了他们的眼界，他们不但学会从旅游业中获益，更懂得了通过学英语为将来的事业铺路。

旅游者对当地居民的示范作用也有其消极的一面。旅游者离开其惯常的环境来到陌生的旅游目的地，在实现精神放松的同时，由于脱离了惯常环境对其行为的约束和监督，而导致的自我放纵可能会助长旅游者的某些不端行为。但对当地居民来讲，会错误地把旅游者的这些举止当成是正常的行为，从而盲目模仿。当地居民中的年轻人最容易受示范效应的影响，他们注意到西方年轻旅游者的自由和优越的物质生活，并千方百计去争取同样的享受，盲目地追求西方生活方式，如模仿其装束打扮、娱乐方式、性自由等一些消极堕落的生活方式和价值观念等，示范效应给旅游地社会文化带来的不良后果已受到广泛重视。

8.2.4 干扰目的地居民的正常生活

旅游业发展之初，旅游地居民无一不以欢迎的态度对待纷至沓来的投资者和游客，当地政府也乐于提供各种支持，因为开发旅游业将带来可观的经济利益。然而，随着旅游业的发展伴随的游客激增，本地居民特别是与旅游业无关的居民的热情会逐渐降低，他们开始担心自己的传统习俗和生活方式会受到冲击。尽管这一切是不可避免的，但本地居民还是不希望原有的社会风尚衰败。

更为普遍的是，任何旅游地承载力都是有限的，随着外来旅游者的大量涌入和游客密度的增大，当地居民的生活空间相对缩小，如交通拥挤、商店人山人海、物价上涨、海岛地区淡水供应紧张等，居民们不得不分担旅游者过多带来的种种不便，旅游者享受的一些特殊设施和服务，也会引起本地居民心中的强烈不满。所有这一切会导致旅游地居民对发展旅游的态度——从欢迎到憎恶的变化。

阅读资料 8-1

云南省丘北普者黑仙人洞村居民对旅游活动所带来的社会文化影响的感知情况分析

从文化的广义概念出发，以云南省丘北普者黑仙人洞村为例，采用问卷调查与深度访谈相结合的方法进行实证研究，一共发放问卷 120 份，回收有效问卷 100 份。采用 5 级李克特量表形式，将已收回的 100 份有效问卷中同一道问题的得分相加后再算出平均数，赞成率为非常同意和同意之和，反对率为不同意和很不同意之和。

旅游使封闭的仙人洞村居民走向外界，有机会和来自不同地理位置、不同经济条件、不同文化背景的游客进行接触，对当地居民的生活方式、生活环境、交通条件、语言文字、思想观念、风俗习惯、宗教文化等方面都会产生深刻的影响，这些影响有正面的，也有负面的，具体调查结果如下。

1. 正面影响的感知情况

第一，旅游对当地形象的影响。当地居民对此的感知度很高，赞成率达到 96%，均值为 4.45。这与当地实情非常相符，仙人洞村在没有发展旅游以前是一个封闭落后的小村落，旅游业发展后，其知名度大大提高。

第二，旅游对当地居民能力和机会的影响。通过“旅游提高了对外交往的能力”、“旅游增加了工作机会”、“普通话得到推广，提高了语言表达能力”三个问题来了解，其赞成率分别为 86%、83%和 89%，均值分别为 3.91、3.85 和 4.13，可以看出当地居民认为发展旅游提高了自己的能力，增加了就业机会。旅游业的开发促使当地人讲普通话，语言表达能力提高。旅游开发以前，当地的语言以撒尼语为主，懂汉语的人很少，更不会说普通话。但随着旅游业的日益发展，懂汉语、会说普通话的人数日益增多。

第三，旅游对当地居民生活环境的影响。当地居民对此的感知度也很高，赞成率达到 96%，均值为 4.41。旅游开发使得当地的生活环境大大改善，卫生状况大有改观，成为全县爱护卫生的先进村之一。

第四，旅游对当地居民生活方式和生活习惯的影响。对此问题，有 78%的人表示同意，只有 6%的人表示反对，均值为 3.80。可以看出，仙人洞村村民对于当地生活习惯的改变大部分人是赞成的。由于旅游的出现，给当地人带来了新的生活方式，对于这一改变当地人所采取的态度是积极适应，努力改变自己原先的一些不文明习惯。

第五，旅游对当地居民思想观念的影响。通过“增强了当地的环境保护意识”、“促进当地居民思想观念更新和开放”两个问题来了解。74%的人认为随着旅游业的增长，增强了当地的环境保护意识，均值为 3.36。为了进一步了解当地居民对环境保护意识的认知度，笔者进一步追问其环境保护意识增强的原因，90%的村民表示害怕罚款，仅有 10%的人认为环境是其旅游业持续发展的关键。对于“旅游促进当地村民思想观念更新和开放”这一问题，赞成率为 68%，均值为 3.15。相比较而言，当地居民对此的认可度略低。

第六，旅游对当地传统文化的影响。通过“使得彝文逐渐得到恢复，带动了彝文的学习”、“促进了地方风俗习惯、传统文化的保护”两个问题来了解。90%的人赞成旅游使得彝文逐渐得到恢复，带动了彝文的学习，均值为 4.21。对于“旅游促进地方风俗习惯、传统文化的保护”这一问题，大部分村民对此表示认可，赞成率为 78%，均值为 3.88。

2. 负面影响的感知情况

当地居民对负面影响的感知度较低，其均值都在 3 以下。这主要是由于当地经济落后，居民文化水平不高，再加上处于旅游业发展初期，经济效益的明显提高掩盖了其他方面的很多问题，从而使得其对旅游活动带来的社会文化负面影响的感知度明显低于正面影响。

第一，旅游对当地居民生活环境的影响。通过“使本地环境质量下降”和“使本地犯罪率上升”两个问题来了解。“旅游使本地环境质量下降”这一问题的赞成率为 43%，反对率 22%，另有 35%的人中立，均值为 2.63。这一数据说明当地社区群众已经意识到了这一问题的存在。“旅游使本地犯罪率上升”这一问题的赞成率为 4%，反对率则高达 88%，均值为 2.07。对于没有导致本地犯罪率上升的原因，当地村民的回答不一，有人认为是法规制度的约束，有人认为是当地淳朴的民风所致，但更多的人认为是毕摩(彝族人的祭司)在起作用。

第二，旅游对当地居民生活方式和生活习惯的影响。当问到“旅游干扰了居民的正常生活习惯”这一问题时，赞成率 16%，反对率 78%，均值 2.16。大多数村民能够接受旅游者的到来，并认为旅游发展没有干扰自身正常的生活习惯。

第三，旅游对当地人际关系的影响。通过“人与人之间的信任度降低”、“导致本地居民间矛盾加剧”、“导致居民和游客产生纷争和冲突”三个问题来了解，其赞成率、反对率和均值依次为 3%、71%、2.11，2%、85%、2.06，4%、86%、2.05。从这些数据中可以看出，旅游并没有引起当地人际关系的激烈冲突，本地居民间虽也出现过一些矛盾，但总体来说是和谐、团结的。居民与游客之间曾经有过冲突，但程度较轻，仅限于口角，而没有出现流血冲突。总的来说，仙人洞村依然保持淳朴的民风，整个社区人际关系处于比较融洽的氛围。

第四，旅游对当地传统文化的影响。仅有 5%的人认为旅游使本地传统文化资源开发商业化，45%的人持反对意见，另有 50%的人中立，说明有相当一部分人对此问题漠不关心或不甚关注，当地居民对此问题的感知度较低。当问及“你是否担心随着旅游业的发展会引起本地传统文化内涵发生变化”这一问题时，65%的人表示不会，仅有 13%的人表示会，另有 22%的人表示无所谓。由此可以看出，当地居民对于本地传统文化的关注度不够，很少有人会考虑旅游开发会使本地传统文化内涵发生变化的问题。

3. 当地居民对发展旅游的态度

调查表明，78%的人认为旅游业发展利大于弊，无人反对，一方面说明旅游确实给当地居民带来了很多的利益，另一方面也体现了当地居民缺乏忧患意识。此外，有 81%的人支持发展旅游业，仅有 2%的人表示反对，原因是旅游业并没有给他们带来明显的变化，收入没有得到较大的提高。

(资料来源：http://www.byyk114.cn/mudidi/tourism-destination-community-residents-.html.)

8.2.5 旅游与社会道德

一些专家认为，旅游业饱受诟病的一个副产品是它对旅游地人民道德标准的影响。犯罪和赌博被认为是旅游业带来的灾难。

1. 犯罪

犯罪与旅游的最重要的关系在于，旅游旺季人口密度增大及当地居民与旅游者的收入相差过大。世界上一些旅游地的调查表明，旅游旺季的犯罪率有明显上升，因为人口密度的增加既为罪犯提供了众多的可供选择的目标，又减少了犯罪事实被发现的可能。一般来说，与旅游关系较大的犯罪是经济犯罪，如抢劫、偷窃、贪污、黑市交易等。

犯罪对旅游地造成的影响主要有：为了加强治安而增加了财政预算；社会心理的紧张；社会秩序的紊乱。

2. 赌博

赌博不是旅游业特有的，但一些著名的旅游地却因赌博闻名，如美国的拉斯维加斯、中国澳门等。有的国家或地方以赌博招徕旅游者或作为该地复苏旅游业的手段，如美国大西洋赌城。赌场吸引了大量的游客，因此人们将旅游与赌博直接联系起来。但一般来说，赌博与旅游业的关系并不十分密切。

8.2.6 旅游与宗教

在世界许多地方，宗教信仰一直是吸引信徒到宗教中心朝觐的强大动力。当今旅游与宗教的关系已有所改变。一方面到耶路撒冷、麦加等宗教圣地的旅游者并不都是虔诚的宗教徒，他们去宗教圣地旅游，并不是精神上的原因，而是常带有与宗教交往和满足好奇心等其他动机。因此，旅游者举止行为、服装衣饰常引起虔诚教徒的不满，他们认为旅游者影响了他们的生活和宗教活动；同时，人们担心宗教圣地为迎合旅游业的发展而失去其宗教意义。另一方面，宗教为自身的经济利益，把旅游接待看做一种重要收入来源，设置功德箱、出售纪念品和明信片等。这两方面的情况，都将导致宗教排他性的减少。

8.2.7 旅游与健康

旅游与健康以三种方式发生关系：第一，旅游的一个普遍动机是提高健康水平；第二，旅游地的公共卫生标准对旅游产品质量有重大影响；第三，旅游者可能会在某旅游地患病后把疾病带到所到之处，或患病的旅游者将疾病带到旅游地。

早在20世纪，为了治疗上的原因，许多人不惜长途跋涉到气候舒适或有温泉或其他环境条件良好的地方。虽然一些历史悠久的温泉疗养地已衰落，但为健康而进行的旅游仍有着重要意义，因为这种旅游在松弛人的神经的同时使人的体力得到恢复。在当代社会中，这种旅游已成为旅游业重要组成部分。

旅游地的公共卫生条件与旅游者的健康有重要关系。旅游地应给旅游者以卫生保障，旅游地的公共设施质量的好坏决定着旅游者对该地的满意程度，同时决定着旅游者是否会染上疾病，并把病菌带到其所到之处乃至自己的家中。另一方面，旅游者必须遵守旅游地的卫生条例，旅游者旅游前是经过健康检查的，但并不是所有的疾病，特别是像艾滋病这样的疾病都能检查出来，旅游地也会因旅游者带来的病菌和旅游污染引起疾病的滋生。因此，旅游既有助于公共健康设施的改善，也有可能引起健康标准的倒退。

8.2.8 旅游与文化的变更和交流

影响文化变更和交流的途径有：①生态环境的改变；②两种不同文化的接触；③社会进化过程的影响。旅游业可以对上述影响文化变更的三个方面产生影响，其中对第二方面，即两种不同的文化接触后引起的文化变更影响最大。

文化移植理论认为，当两种文化相碰撞时，两者都会通过“借用”的方式向对方靠拢。这种借用并不是对等的，而往往是较先进的文化影响较落后的文化。由于旅游地大多是不太发达的国家或地区，而游客多来自较发达的国家或地区，所以作为主人的旅游地居民对游客所代表的文化“借用”较多，他们往往屈从于游客的态度、价值观以迎合其需要。

旅游仅是文化移植的一个方面，各种文化碰撞引起的文化变更并不仅仅是旅游发展的结果，便利的交通、城市化的进程、探险家与土著人的交往等都有助于文化隔阂的解除。所以，要分清哪些变更来自旅游业的影响，哪些变更来自现代化进程的影响是很困难的。

现代旅游业的发展，使不同国家和地区、不同民族和文化的交往日益增多，从而消除了一些社会、民族偏见，促进了相互理解。一些学者认为，游客和旅游地居民的跨文化交流，其成功与否和下列三个因素密切相关。

(1) 游客。团队游客和散客与旅游地居民交流的机会大不相同。这种交流的程度随行程安排、游客的旅游动机、欣赏力水平、爱好和生活经历不同而变化。例如，团队游客受包价旅行日程安排的限制，往往不能脱离团队自由活动，而散客则能避开旅游点的喧闹和各种服务，深入到当地居民的生活和工作中了解其风土人情。很明显，非团队旅游使游客有更多的机会接触旅游地文化。

(2) 时间、空间和交流。游客和旅游地居民的交流还受游客逗留时间、双方交往的自然和社会空间、双方的语言能力、双方交流的愿望的影响。

(3) 文化经纪人。文化经纪人往往是能使用两种语言的人，他们在旅游活动中或充当翻译和导游，或充当旅游团领队和旅游产品的销售者。因此，文化经纪人在很大程度上决定着主客交流的程度，他们可以在不损害本地文化的前提下，有选择地向游客展示自己的文化。

当前，旅游活动形式仍以团队旅游组织形式为主，游客了解旅游地社会、文化、政治情况的机会极少，主客之间的交往常常变为肤浅的经济交往，游客与当地人的交往只限于售货员、旅游工作人员和旅游服务人员，游客往往通过拍摄下所参观游览的内容作为了解旅游地文化的窗口。因此，旅游业对促进文化交流的作用在某种程度上说是有限的。

8.2.9 民族文化的商业化倾向

1. 民族演艺因舞台化而失真

无论一个旅游地的文化有多古老、多复杂，它可以被归结为诸如艺术、工艺、舞蹈、音乐、建筑和节日等几个方面。旅游广告一般也以这几个方面为着眼点，但这种做法往往把旅游地描绘得过于简单而落俗套。许多旅游地尽可能地用舞台的形式把当地文化呈现给游客，如泰国、美国的夏威夷等，这种人为的文化表现形式使游客与当地社会隔离开来，旅游地常常在舞台上过分渲染本土文化，结果影响了游客的期望。

这样的文化销售现象在发展中国家最为突出。游客在出发前就根据旅游广告对旅游地产生一种印象，而旅行社又在旅游地组织与这种印象相符的活动，其结果是那些在旅游地自然存在的、吸引游客的东西，被人为地安排成一种间接的东西呈现给游客，那些传统节日、风俗习惯经过预先的安排以娱乐的形式被介绍给游客，从而失去了其原有的意义。

另外，游客到旅游地所看到的只是表面上的景观和预料之中的异国情调，所体验到的只是有选择性的当地生活。游客逗留的时间越短，对旅游地现实的扭曲就越大。这种由旅游地居民表演所扭曲的本土文化的现象，并不是发展中国家特有的现象。发达国家的旅游胜地也不乏类似的文化商品化现象。众多的个案研究表明，文化形式一经修饰而为游客的消费服务，就失去了其传统的意义。

2. 工艺品生产的批量化

旅游业在发挥保护和发展传统文化作用的同时，也导致了传统艺术形式的退化和假冒工艺品的产生。传统工艺品艺术形式退化的主要原因是，旅游业的发展使艺术品供不应求和以赚钱为目的的工匠的出现，这种局面引起了旅游地工艺美术的风格和形式上的变化，也改变了这些工艺美术品原来的意义，原来富有宗教和礼仪意义的工艺品现在成了商品，艺术与其在社会中的传统作用的联系被割断了。在太平洋地区、非洲和南美洲及北美洲的某些旅游区，传统艺术形式都在经历着细致的变化。那些为迎合游客需要的艺术品已逐渐失去了原来的意义，而游客购买旅游地的工艺品往往不是出于对该地文化的兴趣，而是把其作为向亲朋好友炫耀自己曾到某处一游的见证物。

关于工艺品伪造的问题，其根源在于部分游客希望买到便宜、富有异国情调的既小巧又耐久的纪念品的心理，这使工匠对工艺品的社会和精神意义及艺术含义改变了看法，也使工艺品的形状、大小和作用发生变化，从而使工艺品的制作方式、所用材料及质量也随之降格。

旅游市场的需求不但使旅游地工艺品的形式发生变化，而且使一个新的工艺品制造阶层应运而生。他们往往为追求工艺品的美学价值而放弃原有的对宗教、神话意义的追求。为了满足视觉的要求，工艺品失去了它原有的表达不同意义的特性而变得千篇一律。从人类学的角度看，旅游业对旅游地本土的工艺美术的最大影响是，它亵渎了其原有的宗教性和神话性。值得注意的是，在受到当今迅速发展的旅游业的冲击以前，旅游地的工艺美术形式就已经开始发生变化。事实上，一种有活力的艺术形式是不会永久不变的。另外，旅游业以外的外来文化也会对一个地方的艺术形式产生一定的影响。

8.3 旅游开发对自然环境的影响

自然地理环境由岩石、地形、大气、生物、土壤和水文等六大自然要素构成，自然地理环境要素及其组合构成了类型多样、缤纷多姿、地域差异显著的自然地理景观，这些景观成为吸引旅游者的自然旅游资源。因此，自然旅游资源是地理环境的一部分。例如，岩石圈的表层可形成各种地质、地貌类旅游资源，生物圈内可形成丰富的生物旅游资源，水圈内可形成江河、泉瀑等水体旅游资源等。自然旅游资源是旅游资源的重要组成部分，也是旅游开发和旅游业发展的自然物质基础。因为旅游景观差异的存在，才有旅游者从一种景观地到另一种景观地的流动，才有旅游现象的产生。

一般意义上的旅游环境，指对于具体的旅游客体——旅游区，影响旅游活动的主体——游客的旅游行为的各种外部因素，包括社会环境、自然生态环境、旅游气氛环境和旅游资源等。这里仅指旅游区的旅游资源、自然生态及相应的旅游气氛。旅游区的自然生态环境是旅游区地貌、空气、水和动植物等生态因子的总称，这些生态的有机结合形成了旅游区环境的优美与愉悦。从人类审美的心理需求来看，自然景观美是基础，在一个空气污浊、水体污染、四周嘈杂的环境中，游客是无法领略、欣赏、体会具体游览对象的各种美学特征的。特别是随着生产的发展和科技的进步，人们的闲暇时间逐步增加，城市居民进行旅游、回归自然，借自然环境的洁净达到锻炼和疗养身心的愿望正日益高涨。由此看来，旅游区的自然生态环境从某种意义上来说也是一种旅游资源。旅游气氛环境指旅游区所特有的地方特色、历史、民族风情及与之相适应的外部氛围。旅游环境美是形象与意境的双重美，而每一具体的游览对象，其对游客旅游行为的激发，很大程度上是它反映出的特殊的历史、地方、民族特点或一种异国、异地的特殊情调。所以，旅游区环境状况的好坏对旅游者旅游效果的影响是不可忽视的，游客旅游的满足程度与旅游区环境条件息息相关，直接影响旅游业持续发展，必须充分认识到保护旅游区环境的必要性与重要性。

科学合理的旅游开发，对旅游景观地环境会产生积极的正面的影响；如果开发利用或管理不当，也会产生负面影响，甚至造成对自然环境的难以挽回的破坏。

8.3.1 旅游开发对自然环境的积极影响

无论是自然环境还是人造环境，都是旅游产品中最根本的组成部分，一方面旅游的发展依托于旅游目的地的环境；另一方面，环境的质量也影响着旅游者对于旅游活动质量的评价。旅游业的发展是保护自然资源与景观的内动力之一，旅游开发对自然的积极的正面的影响有以下几个方面。

1. 美化环境、提高环境质量

为适应旅游发展的需要，旅游目的地的卫生条件和污染的治理会得到加强，从而改善和美化当地的环境，提高环境质量。旅游目的地可通过植树造林、开发园林景观、设计建设生态化环保建筑扩大绿化面积，还可以通过控制空气污染、水污染、噪声污染，提高垃圾处理的技术水平，促使环境全面净化。我国在“中国优秀旅游城市”评选活动中，制定了城市自然生态环境达标标准，由此推动了城市旅游目的地环境的美化和环境质量的改善；我国在旅游景区等级评定、饭店星级评定中，推行了相关的环境质量达标标准，激发了相关企业保护自然景观资源、改造环境、美化环境的积极性，充分体现了旅游开发对自然的积极的影响。2006年，国家旅游局确定旅游推介的主题是“中国乡村游”。乡村旅游的发展，也推动了乡村聚落环境的美化优化。

2. 建立各类自然保护区和遗产地

从旅游发展的角度看，自然保护区具有重要的旅游价值。由于自然保护区保存了完好的生态系统，珍贵的动植物和地质剖面，对旅游者有很大的吸引力，特别是有些以保护天然风景为主要目的的自然保护区，更是旅游者向往之地。在不破坏自然保护区生态环境的前提下，在自然保护区为旅游活动提供一定的场地，一方面满足旅游需求，提高旅游者的环境保护意识；另一方面将会创造巨大的经济价值和社会效益，弥补自然保护区建设经费之不足，由此可以形成自然保护区与旅游发展良性循环。世界上多数国家的实践已经证明了旅游对自然保护区建设的积极作用，如美国的黄石公园、委内瑞拉的皮缔尔自然公园、澳大利亚的大堡礁保护区建设等。在我国自然保护区建设与旅游开发得到同步发展，据国家环境保护总局2010年环境年报初步统计，我国自然保护区数量达到2 531个，其面积约占国土面积的15.2%，其中，国家级自然保护区已达到323个，并有26个自然保护区被联合国教科文组织列入“国际生物圈自然保护网”，30个自然保护区被列入《国际重要湿地名录》。同时我国还积极参与申遗工作，世界级遗产地数量不断增多。不可否认，这些成绩的取得，与旅游发展的需要和推动是分不开的，由此从客观上保护了自然环境和生态系统。

3. 为生态环境保护提供了必要的经费

旅游业收入目前已经成为环境保护经费的重要来源。据统计，湖南省武陵源景区门票收入为1.04亿元(2004年，张家界上市公司资料)，四川省的九寨沟风景名胜区门票收入为2.4亿元(2004年，四川省统计局)，这其中就有部分资金用于景区环境的保护。把旅游相关收入中一定比例的资金反馈到保护环境中，以实现以旅游养生态的目的。

4. 提高了公民的生态保护意识

以往人们对自然缺乏全面的认识与了解，仅想到向大自然索取生活资料，旅游业的发展使人们认识到这些自然资源可以带来更高的经济效益。优越的区域环境质量在今天是强大的旅游吸引力。环境意识日益深入人心，如果没有优越的环境，哪怕旅游资源再好，也不能成为好的旅游地。有些地方既无出色的文物古迹，也没有奇特的自然风光，却可以仅因为其环境质量优越而成为度假胜地。当地居民通过旅游业的发展改善了生活，因而能提高自觉保护环境的意识。因此，为了发展旅游业，人们比以往任何时候都更注意保护生态环境和提高环境质量。

8.3.2 旅游开发对自然环境的消极影响

1. 旅游开发对植物的影响

植物是很多旅游目的地的主要旅游资源之一，或者是旅游目的地的重要构景要素之一，如北京香山的红叶(黄栌木)，黄山的黄山松，大理苍山的杜鹃花。不同的旅游活动对植物产生不同的影响，主要包括以下几个方面。

第一，对鲜花、苗木和真菌的采集，会引起物种组成的变化。采集也是对植物的一种伤害行为。游客最常见的采集动机是想摘下某朵漂亮的花、或尝尝果实的滋味、或想带一部分植物回家种植。此外，一些游客迷恋植物的神奇疗效，一到野外看见药用植物就摘，使许多野生药用植物的天然族群越来越少。另外，旅游目的地当地居民为了增加收入，经常采摘各种野生菌类卖给游客，如果没有计划的采摘，会造成某些菌类的减少和绝迹。

第二，旅游者用火不慎会引起森林火灾。在近 20 年时间内，黄山分别在天都峰、浮丘溪、眉毛峰和大小洋湖等处发生过 5 次大的山林火灾，烧毁森林约 $2km^2$，损失惨重，据调查这些火灾与旅游用火不慎有关。

第三，旅游者在野外烧烤或野营住宿，会导致任意砍伐树木做烧柴和搭建帐篷，毁坏大量幼木，改变了森林的树龄结构，只剩下少量的幼木长大成熟覆盖地面。有的旅游区在修筑房屋时也会任意砍伐树木做建材。例如，1955 年以前，黄山森林覆盖率为 75%，现为 56%。黄山北海景区原号称“万松林”，而今成为“百松林”，年均砍伐木材 $500m^3$，1979 年砍伐 1 $200m^3$，这些林木被伐，均因旅游建筑用地、用材、烧柴所致。北京香山饭店在香山静宜园内选址建造，虽然大建筑师贝聿铭在设计时几易其稿，尽量保护名木古树，但最终还是砍掉百年古树 176 棵。

第四，步行旅游者和汽车交通直接对植物产生影响。当利用强度超过生态系统的容量时，就会对植物产生不利的影响。丹霞山的调查表明，受游客穿行影响的区域，其植物物种、木质和藤本、阴生种相对比非穿行区域分别减少 20%、17%和 15%。

第五，频繁的旅游者活动改变树木生长的微环境，导致群落退化甚至珍贵树种死亡。河南石人山景区内分布有珍稀树种秦岭冷杉，秦岭冷杉是我国特有的树种，国家二级保护植物，分布在海拔 1 700m 以上的山坡，总共有 281 棵。2000 年开始发现有个别秦岭冷杉死亡，2002 年秦岭冷杉开始大面积死亡，2004 年发现已死亡和染病的达 233 棵。究其原因：一是全球气候普遍变暖，另外一个原因是由于近年来石人山游人增多，游人在林间活动频繁，导致地面枯枝落叶层和水土流失，基岩裸露，形成温室效应，局部气温有变高的趋势，而且，络绎不绝的游人惊飞了虫子的天敌——鸟儿，给虫子的生长和繁殖提供了温床。秦岭冷杉属耐寒植物，在多种因素作用下，原来的生态系统发生变化，免疫力减弱，生长趋缓，遭到小蠹虫袭击。

第六，游路、索道建设对山体植被造成的影响。开山炸石修建游路、修建旅游索道，虽然从局部利益看，似乎使经营部门获得较大的经济收益，方便了一部分游客登山探险，但由于山石裸露，破坏山体岩石的稳定性，使局部地段大面积山体滑坡，水土流失，对山体植被、风景景观造成破坏。例如，位于云南苍山东坡海拔 2 500～2 800m 的玉带路，起点景下关将军洞，终至大理蝴蝶泉，全长75km。在道路修建时对沿途的山体、土石、植被、景观、地貌等造成了极大的破坏。苍山索道直插山顶，促使山顶城市化，人为地造成生态环境恶化。

旅游活动对植物产生的不良影响，一般在开发初期对植被覆盖率的损害最大，随着不断开发，旅游者增多，物种的多样性会下降，抗性弱的物种消失，抗性强的物种生存下来，同时其他抗性强的物种会被引入。旅游对不同的生态系统的影响差异巨大。例如，草原生态系统，由于抗性强的物种所占比例很大，因此旅游对其物种退化的影响就较小。

2．旅游开发对水质的影响

以水为旅游资源基础开展诸如游泳、钓鱼、划船等旅游活动的目的地，高质量的水是基础保证，如果大量污染物进入水体，对环境和经济都将产生危害。据调查，旅游开发对水环境的影响主要是生活垃圾(固体废弃物、生理排泄和生活污水)，旅游船只排放的油污和重金属。

第一，服务场所对水环境的影响。旅游服务场所包括宾馆、饭店、娱乐场所等是产生生活垃圾的主要来源。例如，在大理古城，环绕洱海的饭店、宾馆、旅行社有130多家，大小食店、餐饮店等上百家。大理素有“街街流水”之美称，这流水大部分流入洱海，在这上百家服务场所中，绝大多数都将生活污水直接排入沟中，流入洱海。据调查，每年大理“三月街”期间(农历三月十五日开始，连续7天)，城内宾馆、饭店、饮食店爆满，接待游客100万人次，高峰日达20万人次。按每人每天生活用水指标120～150升，产生生活污水按生活用水的1/3计算，这一期间，城内所有饭店产生的生活污水量为40 000立方米。另外，就餐游客所产生的排泄物量按每人每天排泄物量的1/3计算，这一期间为400吨。因而，在一年内的旅游高峰期，大理古城内的宾馆、饭店等服务场所将大约40 000立方米生活污水和400吨生理排泄物通过沟渠注入洱海。另正兴建的大理旅游度假区，规划年接待游人60万人次，日用水量6 000立方米，日产污水量5 000立方米，全年180万立方米，相对集中处理后排放，注入洱海。洱海沿岸的其他服务场所，如息龙宾馆、珠海乐园，喜洲田庄宾馆等，每年也有大量的生理排泄物和生活污水排入洱海。尽管有一部分生活污水和排泄物经过沉淀池处理(厌氧发酵)，但只有部分病毒和细菌被杀死，大部分将直接进入湖中。这说明通过沉淀池处理便排放，仅能对水环境的污染起到缓解或减轻作用，根本不彻底，长期下去，入湖生活垃圾既对湖水污染，影响生活用水，又造成湖体淤积，影响库容。进入水体中的有毒成分又可能在水生生物体内积累，影响水生生物的繁殖和食用。

第二，旅游船只生活垃圾对水环境的影响。在我国大部分风景水域旅游区，由于船上卫生设施不完善，管理制度松懈等，船上游客所产生的生活垃圾，没有采取集中收集靠岸处理的方法，而是直接倒、排入湖中。苍洱一日游是游人热衷参与的项目，洱海上80客以上的机动游船8艘，80客以下的81艘，共计89艘。根据统计，仅洱海上游船杜鹃号等6艘游船年载客量就达30.33万人次，按每人每天固体废弃物1.5千克，在船上所产生的生活垃圾为一天中的1/3计算，则这30.33万人全年遗弃洱海中的固体废弃物约为151.65吨；生理排泄物121.32吨；船上为游客备餐产生的污水为12 132立方米。尚有民间个体游船，每年所排入洱海的生活垃圾和固体废弃物也有相当的数量。大量的未经适当处理的生活污水进入海滩、湖泊、河流，对使用这些资源的旅游者的健康是一个潜在的危害。过多的营养物质进入水体将加剧富营养化的过程，过量的杂草生长将影响水中溶解氧的含量，而溶解氧含量的变化将影响鱼的数量、种类和生长速度。

第三，旅游船只跑、冒、滴、漏油对水环境的影响。在风景水域旅游区，游船、游艇是主要的娱乐和交通工具，由于机器设备老化、管理不善，有些游艇游船跑、冒、滴、漏油现象十分严重。据环境保护部门监测统计，1995 年洱海机动船共产生 133 吨油污。根据监测 1 滴油可污染 1 平方米水面计算，这 133 吨油又将污染多少水面？船只漏油不仅污染了水环境，更严重的是对水体中水生生物的生存条件造成威胁，汽油中含有的铅化合物在水底沉积物中积累会对某些生物产生危害。水体中不断增加的浮油物质，会对氧的供给产生严重影响，氧的供给和分布变化对水生动植物产生影响，同时降低了旅游者在这些水体中游玩的满意程度。

第四，过度的水产养殖对水质的影响。在风景水域旅游区，游客品尝当地独具特色的美味水产品是一项重要的活动内容。例如，无论中外游客，到大理来旅游，白族传统的砂锅鱼、酸辣鱼是一定要品尝的美味，由于食用鱼量的增加，刺激了网箱养鱼的发展蔓延。洱海网箱养鱼现有 150 亩左右(主要是草鱼)，由于采用粗放粗养，渔民从湖中大量打捞水草喂鱼，每年洱海要减少水生植物 3 000～4 000 亩，网箱养鱼使洱海水生植物资源遭到破坏，降低了水域自净能力。为了加速鱼的生长，绝大多数网箱养鱼户投饵次数和投饵量增加。在洱海南部已发现大范围淡水赤潮，这说明洱海的水质已有变劣的征兆。

目前，大量已进行的水质研究集中在城市和工业污染方面，对旅游水质研究的原理可能与之相似，但旅游活动产生的污染物质种类和数量与工业排污、城市排污不一样，并且旅游污染的是高质量的水体，其结果和影响是不一样的。因此，开展旅游污染研究，定量分析确定这些污染的性质和程度是迫切需要的。

3. 旅游对大气质量的影响

风景名胜区尤其是以自然风光为主的风景名胜区，对大气质量要求较高。风景名胜区旅游活动对大气质量产生影响的因素，主要包括建设施工扬尘、炉灶废气、餐饮油烟及汽车尾气造成的大气污染。

国内一些风景区内由于使用煤炭作燃料，造成较严重的空气污染。以张家界国家森林公园为例，1986 年，入园游客 50 万，公园内有生活锅炉 3 台，茶炉 8 台，饭店、餐厅、个体饮食业摊点炉灶共 30 多家，年耗煤 2 000 多吨，有近 200 吨二氧化硫、40 多吨一氧化碳、8 吨一氧化氮、20 多吨粉尘，以及相当数量的氟化物等排入大气中，大气中二氧化硫日均浓度超标率(按国家一级标准)为 100%，最高日均浓度值 0.34 毫克/立方米，最高瞬时浓度 0.621 毫克/立方米，相当于 1984 年的 6 倍，超标 3.14 倍，相当于 1984 年的 9 倍，造成大气质量下降。

旅游活动的异地性意味着要借助于汽车、轮船、火车、飞机旅行才能到达旅游目的地。所有这些交通方式都会对大气产生不同程度的污染。汽车尾气中含有上百种不同的化合物，有固体悬浮颗粒、一氧化碳、二氧化碳、铅及硫氧化合物等。一辆轿车一年排放的有害废气比自身重量大 3 倍，尾气中的二氧化硫具有强烈的刺激气味，达到一定浓度时容易导致“酸雨”的发生，会造成风景区内土壤和水源酸化，影响植物的生长，对自然景观环境影响很大。

旅游地在建设施工期要加强管理，降低扬尘产生。运营中要采用清洁能源，例如，旅游专业接待处采用电能、液化气等，农村社区接待站采用沼气、小水电和以玉米芯、锯末等为原料制成的木炭。对餐饮油烟，专门接待处安装专门的净化设备，农村接待站通过减少煎、炸、炒等食品加工方式，推出在加工过程中少有或没有油烟产生的特色菜肴以减少油烟的排放。通过改善景区内交通方式，提倡开展乘马匹、电动车、人力车、步行等游览方式，在旅游旺季适当控制汽车进入峡谷旅游区，减少汽车尾气的污染。例如，为保护大气环境质量，加强机动车尾气污染防治，庐山风景区内在北山园门停车场设立机动车尾气监测点，依据国家柴油车、汽油车烟度污染物排放标准，对进山车辆尾气排放进行达标检测。对检查不合格的车辆限制其进入景区景点。

4．旅游开发对野生动物的影响

打猎、观赏和对野生动物拍照是体验性很强的旅游活动项目。这类活动质量的高低对旅游者的满意程度影响很大。在自然环境中观看未被人为干扰的野生动物获得的享受，要远远高于在城市动物园中的体验。这种希望尽可能在自然状况下观看野生动物的欲望，使大量的旅游者集中到有限的野生动物丰富的地区，对野生动物产生很多消极影响。

第一，对野生动物的干扰。游客从事户外旅游活动，不可避免的会对生存其中的动物尤其是较为敏感的鸟类和哺乳动物造成干扰。例如，西双版纳的象谷，由于大规模游客的进入，影响了野象的生活规律，使经常出没于原始森林溪水旁的野象，现在只是偶尔有一两头在此活动；游客从事水上活动也可能对水鸟族群造成威胁，使水鸟不能好好地孵蛋，导致失温，天鹅或水禽会被钓鱼游客的钓钩挫伤，也可能会误食钓鱼用的小铅块而丧命。野生动物能承受旅游活动干扰的能力，在各个区域对各种动物都不一样。旅游活动对野生动物干扰会产生以下几个后果：①旅游开发会破坏野生动物的栖息地或庇护所，游客在旅游区活动，会干扰野生动物的生活和繁衍，使其捕食和繁衍的规律被破坏；②不加选择地狩猎和钓鱼使野生动物数量下降；③食肉动物与被食肉动物之间的关系被破坏。

第二，对野生动物的消费。旅游活动对野生动物的影响，以游客对野生动物的消费最为严重。有的游客不仅吃海鲜，更爱吃山珍，各种山珍海味，只要没有毒都可能成为游客的盘中餐，造成野生动物族群数量的下降甚至是绝迹。除了吃之外，有的游客又偏爱购买各种野生动物制品，如动物毛皮、象牙、鹿角等。本地居民为了赚钱，猎杀大量野生动物。1973 年非洲每月至少有 1 000 头大象被杀害，在肯尼亚每年有 25 000 张斑马皮出口。游客到云南大理首先要解决吃的问题，大理的砂锅鱼、酸辣鱼远近闻名，弓鱼更是水中珍品。由此而形成周城鱼庄、蝴蝶泉鱼庄、沙坝鱼庄、大理洱海鱼村等专营水产品的风味街，由于食用量的增大，加大了洱海鱼类的捕捞量，部分水产资源遭到破坏以至衰竭，洱海弓鱼几乎绝迹。许多海域原本有各种各样的贝类，但大量被游客食用和制成各种贝壳纪念品后，贝类的数量锐减。

第三，建立国家公园和自然保护区有益于某些动物的繁殖，但也会使某些动物过量繁殖，这对弱小的动物将产生致命的打击。例如，峨眉山的猴子受保护后数量繁殖过多，加剧了争夺食物的“战争”，弱小的猴子常常处于被动的地位，并且反过来游客经常受到猴子的袭击，影响了峨眉山的旅游形象。

第四，旅游与野生动物研究。由于缺乏旅游活动开展之前野生动物的数据，以及缺乏迁徙和死亡野生动物数据，旅游活动对野生动物影响的度量是模糊的。从旅游角度对野生动物进行研究有下述三个特点：①旅游对野生动物影响的研究工作集中在大哺乳动物和鸟类，而对较小的哺乳动物、爬行类动物和昆虫的注意较少；②研究的空间尺度较大，如以一个国家公园或以一个自然保护区为空间单位，这是野生动物的保护和作为一种基本的旅游资源所需要的空间尺度；③由于缺乏能确定和预测旅游对野生动物的影响的生态学基础，大部分的研究是描述性的。

5. 旅游开发对于地表土壤、地质的影响

随着各自然区域内旅游活动的开展，旅游设施建设与日俱增，使很完整的生态地区被逐渐分割，形成岛屿化，使生态环境面临前所未有的人工化改造，如地表铺面、植被更新、外来物种入侵等。无论是陆地还是水域表面都可能受到旅游活动的影响，岩岸、沙滩、湿地、泥沼地、天然洞穴、土壤等不同的地表覆盖都可能承受不同类型的旅游冲击，尤其是地表植物所赖以生存的土壤有机质往往受到最严重的冲击。例如，露营、野餐、步行都会对土壤造成严重的人为干扰。土壤一旦受到冲击，物理结构、化学成分、生物因子都会随之发生改变，并最终影响土壤上植物的种类和生长，昆虫、动物也会随之迁徙或减少。

在大多数地区，旅游对地质的影响很小。旅游对地质的影响局限于对一些独特地质景观的破坏，如钟乳石、石笋被破坏，珊瑚礁被挖走等。

阅读资料 8-2

缺水与污染，致使漓江“花容失色”

如果说桂林是一个生命体，那么漓江绝对是桂林的灵魂！

漓江，发源于广西壮族自治区兴安县猫儿山，从桂林到阳朔 83 千米水路，漓江像蜿蜒的玉带，缠绕在苍翠的奇峰中，造化为世界上规模最大、景色最为优美的岩溶景区。

漓江之美在于山水相依相伴，山是水的影子，水是山的期待，山倒映着水有千般妩媚，水缠绕着山有万种风情。在这个星球上，有比桂林更清秀的山，有比漓江更清澈的水，有比桂林更神奇的岩洞，有比桂林更美丽的城市，有比桂林更锦绣的田园，但是山、水、洞、城、田园风光组合在一起的城市，恐怕这世界上就只有桂林。1974 年尼克松来到桂林，游览漓江之后感慨道：“桂林的山水像埃及的金字塔具有永恒的魅力。”

2000 年年前的元旦节前，笔者因参加会议来到桂林，会议组织乘船游漓江，山水相映、如梦如幻的美景，留下了深刻的印象，以后无论何时想起，心中就会荡起醉人的回忆。2012 年 10 月，时隔 12 年笔者又一次乘船游在漓江上：水枯量小，江水浑浊，滩涂裸露，浮萍飘零，倒影顿失。浅滩处，泥沙混合着垃圾，在宽大的河床上织成了一张经纬网，将稀少的江水分割成块状，整个河床看起来就像一块不经意间踩碎了的鸡蛋壳。即使在面积较大的水域，水面也是泡沫重生，漂浮的塑料袋等生活垃圾比比皆是，自然山水的美感荡然无存，漓江两岸的山峰成了老态龙钟的鳏夫。

有关漓江的报道如下：

干旱：有道是“夜上海，雾重庆，雨桂林”。雨桂林不仅风景奇异，也道出了它的气候

特征。桂林一直是个不缺水的城市，地处亚热带季风性气候区，雨量充沛，年平均降雨量 1 960 毫米，水资源丰富。据统计，在桂林市 2.8 万平方千米的土地上，全年拥有水资源量达 391 亿立方米，桂林市区至阳朔漓江流域地下水、江水面积为 2 800 平方千米，天然水资源丰富。桂林人均水拥有量为全国人均量的 6 倍。2006 年 7～12 月，桂林极少降雨，特别是 9 月中旬～10 月，桂林全境滴雨未落。2007 年 10 月～11 月，桂林市的降雨量只有 11 毫米，比同期年平均少九成，创下自 1979 年以来最低历史记录，总体气温比历年同期偏高，市区出现了“热岛效应”，小寒来临，还有人穿着单衣。气象专家称，桂林天气变化是全球气候变暖的诠释和注解，而气候变暖，与环境遭到破坏有关。而现实的状况是，桂林干旱仍在继续！

一座雨量丰沛的城市突然出现大旱，缺水！到底是谁动了漓江的“奶酪”？

沿江非法挖沙，导致河床升高：从漓江源头下行，沿河两岸被非法采砂者挖得遍体鳞伤，导致江水渗漏，生态失去平衡，有的河床升高，部分河流改道，有的已造成严重水土流失。漓江枯水时，为通航和取水，浅滩深挖，漓江部分江段河床成了“漓沟”，既破坏山水自然景观，也影响漓江水生动物生息繁衍的自然生态环境。

工业、生活污染加剧：在漓江上游兴安县的六洞河，一些小型造纸厂，经年累月将未经处理的废水倾入河中，不仅损害了当地群众的健康，亦使六洞河生态环境遭到严重破坏。漓江沿岸和支流的一些地方，排污、非法挖沙、网箱养鱼、地笼捕鱼、休闲山庄和水上娱乐等项目无序发展，生活污水、甚至粪便都直接排入漓江，漓江的支流小东江，臭不可闻，游客掩鼻而过。江边的一些居民随手将垃圾从窗外扔入江中，把小东江当成了敞开的垃圾场。

尽管还没到枯水期，但漓江水已经几乎干涸。以前的象鼻山，半只象鼻伸入水中，小船可以从洞中划过，现在，游人可以在象鼻上休息、打闹、攀爬。拍照的地方原来是河床(图 8.3)，游人根本就不可能走到这里的，这个角度的象鼻山，以前只有在船上才能拍到，现在，游人可以随意在这儿走动，往阳朔的游船已经改道了。这只让桂林引以为傲、浑然天成的大象，已经很饥渴了！

图 8.3　如今的象鼻山

江水干涸或许有多种自然原因，最让人不可忍耐的是，这么多人以象鼻山为背景，在干涸的河床上摆起了烧烤油炸摊(图 8.4)！油乎乎的污水直接排到漓江里，让本来已经少得可怜几乎没有自净能力的漓江如何负担？

图 8.4　河床上的烧烤油炸摊

地产、旅游无序开发，导致水源林面积锐减：这些年，随着城市扩张，人口增加，生活水准提升，桂林房地产开发如火如荼，填鱼塘、砍树林、征田地，用来盖楼房。例如，桂林城徽象鼻山下漓江畔的安新洲，原来是一片郁郁葱葱的树林竹林和菜地，如今这里是一片居民区，那里的田园风光原是漓江风光的有机组成部分，房产在岸边开发，把山、水、洞、城、田园，五绝合一的桂林风景特色开发得荡然无存。河水要靠河床来保护，水源要靠植被来保护。树林变成了硬化的水泥路面和楼房，漓江不但失去了美丽的容颜，水土也将日益流失。

对旅游业的影响：由于干旱的影响，游览漓江“百里画廊”的起点码头一再后退，从市区的定桂门码头撤到郊区的磨盘山、竹江码头，再退到阳朔县境内的杨堤乡码头，下船的终点码头也由阳朔县城“缩水”在兴坪镇上船，不能达到阳朔县城，游程从过去的 83 千米“缩水”到 10 千米，再“缩水”到如今仅有的 6 千米水路。漓江水位因此急剧下降，部分河段干涸，83 千米的漓江游览航线目前通航仅 10 多千米。

2007 年 11 月 23 日，桂林海事局被迫做出漓江游览航线转点的决定，将原为从磨盘山码头出发到阳朔结束的漓江全线游调整为杨堤精华航线游。因无水景，漓江上的大型实景歌舞《印象·刘三姐》于 2008 年 1 月停演，一些旅游团闻讯纷纷退团。旅游业的萎缩，造成了桂林的餐饮、交通、旅店、购物、娱乐业等一系列连锁反应，经济损失无可估量。

谁之祸：漓江“花容失色”究竟是谁知之过错，是过度旅游？是森林破坏？是气候变暖？人类只有一个地球，地球只有一条漓江，科学再发达，经济再繁荣也造不出一条漓江来。“桂林是世界著名的风景文化名城，如果不把环境保护好，不把漓江治理好，即使工农业生产发展得再快，市政建设搞得再好，那也是功不抵过啊！”让邓小平同志 1973 年 10 月讲的一段话作为长鸣的警钟吧！期待“桂林山水甲天下”的美誉代代相传，而不是从此变为一个传说！

8.3.3 实例分析——中国自然保护区保护问题

中国在 1956 年建立了第一个自然保护区。截至 2012 年 1 月，国家已公布的国家级自然保护区 373 个，不少自然保护区，如四川的九寨沟、江西的庐山、湖南的张家界、云南的西双版纳等，不仅是观察与研究自然的重要基地、活的自然博物馆、基因多样性的自然宝库，同时也是良好的旅游目的地。随着旅游的开发，自然保护区环境也受到较大的影响。

张和民(1990)选择 55 个国家级自然保护区、124 个省级或省级以下自然保护区作为调查对象，研究中国自然保护区的环境现状，以及自然保护区内外居民的活动对自然保护区的影响。该项目寄出 179 份调查表，回复 79 份，占抽样总数的 45%，其中 33 个国家级自然保护区寄回调查单，占国家级保护区的 60%，46 个省级或省级以下自然保护区也完成并寄回调查单(占 33%)。通过分析，得出下列与旅游相关的有意义结论。

1. 当地人口与经济收入

许多自然保护区内住有当地居民。宁夏的贺兰山自然保护区内的当地居民为 121.5 万，是被调查保护区之冠；广东省的八宝山自然保护区的当地人口 8 人，为最少。分析显示当地居民在 1 万人以下的占报告数的 83%，在 10 001～121.5 万的占被调查保护区的 17%。

中国是一个发展中国家，目前政府还不可能拿出足够的钱来支持自然保护区的所有项目，以及自然保护区所在地的经济发展。因此，一个自然保护区很难避免所在地贫穷居民的干扰，因为猎捕具有经济价值和药用价值的野生动物，以及采集药用植物是自然保护区所在地居民经济收入的重要组成部分。分析结果表明农作物的收入只占自然保护区所在地居民收入的 48%，保护区内外其他劳务收入占 10%左右，其余 42%的经济收入都依赖于当地保护区内的自然资源。此外，保护区内居民每家每年耗烧柴 6 448 千克。22%的回答者指出，如何解决当地居民的生存需求是自然保护区管理的最重要方面。

2. 偷猎

调查分析表明，中国自然保护区的偷猎现象相当普遍，约占被调查保护区的 90%，报告说有记载的偷猎为 67%，怀疑存在偷猎占 33%。调查中有 82%的回答认为“为钱”是偷猎的最大目的。分析结果还显示，中国自然保护区偷猎来自保护区外的占 45%，保护区内外的占 49%，只有 6%的报告认为，偷猎者完全是保护区内的人。调查表明偷猎已经威胁到有些稀有物种生存。普遍的猎具绳套(特别是钢丝绳套)威胁到所有在套子安放区活动动物的生命安全。例如，1982—1983 两年间，卧龙自然保护区五一棚野外研究站的两只戴无线电颈圈的大熊猫，就死于当地居民为猎林麝安放的脚套上。许多珍稀动物的栖息地被割裂开，逼迫这些动物呈孤岛状分布。这样，偷猎导致的稀有动物种群数量降低，将严重威胁这些物种的生存可能性。

3．旅游与旅游收入

数据分析显示，中国自然保护区每年接待旅游者最多的是辽宁省凤凰山自然保护区(约80 万人次)。游客每年在 101～1 000 人之间的占被调查保护区的 43%。在 1 001～800 000 之间的占被调查保护区的 34%。每年从参观者所得的收入为 200～320 万元人民币。湖南省索溪峪自然保护区每年旅游收入近 320 万元人民币。四川省的九寨沟自然保护区每年收入 250 万元人民币。但是被访者抱怨旅游业所得的收入几乎全归旅游局，很少甚至没有把旅游收入用于自然保护区的保护和管理建设上来。这就是自然保护区旅游业的开展与资源保护的矛盾之所在。

4．污染

分析显示，中国自然保护区近半数(46%)已受到环境污染的威胁。只有 49%的回答者肯定他们的自然保护区没有受到污染。结果分析进一步说明，导致自然保护区污染的因素很多：农药污染为 14%，旅游 25%，工厂废料 6%，其他污染(采矿和原油泄漏)25%。无控制的农药使用，严重影响了迁徙鸟类及淡水生物的生存。例如，杀虫剂的滥用已导致了河南董寨自然保护区鸟类种群数锐减，也影响了安徽扬子鳄自然保护区的扬子鳄种群的生成。同样，游客暴涨加之管理不善所产生的污染，导致了许多自然保护区美景的破坏。例如，四川九寨沟自然保护区每年近 10 万游人带来的垃圾，已经威胁到其保护区最吸引人的美景——湖泊的继续存在。旅游设施的建设也带来另一方面的污染。

8.3.4 旅游开发与自然环境保护的原则与措施

1．保护方针

根据《中华人民共和国宪法》、《环境保护法》、《森林法》、《风景名胜区管理条例》、《中华人民共和国自然保护区条例》(以下简称《自然保护区条例》)、《中华人民共和国野生植物保护条例》、《中华人民共和国野生动物保护条例》和地方性法规等法律法规，拟定出保护方针，即“严格保护、合理利用、科学管理，使经济建设与资源、环境相协调，实现良性循环和可持续发展”。

2．保护与开发原则

总的原则是：开发应服从于保护，在保护的前提下进行开发。资源得到妥善保护，开发才能得到收益；开发取得收益，反过来可用于保护工作。一旦开发与保护出现矛盾，保护对开发拥有绝对否决权。

研究表明，生态系统对环境的保护作用，主要取决于其复杂性和稳定性，凡是占有空间愈大，组成结构愈复杂，如生物种类多、食物链复杂、内在调节机制完整有效，它的稳定性也就愈大。各种野生动植物的存在，是生态平衡和人类生活的主要保障。

(1) 合理地开发就是要遵循生态学原则。生态学上的“物物相关”规律，要求在开发利用中，必须注意调查研究、统筹兼顾、全面安排，切实做到保护管理。

(2) 合理地开发就是要遵循生物群落学这一基本原则。使物种资源不被破坏、不至于灭绝。

(3) 合理地开发就是要遵循环境学的基本原则。绝不可以牺牲环境为代价，人类开发自然、利用自然和向自然索取的同时，必须尊重自然界的客观规律，人与自然环境应进行统一和谐的发展。

(4) 合理地开发就是要遵循风景美学的原则。各类资源是现代旅游的基础，是旅游美学观赏价值的基本源泉，只有风景美，才使旅游具有观赏功能和价值。

3. 主要策略

1) 增加环境保护意识

(1) 要广泛宣传《环境保护法》、《自然保护区条例》等法律法规，树立环境保护是我国的一项基本国策，是现代化建设中的基本保护条件和战略任务的思想。要提高领导干部对资源、生态、环境的认识，在资源开发立项上，决策者要有超前认识，要提高整个民族对环境的认识，在环境保护工作中，要动员群众参与，依靠群众监督。

(2) 要认真处理好资源保护与旅游开发的关系。所有人为的生产、经营等项目都应以保护资源为基本原则，即把保护放在首位。要牢固树立“保护第一、持续发展”的原则，经济建设与自然保护协调发展，在保护的前提下开发，在利用中加强保护，注重保护，适度开发，合理规划，分步实施。

(3) 要把保护、开发、建设自然保护区的事业纳入地方政府的国民经济计划和社会发展计划，采取有利于自然保护的经济、技术政策和措施，使保护工作与经济建设和社会发展相协调。

2) 加强自然环境监测管理

(1) 要推行环境保护目标责任制，综合整治定量考核。对自然资源开发建设项目要严格实行环境影响评价制度，在环境保护及环境允许容量下进行，实行开发活动总量控制，对野生动植物的采摘和猎捕实施“许可证制度”。

(2) 严格控制污染源和对饭店、宾馆等服务场所污染物排放实行许可证制度，对游船、索道起始点的污染集中控制、异地处理和对污染限期治理。

3) 加强自然保护区的建设管理

(1) 建立健全有权威的保护区管理机构，配齐配强人员器材，同时做好规划和发展计划。

(2) 建立正常而稳定的资金渠道。对所有在保护区内从事经营活动的单位和个人开征资源补偿费和生态保护费。多渠道筹集保护资金，同时开展国际交流合作，争取国际环境资金援助和实用技术转让。

(3) 加强法制建设，依法加强管理。

(4) 变被动保护为积极保护。积极开展各项研究工作，把大量野生、珍稀、濒危物种引入风景名胜区中，这样不仅丰富了绿化材料，又加强了风景名胜区生态系统的稳定性，更能有效地保存植物资源，实行就地和迁地保存的有机结合。

(5) 建立适合于自然保护的新旅游体制，开展生态旅游。维持良性自然生态循环，实行有控制地开放，使旅游者能投身到大自然的名胜风景和高质量的生态环境中，达到欣赏自然美、陶冶情操、增长知识的目的。

4) 实行传统经济向现代生态建设转移

建立良性循环环境大生态系统，实现生态文明上的战略性突破，以最低限度地消耗自然资源和最大限度地建立生态体系作为平衡发展模式，维持经济社会发展的健康运行。因此，要在传统农业的基础上推广生态农业、生态林业，走生态经济发展的道路。在发挥国土整治综合效益中，增强城乡生态工程建设力度，改善生态环境，建立经济开发中的生态补偿机制，以实现必要的经济开发和必需的生态建设之间的良性循环，达到开发与保护并重，保证可持续发展的真正突破。

8.4 可持续旅游发展

到 20 世纪 90 年代，旅游业已经成为世界第一大产业，即使是在世界多个国家与地区的经济不景气时，旅游业也并未受到重创与打击，发展势头依然良好。旅游业在发展过程中取得的成就有目共睹，但其存在的诸多问题也不容忽视，人们已经普遍认识到，除非科学的予以规划与管理，否则与旅游业发展伴生而来的问题就可能会不断被放大而影响其发展，并且人们一致公认，解决问题的根本途径在于走可持续发展之路。

8.4.1 可持续旅游发展的目标与原则

1. 可持续发展的提出

人类社会已经在经济增长与环境保护相背离的道路上走过了数百年，而两者的背离又突出表现为人类在追求发展的过程中往往牺牲生态环境换取经济增长，这种竭泽而渔的做法短期内可能会降低自然资源的恢复和自净能力，长期持续下去则会导致环境恶化、资源枯竭等威胁人类生存的全球性问题。直到 20 世纪 60 年代这种情况才引起学者的关注。1962 年，美国生物学家卡森(Carson)出版了《寂静的春天》一书，标志着人类关心环境的开始。1980 年 3 月 5 日，联合国大会向世界发出呼吁："必须研究就自然的、社会的、生态的、经济的，以及利用自然资源过程中的基本关系，确保全球的持续发展。"但由于当时人们尚不能完全体会联合国的呼吁，大部分人尚不能体察到环境的恶化，因此未能在全球范围内引起足够的回响和反应。直到 1987 年，以挪威时任首相布伦特兰(Brundtland)夫人任主席的"世界环境与发展委员会"(The World Commission on Environment and Development, WCED)出版了《我们共同的未来》一书之后，才在世界各国中掀起了持续发展经济和社会的浪潮。

2. 可持续发展的内涵

可持续发展的概念自提出以来，引起了全球范围的广泛关注和探讨，各个学科从各自的角度出发，对可持续发展进行不同的阐述，可持续发展作为一个全新的理论体系，正在逐步形成和完善。例如，从哲学角度主张建立以生态文明为基点，以生物圈及人类的共存与发展为价值取向，转变人类以自我为中心，建立以人类与自然界的相互作用、相互协调为中心的生态生产关系和经济体制，从而保证人类社会的可持续发展；从地理区域经济角度，强调"人地"关系的协调统一，实现人类与自然的共同繁荣；从系统论的观点出发，指出可持续发展包含经济发展、社会发展和生态发展三个方面，是三者协调构成的复合系统，其功能是有效地调控三者之间的关系和平衡，使人类在保护节约资源的条件下，促进经济、社会、环境的全面进步，提高人民的生活质量。尽管各学科对可持续发展的阐述各不相同，但都包含了"协调经济、社会、环境三者关系"的思想，而这一点正是对人类传统发展模式的挑战，是人类谋求新的发展模式的基础。目前比较公认的是"世界环境与发展委员会"出版的《我们共同的未来》中提出的定义：可持续发展是既满足当代人的需求，又不对后代人满足其自身需求的能力构成危害的发展。关于可持续发展的基本模型，可做如下归纳，见表 8-3。

表 8-3　可持续发展模型：原则与目标[摘自沙普利(Sharpley)，2000]

可持续发展模型	
基本原则	1．整体性：将发展问题与环境问题置于全球社会环境之内进行整合 2．长远性：关注全球生态系统能够得以永久持续的能力 3．公平性：发展应是公平和公正的发展，应是社会中的所有成员都有获取和使用资源的机会，包括当今的社会和未来的社会
发展目标	1．改进所有民众的生活质量：教育、寿命期、发挥潜能的机会 2．满足基本需要：焦点为实际生活状况而非收入状况 3．独立自主：政治上自主，根据当地需要自主决策 4．内生性发展
可持续发展目标	1．具有可持续的人口规模 2．将不可再生性的自然资源消耗率降至最低程度 3．以具有可持续性的方式使用可再生资源 4．将污染排放控制在环境的自净能力之内
可持续发展的要求条件	1．采取新的关乎可持续生存的社会范式 2．国际及国家政治经济制度专注于公平公正的发展和资源利用 3．能够针对环境问题，不断探求新的解决方案 4．有助于推动在地方、国家以及国际等各个层次上制定整合性发展政策的全球同盟

(资料来源：李天元．旅游学．北京：高等教育出版社，2011：298.)

3．可持续旅游发展

旅游业可持续发展是随着可持续发展这一划时代思想的出现，基于旅游业在发展中所产生的日益严重的经济和社会问题而提出的。20 世纪 80 年代后期，可持续发展在世界范围内兴起，在这种背景下，可持续旅游的概念被提出来。1993 年，《可持续旅游》(*Journal of Sustainable Tourism*)在英国创刊，标志着可持续旅游的研究进入了一个新的起点。1995 年 4 月，联合国教科文组织、联合国环境规划署和世界旅游组织等在西班牙召开"旅游可持续发展世界会议”，会议通过了《可持续旅游发展宪章》和《可持续旅游发展行动计划》。这两份文件为旅游可持续发展制定了一套行为准则，并为世界各国推广可持续旅游提供了具体操作程序，标志着可持续旅游已进入了实践性阶段。

(1) 可持续旅游概念。可持续旅游概念是可持续发展思想在旅游这一特定经济和文化领域的延伸，不同组织机构和研究者，以及各种相关国际会议都对可持续旅游给出过定义的概念，人们在不同的讨论背景下做过多种不同的界定：例如，可持续旅游是一种“在保护和增强未来机会的同时，能够满足当今旅游者和东道地社会之需要的旅游(世界旅游组织，1993)；旅游业的发展必须有能力增加人们的经济机会，同时不会给当地经济活动的结构带来负面影响，可持续旅游的发展不能去干涉现有的社会组织形式，最后可持续旅游必须遵从于生态环境所能承受的极限[佩恩(Payne)，1993]；可持续旅游是指旅游业的发展能够长期维系当地经济，而又不破坏其赖以存在的环境(农村委员会，1995)；这些定义虽在字面上存在一定差异，但基本思想与可持续发展思想一致。可持续旅游包括三个方面的含义：在为旅游者提供高质量环境的同时，改善当地居民生活水平；在开发过程中维持旅游供给地生态环境的协调性、文化的完整性和旅游业经济目标的可获得性；保持和增强环境、社会和经济未来的发展机会(牛亚菲，王文彤，2000)。

(2) 可持续旅游发展的目标。根据对可持续旅游发展概念的解读，认为可持续旅游发展旨在实现以下几个目标。

① 增进人们对旅游所产生的环境影响与经济影响的理解，加强人们的生态意识。

② 促进旅游的公平发展。

③ 改善旅游接待地区的生活质量。

④ 向旅游者提供高质量的旅游经历。

⑤ 保护未来旅游开发赖以存在的环境质量。

从这些目标可以看出，可持续旅游的含义是多层面的。但其实质是使旅游与大自然、社会文化和人类环境和谐地形成一个整体，实现既满足当前和未来旅游业的发展，又不损害旅游者和旅游地当前和未来的利益。换言之就是要从长远观点出发，全面认识旅游的影响，在满足人们发展旅游业和开展旅游活动等方面，实现代际公平。

(3) 可持续旅游发展的原则。旅游发展具有丰富的内涵，其发展具有不可逆性、广泛性及自然—经济—社会的复合性。可持续旅游发展要遵循以下原则。

① 发展是重点，需要与限制共存。可持续旅游发展的落脚点在“发展”上，发展是旅游业的重点，旅游业可持续发展主要探索发展途径、发展方法、发展重点等一系列问题。旅游业可持续发展的目的是为了满足旅游者追求高品位旅游经历的需要，是为了满足旅游地居民当代和未来社会发展的需要；而为了不影响后代人的发展需要，又要对旅游资源等旅游业赖以发展的旅游环境的利用加以限制。这种限制不是绝对的，而是相对的。

② 可持续性原则。旅游可持续性是指旅游生态系统受到某种或某些因素干扰时，保持其自身发展的能力。旅游业可持续发展的首要条件是，旅游资源的永续利用和旅游生态系统的可持续性保持，核心是旅游发展不能超越旅游资源与旅游环境的承载力。“发展”一旦超越承载力这一临界点就会导致自身的衰退。

③ 公平性原则。可持续旅游发展的公平性体现在两个方面。第一，同一代人的横向公平性。当今世界的两大主题是和平与发展。发展作为全球两大主题之一，号召全世界共同发展。而目前世界的现状是两极化，贫富差距悬殊。在这种状况下，实现全球可持续发展是不可能的，也是不现实的。因此必须强调给世界各地区人民以公平的发展权。旅游业作为世界产业的一部分，也应当体现同代人之间的公平。第二，代际之间的纵向公平性。世界上不可能再生的旅游资源都是有限的，当代人不能只顾自己的需求而过度开发使用有限的旅游资源，而是应当给后世以公平利用旅游资源的权利和机会。

④ 共同性原则。“保护人类共有的地球”、“共建共享我们的家园”是包括旅游业在内的全球可持续发展目标，可持续发展所体现的公平，重发展，可持续性原则是全人类应当恪守的共同原则。为了实现可持续发展，全球必须采取共同的联合行为。正如《里约热内卢环境与发展宣言》之中所述：致力于达成既尊重所有各方的利益，又保护全球环境与发展的国际协定，认识到我们的家园——地球的整体性和相互依存性。

8.4.2 实施可持续旅游发展的途径与措施

如何实现旅游业的可持续发展，需要涉及和讨论的问题很多，根据 20 世纪 80 年代中期以来可持续旅游发展理论研究与实践探索，实施可持续旅游发展的途径与措施主要有以下几方面。

1. 旅游承载力

作为旅游学研究的基本内容之一，旅游对东道地经济、社会和环境的影响历来都是旅游研究的重要选题。如何评价旅游业对目的地的影响，探讨相应的控制途径，更是讨论可持续旅游发展的热门话题。很多观察都表明，对于一个旅游目的地来说，旅游业的发展带给该地的负面影响程度是由多方面因素共同决定的，其中主要的因素一般包括：来访旅游者的数量；该地的经济结构和供给能力；旅游活动的类型；当地居民与外来旅游者在社会、文化方面的差异程度；该地环境的脆弱程度，等等。任何一个旅游地，其社会、生态环境、经济能力所能承受的旅游活动的规模即承载力都是有一定限度的，超过了这个限度，旅游活动所导致的负面影响就会迅速增大，如果不能有效地得到扭转，该地旅游业的生存将难以为继，因此必须将旅游业和旅游者的活动规模控制在该地承载力的限度之内，这是实现一个旅游地可持续旅游发展的根本前提。

对于旅游承载力这一概念的界定，虽然人们有不同的表述，但实质内容并无根本差异，其中被人们引用最多的解释是，旅游承载力是指“一个旅游目的地在不至于导致当地环境质量和游客旅游经历质量出现不可接受的下降这一前提下，所能吸纳外来游客的最大能力”(马西森和沃尔，1982)。世界旅游组织对旅游承载力的解释也与之类似，即“(旅游)承载力是指一个地区在提供使旅游者满意的接待并对资源产生很小影响的前提下，所能进行的旅游活动的规模”。其实，在这种极限值或承载力概念被旅游科学应用之前，工程技术科学领域已应用很久了。例如，岩土工程中的地基承载力(俗称地耐力)，表达的便是某一地面基础所能承受的建筑物压力。生态学中“载畜量”则表达的是一块牧草地所能容纳的畜群载荷极限值。

需要说明的是，旅游承载力是一个综合的概念，包括基本空间标准、生态环境承载力、社会承载力、游客感知(容量)承载力等概念。旅游的影响涉及经济、社会、文化、环境等多个方面，因此旅游目的地在容纳旅游活动量方面的承载力涉及多个不同的维度或层面，如果将一个旅游目的地的承载力比喻为一只由多个板块箍成的木桶，那么承载力的大小就由最短的板块所决定，也就是系统学中所说的“木桶原理”。因此，一个旅游目的地旅游承载力的临界线应以上述层面中最薄弱的承载能力为标准。一个旅游目的地的承载力并非永远静止不变，随着时间的发展和情况的变化，有可能出现新的调整，凡有关对于某地旅游承载力的讨论和判定，都是就现阶段或可以预计的时间范围而言的。虽然旅游承载力在理论上不难理解，但从实践的角度看，旅游承载力的概念也有一定的局限性。首先，对于何为“不可接受(程度)”的质量下降，不同的东道地社会和不同的旅游者往往会有不同的感知标准，因而难以有可供各地借鉴使用的统一“标准”，因此，对于一个旅游目的地其承载力的预先确定，实为该目的地的管理决策。

总之，旅游承载力决定着旅游活动量的极限。对于一个旅游目的地而言，游客活动量的增加一旦超过承载力，所产生的负面影响就会突破该地环境的自净能力和该地社会自身的免疫力，从而极易使原本潜在的负面影响转化为“不可接受”的现实问题。因此，在这个意义上，一个旅游目的地的承载力也便成为其旅游业实现可持续发展的核心问题。

2. 旅游目的地管理

旅游发展实践表明，在客观条件基本相同的旅游目的地中，旅游发展对环境和社会的负面影响在某些目的地确实发展到了令人“不可接受”的程度，而在另外的目的地却未形成严重的现实问题，甚至始终都处于隐性状态。这些事实说明，如果说旅游发展对目的地的生态环境和社会影响是绝对的，那么它们能否形成严重的现实问题是有条件的。其中重要的一点便是与目的地的管理关系很大。著名旅游学者巴特勒(Butler)在评价可持续旅游发展时曾特别强调：第一，政策制定者和目的地管理者需要认识到，可持续旅游发展所包含的一项绝对义务就是承认旅游业的发展注定有其增长的极限；第二，在可持续旅游发展管理工作中，“监管工作必不可少”(1999)。对旅游发展实施监管工作会涉及很多层面，其中最基础的工作便是对该地旅游业的发展进行规划与监控。

对于目的地管理者来说，可用于预防和控制旅游负面影响扩大化的措施很多，其中主要包括以下几个方面。

1) 加强宣传教育

旅游是一种以“人”为中心的综合性活动，旅游业对环境的破坏主要是由于人的活动而引起的。因此，要实现旅游业可持续发展必须对包括旅游者、旅游业从业人员和旅游地居民在内的人进行旅游业可持续发展及环境保护重要性的教育，使他们在涉及旅游的各种活动中，都能自觉地恪守旅游业可持续发展的准则。对于旅游者而言，能否获得高质量、高品位的旅游经历取决于自然、人文旅游资源及旅游环境的受保护程度。对旅游者进行教育，通过潜移默化的方式将旅游业可持续发展的观念渗透到旅游者的头脑之中，培养他们自觉保护环境的意识。

2) 健全旅游法制

不可否认，无论宣传教育做得怎样到位，总有一些人不惜以破坏环境、毁坏资源为代价来获得个人私利。因此，必须出台关于旅游业可持续发展的法律法规，运用法律手段制止不法分子的破坏行为。

3) 以旅游承载力为依据，进行旅游开发与决策

虽然旅游承载力具有季节性，易受其他因素的影响而难以达到准确化，但它是环境保护和旅游业可持续发展的最基本因素。在确定承载力的基础上，以环境保护为基础，对旅游地进行开发，才会使旅游业实现可持续发展。

4) 大力提倡和发展生态旅游

生态旅游是一种新兴的旅游方式，这种方式既能做到保护环境，又能为旅游者提供难忘的旅游经历，还能最大限度地造福于旅游地。因此，生态旅游是目前和未来促进旅游业可持续发展的最佳选择之一。

5) 进行环境影响评估

环境影响评估，原是美国进行成本—收益分析的一部分，后来逐渐应用到各行业中。环境是旅游产品的载体，旅游环境质量的优劣直接关系着旅游产品的质量。将环境评估引入到旅游资源开发中，能够将旅游业发展对自然环境、社会文化等的冲击和影响做准确的评价和估计。以评估结果作为理论依据，可以帮助旅游投资商、旅游开发商、旅游地的管理部门减少或取消对一些将严重破坏环境，且发展潜力小的项目投资，避免资金的浪费。环境影响评估，是环境管理的有效工具，是实现旅游业可持续发展的必要途径。

6) 转变旅游开发观念和经营模式

摒弃以往规模开发旅游资源的模式，以及片面追求旅游经济增长的开发方式，以可持续发展的理论思想为指导，提高旅游资源利用率，走集约化发展旅游经济的道路。

本章小结

旅游对目的地的影响是多方面的，主要体现在经济、社会文化和对目的地环境影响等几方面，在旅游开发的初期，旅游对目的地的经济影响受到多方面的关注，旅游可以促进目的地经济结构的调整、增加当地居民的收入、提供就业岗位等，因此，旅游经济收入的合理统计受到政府相关部门的重视，并提出了旅游卫星账户的概念。旅游社会文化影响逐渐受到目的地的重视，旅游者在旅游目的地的示范效应既有积极的一面也有消极的一面，旅游活动带来的负面影响主要表现在赌博、色情、本土文化的丧失及民族文化商业化倾向。旅游开发是一把双刃剑，旅游发展离不开优美的自然环境，但旅游活动对自然环境的负面影响不可低估。

旅游业在发展过程中取得的成就有目共睹，但其存在的诸多问题也不容忽视，人们已经普遍认识到，解决问题的根本途径在于走可持续发展之路。

关键词及概念

旅游外汇收入　旅游外汇漏损　旅游出口　旅游卫星账户　旅游开发与保护　旅游者的示范效应　民族文化商业化　可持续旅游发展

复习思考题

一、名词解释

1．旅游外汇收入　　2．旅游卫星账户
3．旅游者的示范效应　　4．可持续旅游发展

二、简答题

1．简述旅游开发与资源保护的关系。
2．简述旅游开发对经济的消极影响。
3．简述可持续旅游发展的目标与内涵。

三、论述题

1．结合实例，谈谈旅游开发对自然的影响及解决的对策和措施。
2．结合实践论述旅游开发对经济的积极影响。
3．举例论述旅游开发对社会文化的影响。

四、案例分析题

龙胜旅游文化可持续发展分析

龙胜各族自治县位于广西东北部，县城距桂林市 88 千米，是大桂林旅游圈内的旅游大县之一。

1．龙胜旅游资源

1) 龙胜龙脊梯田

龙胜龙脊梯田是龙胜民俗旅游资源的核心。龙脊梯田修建于元朝，完工于明末清初。20 世纪 80 年代中期，一些摄影爱好者惊叹于龙脊梯田的“神妙韵律，优美线条”，拍摄了大量照片并发表于各类报纸杂志，使龙脊梯田逐渐为世界所知，龙胜旅游业由此起步。

2) 民俗文化

民族节庆。龙胜少数民族有许多具有民族特色的节日，如农历三月初三是各族人民的歌节、农历四月初八的红瑶红衣节等。每逢节日盛会，各族人民欢聚一堂，热闹非凡。民族节庆不仅是少数民族的庆典，也是各族人民物资交流、文化交流的场所。民居建筑，民居是民族艺术的凝固。龙胜独具特色的民居建筑有壮族的干栏式建筑、红瑶的半边楼、侗族的风雨桥和鼓楼等，尤其值得一看的是被誉为“侗族建筑之精华”的风雨桥。

3) 龙胜温泉

龙胜温泉坐落在龙胜县城东北方向 28 千米的龙胜温泉国家森林公园内，龙胜温泉之所以无以伦比，在于它十分优美的环境和十分优良的水质。

2. 龙胜旅游开发成就

龙胜民俗旅游以 1992 年白面瑶寨开放为起点，10 多年来开发了龙脊梯田景区、金竹壮寨、银水侗寨、岩门苗寨、黄洛瑶寨、平安壮寨、细门瑶寨等景区(点)，其中金竹、大寨两村以独特的自然风光和原生态的民俗风情分别被评为全国首批 15 个景观村落之一、8 个景观经典村落之一。2006 年龙胜被评为中国文化旅游大县，2007 年被评为中国生态旅游大县。旅游经济 93.85 万人次，比上年增长 11.62%，实现旅游总收入 5.5 亿元，比上年增长 40%。龙胜旅游正式开发于 1983 年，经过 20 多年的发展，形成了龙脊梯田文化、温泉休闲度假、民俗风情体验三大旅游品牌。

3. 存在问题

龙胜旅游经过 20 多年的发展，取得了显著的成效，但也存在一些问题。

1) 旅游资金投入不足

龙胜是桂北贫困县，2008 年全县生产总值 4.861 2 亿元，仅为邻近灵川县的 41%，财政收入 2.004 亿元，仅为灵川县的 39%。资金不足制约了基础设施建设，从龙胜县城到平等乡、泗水乡等少数乡镇的交通是简易的公路，路况比较差，制约了旅游开发。资金不足同样制约着旅游宣传促销。资金不足也使得一些有历史价值的文物古迹得不到很好的保护，如龙脊村的“三鱼共首图”，大约是清代同治年间所制，是壮族、瑶族、侗族民族团结的象征，富有历史和艺术价值。该石刻现位于龙脊村公所前面的风雨桥面上，任人踩踏，已经明显磨损。

2) 景点重复建设

龙胜境内的民俗旅游村寨景点有十几个，主要集中于瑶寨、壮寨、侗寨开发，由于缺乏专业人员规划，各地对民俗的挖掘整理工作做得不够，各自富有特色的民俗文化没有被挖掘出来，景点重复建设的现象严重。以瑶寨开发为例，在以龙胜温泉为中心，方圆 10 千米的范围内，已经开发了白面瑶寨、三门瑶寨、细门瑶寨、黄洛瑶寨四个瑶寨，其中黄洛瑶寨以红瑶妇女乌黑亮丽的长发、鲜艳的红瑶服饰、“顶竹竿”、“打旗公”等体育竞技活动为卖点；三门红瑶寨、细门瑶寨、白面瑶寨在龙胜温泉旅游风景线内，三个瑶寨的民族民俗展示基本相同，旅游者看多了会觉得索然无味，造成景区的整体效益下降，而且村寨之间客源竞争严重，激化了村寨之间的矛盾。

3) 利益分配机制不健全

龙胜民俗旅游的利益相关者包括县政府、旅游公司(主要投资方)、个体企业、当地村委会、当地居民等，旅游发展带来的利益在各方之间的分配是不合理的。当地村委会和居民作为民俗旅游资源的创造者和维护者，没有得到应得的回报，旅游企业特别是外来的企业及个人，为拥有较雄厚的资金、较好的经营方法，获得了较大的利润，旅游收益严重外流。正因为利益分配不公平，曾经导致利益相关者之间产生正面冲突，严重影响旅游健康稳定发展。

4. 龙胜民俗文化旅游可持续发展对策

1) 加大资金投入

招商引资：旅游是龙胜招商引资的四大优势资源之一，县政府和县旅游局可以提出有吸引力、有前景的旅游项目来吸引境内外资金，以项目带动旅游基础设施建设和资源开发。同时，可以利用外部资金在经营、管理方面的先进经验，提升民俗旅游的发展水平。

促进企业加大投入：政府部门可以通过制定相关的鼓励政策，指导企业调整利益分配比例，增加旅游宣传投资、再生产投资、资源保护投资。这样做的好处在于：通过宣传促销，提高本景区的知名度，吸引更多旅游者前来；扩大再生产，完善景区内部基础设施和旅游接待设施，提高旅游者满意度，从而提高美誉度吸引回头客；保护旅游资源，使资源可持续从而实现旅游业可持续发展。

财政投入要“好钢用在刀刃上：县财政投入及上级的财政拨款，要用在最需要或者惠及面最广的地方。例如，联系县城及主要客源地交通、景点之间交通、旅游信息服务、旅游咨询、组织企业对外宣传并树立本地旅游形象、引导民族村寨进行新农村建设等，总之，财政投入要集中精力办大事。

2) 深入挖掘民俗文化，突出景区特色

民俗文化的内容是比较丰富的，如果深入挖掘民俗文化，一定能发现自身独特的内涵，根据独特的内涵来建设景区，突出景区特色，才能在竞争中与众不同，从而获得发展。任何形式的旅游开发都离不开资源普查，民俗旅游也不例外。各民族村寨需要对民俗进行一次普查，了解本村的民俗概况，重点掌握有特色的民俗。普查过程中应该用现代化手段将各类民俗记录并整理出来。在普查的基础上对民俗进行筛选，选出那些比较有吸引力的、比较有特色的而且可以开发利用的民俗文化。即使是筛选出来的民俗文化也要进行适当的开发才能对旅游者形成现实的吸引力。这里的开发包括：外显的民俗如何展示，外显民俗内含的文化如何向旅游者传播，如何设计项目才能吸引旅游者参与而且不失原真性，如何提高旅游纪念品质量和购买率，民俗旅游的包装促销，等等。

(资料来源：http://wenku.baidu.com/view/4706c10c763231126edb11c9.html.)

问题：论述龙胜实施可持续旅游发展的途径。

参考文献

[1] Burkart A J，Medlik S．*Tourism: Past，Present and Future*[M]．Heinemann，London，1981．

[2] Charles R Goeldner，J R Brent Ritchie．*Tourism: Principles，Practices，Philosophies*[M]．12th ed．John Wiley & Sons，2011．

[3] Christopher Holloway J．*Claire Humphreys and Rob Davidson，The Business of Tourism*[M]．8th ed．Prentice Hall，2009．

[4] Lloyd Hudman，Richard Jackson．*Geography of Travel and Tourism*[M]．4th ed．Thomson，2003．

[5] Michael C Hall，Stephen J Page．*The Geography of Tourism and Recreation—Environment，Place and Space*．3rd Edit．[M]．Routledge，2006．

[6] Stephen J Page．*Transport and Tourism—Global Perspectives*[M]．2nd ed．Pearson，2005．

[7] 安应民．旅游学概论[M]．北京：中国旅游出版社，2007．

[8] [美]查尔斯·R．戈尔德耐，等．旅游业教程：旅游业原理方法和实践[M]．8版．贾秀海，译．大连：大连理工大学出版社，2003．

[9] 曹诗图，曹国新，邓苏．对旅游本质的哲学辨析[J]．旅游科学，2011(1)：80-87．

[10] 邓观利．旅游学[M]．天津：天津人民出版社，1994．

[11] 董观志．旅游学概论[M]．大连：东北财经大学出版社，2007．

[12] 董玉明，王雷亭．旅游学概论[M]．上海：上海交通大学出版社，2000．

[13] 杜江，张凌云．解构与重构：旅游学学科发展的新思维[J]．旅游学刊，2004(3)：19-26．

[14] 冯革群．德语国家休闲与旅游地理研究的回顾与进展[J]．旅游学刊，2006(11)：24-30．

[15] 何丽芳，贺湘辉，徐文苑．旅游学概论[M]．北京：清华大学出版社，北京交通大学出版社，2006．

[16] [德]埃德蒙德·胡塞尔．现象学的方法[M]．倪梁康，译．上海：上海译文出版社，1994．

[17] 李天元．旅游学概论[M]．6版．天津：南开大学出版社，2009．

[18] 刘伟，朱玉槐．旅游学[M]．广州：广东旅游出版社，2001．

[19] 马勇，周霄．旅游学概论[M]．北京：旅游教育出版社，2008．

[20] [日]浅香幸雄，山村顺次，等．观光地理学[M]．东京：大明堂，1974．

[21] [日]山村顺次，等．新观光地理学[M]．东京：大明堂，1995．

[22] 申葆嘉．旅游学原理：旅游运行规律研究之系统陈述[M]．北京：中国旅游出版社，2010．

[23] 陶汉军．新编旅游学概论[M]．北京：旅游教育出版社，2001．

[24] [美]托马斯·库恩．科学革命的结构[M]．李宝恒，纪树立，译．上海：上海科学技术出版社，1980．

[25] 王德刚．旅游学概论[M]．济南：山东大学出版社，2004．

[26] 王德刚．试论旅游学的学科性质[J]．旅游学刊，1998(2)：47-49；63．

[27] 王洪滨，高苏．旅游学概论[M]．2版．北京：中国旅游出版社，2010．

[28] 谢彦君．基础旅游学[M]．3版．北京：中国旅游出版社，2011．

[29] 张凌云．非惯常环境：旅游核心概念的再研究——建构旅游学研究框架的一种尝试[J]．旅游学刊，2009(7)：12-17．

[30] 张凌云．旅游学研究的新框架：对非惯常环境下消费者行为和现象的研究[J]．旅游学刊，2008(10)：12-16．

[31] 张凌云．走出混沌：旅游学科的归属与性质探索[J]．中大管理研究，2012，7(1)：13-17.
[32] 吴必虎．旅游系统：对旅游活动与旅游科学的一种解释[J]．旅游学刊，1998(1)：21-25.
[33] 谢彦君．基础旅游学[M]．2 版．北京：中国旅游出版社，2004.
[34] 魏向东．旅游概论[M]．北京：中国林业出版社，2000.
[35] 李伟．旅游学通论[M]．北京：科学出版社，2006.
[36] 田里．旅游学概论[M]．天津：南开大学出版社，2006.
[37] 马勇．旅游学概论[M]．北京：高等教育出版社，1998.
[38] 常莉．旅游学概论[M]．北京：对外经济贸易大学出版社，2008.
[39] 曹国新，宋修建．旅游的发生、发展及其本质——一种基于发生学的考察[J]．华东师范大学学报(哲学社会科学版)，2004(3).
[40] 伍飞．旅游整合世界[M]．北京：北京大学出版社，2008.
[41] 王明煊，胡定鹏．中国旅游文化[M]．浙江：浙江大学出版社，1998.
[42] 韩春鲜．旅游概念诠释[J]．经济地理，2006(S2).
[43] 任唤麟，何小芊．旅游概念界定与中国古代旅游发展论略[J]．旅游论坛，2011(4).
[44] 王淑良．中国旅游史(上册)[M]．北京：旅游教育出版社，1998.
[45] 张凌云．国际上流行的旅游定义和概念综述——兼对旅游本质的再认识[J]．旅游学刊，2008(1).
[46] 谢彦君．论旅游的本质与特征[J]．旅游学刊，1998(4).
[47] 戴斌．关于构建旅游学理论体系的几点看法[J]．旅游学刊，1997(6).
[48] 吴必虎．区域旅游规划原理[M]．北京：中国旅游出版社，2001.
[49] 陈兴中，方海川，汪明林．旅游资源开发与规划[M]．北京：科学出版社，2005.
[50] 鄢志武，柴海燕，李志飞．旅游资源学[M]．武汉：武汉大学出版社，2003.
[51] 马耀峰，宋宝平，赵振斌．旅游资源开发[M]．北京：科学出版社，2005.
[52] 喻小航．论旅游资源的内涵与特性[J]．西南师范大学学报(人文社会科学版)，2004(3)：105-109.
[53] 吴宜进．旅游资源学[M]．武汉：华中科技大学出版社，2009.
[54] 杨桂华．旅游资源学(修订版)[M]．昆明：云南大学出版社，1999.
[55] 孙文昌．现代旅游学[M]．青岛：青岛出版社，2002.
[56] 罗明义．旅游管理学[M]．天津：南开大学出版社，2007.
[57] 邹再进．旅游业态发展趋势探讨[J]．商业研究，2007(12)：156-160.
[58] 杨玲玲，魏小安．旅游新业态的“新”意探析[J]．资源与产业，2009(6)：135-138.
[59] 许豫宏．当代旅游业态理论及创新问题探析[J]．商业研究，2009(6)：45-50.
[60] 王敬武．关于对旅游者概念定义的几点看法[J]．旅游学刊，1999(1).
[61] 李梅．对旅游者定义的思考[J]．生态经济(学术版)，2011(2).
[62] 黄谦，黄梅．旅游者目的地选择的影响因素分析[J]．经营管理者，2009(22).
[63] 戴晓丹．浅析旅游动机的类型及特征[J]．科技信息，2010，29.
[64] 鲁澎．世界旅游组织对旅游基本概念的重新定义[J]．旅游学刊，1992.
[65] 张红升，胡顺利．我国国内旅游业发展现状和趋势研究[J]．科技经济市场，2010(7).
[66] 刘德谦．中国国内旅游市场的稳步与变化[J]．旅游学刊，2008(6).
[67] 王瑾．中国国内旅游市场需求的影响因素分析[J]．经济视角(下)，2008(6).

[68] 杨智勇，斯琴．中国入境旅游市场特征分析与预测[J]．未来与发展，2010(10).
[69] 李天元．旅游学[M]．2 版．北京：高等教育出版社，2006.
[70] 张凌云，朱莉蓉．中外旅游标准化发展现状和趋势比较研究[J]．旅游学刊，2011，26(5)：12-21.
[71] 王嵘山．中国旅游标准化工作成效回顾[J]．旅游学刊，2008，23(11)：8-10.
[72] 安应民．关于加快旅游标准化建设的思考[J]．标准科学，2009(1)：31-34.
[73] 纪根立．以科学发展观为指导全面构筑浙江旅游标准化体系[J]．旅游调研，2006(3).
[74] 王洪滨．旅游学概论[M]．北京：中国旅游出版社，2004.
[75] 罗明义．旅游业税收贡献的分类测算方法[J]．旅游学刊，2001，16(2).
[76] 李佳，钟林生，成升魁．中国旅游扶贫研究进展[J]．中国人口·资源与环境，2009，19(3).
[77] 郑冬子．旅游地理学[M]．广州：华南理工大学出版社，2005.
[78] 冯淑华．旅游地理学[M]．武汉：华中科技大学出版社，2011.
[79] 李永文．旅游地理学[M]．北京：科学出版社，2004.
[80] 中华人民共和国国家旅游局．中国旅游统计年鉴[M]．北京：中国旅游出版社，2010.
[81] http://www.world-tourism.org.
[82] http://www.pata.org.
[83] http://www.cotsa.com.
[84] http://www.toptour.cn.

北京大学出版社本科旅游管理系列规划教材

序号	书　　名	标 准 书 号	主　编	定价	出版时间	配套情况
1	旅游学	7-301-22518-9	李　瑞	30	2013	课件
2	旅游学概论	7-301-21610-1	李玉华	42	2013	课件
3	旅游学导论	7-301-21325-4	张金霞	36	2012	课件
4	旅游资源开发与规划	7-301-22451-9	孟爱云	32	2013	课件
5	旅游规划原理与实务	7-301-21221-9	郭　伟	35	2012	课件
6	旅游地形象设计学	7-301-20946-2	凌善金	30	2012	课件
7	旅游英语教程	7-301-22042-9	于立新	38	2013	课件
8	导游实务	7-301-22045-0	易婷婷	29	2013	课件
9	导游实务	7-301-21638-5	朱　斌	32	2013	课件
10	旅游文化与传播	7-301-19349-5	潘文焰	38	2012	课件
11	休闲学导论	7-301-21655-2	吴文新	49	2013	课件
12	休闲活动策划与服务	7-301-22113-6	杨　梅	32	2013	课件
13	旅游财务会计	7-301-20101-5	金莉芝	40	2012	课件
14	前厅客房服务与管理	7-301-22547-9	张青云	42	2013	课件
15	餐饮运行与管理	7-301-21049-9	单铭磊	39	2012	课件
16	会展概论	7-301-21091-8	来逢波	33	2012	课件
17	旅行社门市管理实务	7-301-19339-6	梁雪松	39	2011	课件
18	餐饮经营管理	7-5038-5792-8	孙丽坤	30	2010	课件
19	现代旅行社管理	7-5038-5458-3	蒋长春	34	2010	课件
20	旅游学基础教程	7-5038-5363-0	王明星	43	2009	课件
21	民俗旅游学概论	7-5038-5373-9	梁福兴	34	2009	课件
22	旅游资源学	7-5038-5375-3	郑耀星	28	2009	课件
23	旅游信息系统	7-5038-5344-9	夏琛珍	18	2009	课件
24	旅游景观美学	7-5038-5345-6	祁　颖	22	2009	课件
25	前厅客房服务与管理	7-5038-5374-6	王　华	34	2009	课件
26	旅游市场营销学	7-5038-5443-9	程道品	30	2009	课件
27	中国人文旅游资源概论	7-5038-5601-3	朱桂凤	26	2009	课件
28	观光农业概论	7-5038-5661-7	潘贤丽	22	2009	课件
29	饭店管理概论	7-5038-4996-1	张利民	35	2008	课件
30	现代饭店管理	7-5038-5283-1	尹华光	36	2008	课件
31	旅游策划理论与实务	7-5038-5000-4	王衍用	20	2008	课件
32	中国旅游地理	7-5038-5006-6	周凤杰	28	2008	课件
33	旅游摄影	7-5038-5047-9	夏　峰	36	2008	
34	酒店人力资源管理	7-5038-5030-1	张玉改	28	2008	课件
35	旅游服务礼仪	7-5038-5040-0	胡碧芳	23	2008	课件
36	旅游经济学	7-5038-5036-3	王　梓	28	2008	课件
37	旅游文化学概论	7-5038-5008-0	曹诗图	23	2008	课件
38	旅游企业财务管理	7-5038-5302-9	周桂芳	32	2008	课件
39	旅游心理学	7-5038-5293-0	邹本涛	32	2008	课件
40	旅游政策与法规	7-5038-5306-7	袁正新	37	2008	课件
41	野外旅游探险考察教程	7-5038-5384-5	崔铁成	31	2008	课件